Nein danke, keinen Alkohol für mich!

Die Drucklegung dieses Buches wurde ermöglicht durch
die Südtiroler Landesregierung/Abteilung Deutsche Kultur.

Aus Gründen der besseren Lesbarkeit wird bei Personenbezeichnungen und personenbezogenen Hauptwörtern in diesem Buch die männliche Form verwendet. Entsprechende Begriffe gelten im Sinne der Gleichbehandlung grundsätzlich für alle Geschlechter. Die verkürzte Sprachform hat nur redaktionelle Gründe und beinhaltet keine Wertung.
Zum Schutz der Persönlichkeitsrechte wurden einige Namen in diesem Buch geändert.

Ruth Niederkofler
mit Dr. Martin Fronthaler

NEIN DANKE, KEINEN ALKOHOL FÜR MICH!

INHALT

VORWORT

Vielleicht werden Sie, geschätzte Leserinnen und Leser, denken: „Nicht schon wieder ein Buch über Sucht. Es gibt ja schon Tausende. Warum also noch eines?“

Weil man nicht oft genug über dieses Thema reden und schreiben sollte!

Weil vor allem die persönlichen Geschichten einen tiefen Einblick in eine so komplexe Erkrankung ermöglichen!

Weil zur Abhängigkeit fast immer auch andere seelische Belastungen dazukommen!

Weil vor allem das Thema Abhängigkeit bei Frauen immer noch stark tabuisiert wird!

Weil sich auch in diesem Buch zeigt, wie gut man eine Abhängigkeit bewältigen kann und der oft anzutreffende therapeutische Pessimismus keineswegs gerechtfertigt ist!

Das vorliegende Buch erscheint zu einem Zeitpunkt, an dem eine geplante Initiative der EU, Gefährdungshinweise an Weinflaschen anzubringen, für einen Aufschrei der Empörung sorgt – vor allem in der Weinwirtschaft, aber auch bei vielen Alkoholkonsumenten und -konsumentinnen. „Wie kann man ein Kulturgut wie den Wein so verteufeln?“ oder „Solche Hinweise bringen ohnehin nichts“ sind die Reaktionen. Ich erinnere mich daran, vor etwa 15 Jahren im Rahmen einer Fernsehdiskussion den Vorschlag gemacht zu haben, auf mögliche Gefahren des Alkoholkonsums mit einem Aufdruck auf Alkoholflaschen hinzuweisen. Schließlich gibt es ja bei jedem Medikament einen Beipackzettel, der auf problematische Nebenwirkungen aufmerksam macht. Auch damals war die Aufregung groß. Nach wie vor scheint es in unserer Gesellschaft wohl eine sehr ambivalente Einstellung zum Thema Alkohol zu geben, obwohl inzwischen die gesundheitliche Gefährdung durch Alkohol in unzähligen Studien belegt ist. Und wichtig dabei: Es betrifft nicht nur den Überkonsum!

Das Buch kommt also zur rechten Zeit, und Frau Niederkofler nimmt uns , wie sie ja auch selbst schreibt, mit auf eine Zeitreise in ihre Vergangenheit. Sie macht in eindrucksvoller Weise die „ganz normale" Entwicklung einer Abhängigkeit verständlich und nachvollziehbar, indem sie uns ihre (Lebens-)Geschichte erzählt. Dabei ist die Offenheit, mit der sie erzählt, gleichzeitig schon die „Wundermethode", mit der offensichtlich der Ausstieg aus einer solchen Abhängigkeit gelingen kann.

Sie lässt alle Beteiligten in dem Drama Sucht, nämlich Betroffene, Angehörige und Therapeuten beziehungsweise Therapeutinnen im Sinne des Trialogs auftreten. Sie veranschaulicht damit, dass Sucht uns alle betroffen macht; ihre persönlichen Erfahrungen machen einmal mehr deutlich, dass wir uns mit diesem Thema nicht befassen können, ohne auch an uns selbst zu denken. Sucht schädigt uns alle! Und der Schaden wird größer, solange wir verharmlosen, wegschauen, ablenken und glauben, dass ohnehin nur ein kleiner Prozentsatz unserer Gesellschaft von diesem Problem betroffen ist. Dabei ist das Phänomen Sucht durchaus geeignet, problematische Strukturen in unserer Gesellschaft transparent zu machen und diese kritisch zu hinterfragen.

Es ist außerdem an der Zeit, beim Thema Sucht die Schuldfrage fallen zu lassen! Durch Schuldzuweisungen und mit der Ausgrenzung der Thematik grenzen wir natürlich auch die Betroffenen aus und mit ihnen deren Angehörige. Wir stigmatisieren sie zu Außenseitern, die sich somit noch schwerer tun werden, Hilfe in Anspruch zu nehmen.

Wie es anders gehen könnte, beschreiben Ruth Niederkofler und Martin Fronthaler in diesem Buch, zu dem ich beide beglückwünsche. Ich bin überzeugt, dass diese Mischung aus Sachinformationen, Lebensbeichten, Tipps und Reflexionen so manche Leserin und manchen Leser dazu anregen wird, nicht mehr wegzuschauen, sondern das Thema Sucht mutig anzusprechen, wo immer sie damit konfrontiert sein werden. Und genau deshalb ist dieses Buch lesenswert!

Villach, Juni 2023

Helmut Zingerle,
ehemaliger Direktor Therapiezentrum Bad Bachgart

GEMEINSAMER AUSTAUSCH AUF AUGENHÖHE: WER SOLLTE DIESES BUCH LESEN?

Liebe Leserinnen und Leser,

dieses Buch wendet sich an Betroffene einer Abhängigkeitserkrankung, an deren Angehörige und an alle Interessierten, die ihren Horizont über das Thema Suchterkrankung und deren Folgen erweitern möchten.

Durch meine Geschichte und meine Erfahrungen möchte ich Betroffenen Hoffnung schenken. Hoffnung auf Heilung oder, besser ausgedrückt, Hoffnung darauf, dass jede Art von Abhängigkeit überwunden werden kann und der Weg in ein normales Leben durchaus möglich ist. Ich möchte mit meiner Lebens- und Genesungsgeschichte Mut machen. Mut, den steinigen und oft harten Weg aus der Sucht zu wählen, zurück in ein Leben in Freiheit. In eine Freiheit, in der ich jeden Tag klar über mich selbst, meinen Körper, meine Gedanken und meine Taten entscheiden kann. Durch die Parallelen, die sich wie ein roter Faden durch viele Fallbeispiele ziehen, können Betroffene dieses Buch als Begleiter, Stütze und Arbeitsbuch verwenden, um über einen Richtungswechsel im eigenen Leben nachzudenken und ihn anzustreben.

Angehörige finden in diesem Buch hoffentlich Antworten auf immer wiederkehrende Fragen. Antworten auf diverse Warumfragen, die für Familienangehörige und Freunde oft schwer nachvollziehbar sind. Aber auch Hinweise und Tipps, wie sie ihr Gegenüber besser verstehen können. Sie sollen Unterstützung im Umgang mit der Erkrankung des Angehörigen und für das eigene Leben und Wohlbefinden sein. Außerdem veranschaulicht diese Geschichte, welche Selbstwertthemen und Selbstbewusstseinsprobleme durch unachtsam ausgesprochene Worte seitens der Eltern in einem Kind ausgelöst werden können, die weitreichende Folgen bis ins hohe Erwachsenenalter nach sich ziehen.

Natürlich wünsche ich mir, mit diesem Buch einen Beitrag zu leisten, damit in der Gesellschaft mehr Achtsamkeit und Verständnis für Suchterkrankung, aber auch generell für psychische Erkrankungen entsteht. Ich bin mir sicher, jeder kennt jemanden, der von irgendeiner Substanz oder einer Gewohnheit abhängig ist. Aus vielen persönlichen Gesprächen ist mir bekannt, dass die Allgemeinheit noch immer in der Betrachtungsweise feststeckt, dass Sucht etwas mit Charakterschwäche, schlechter Gewohnheit und mangelnder Willensstärke zu tun hat.

Von Experten wissen wir, dass die Realität anders aussieht. Süchte gibt es viele: Alkohol, Drogen, Medikamente, Tabak, Kaffee, Schokolade, Handy, Arbeit, Sex, Essen, Spiele, Sport, Einkauf und viele mehr. Lust am Genuss, Spiel oder Kauf sind Ersatzbefriedigungen, um in Ermangelung besserer Strategien und Umgangsweisen von irgendwelchen persönlichen Krisen abzulenken. Dabei handelt es sich fast immer um allgegenwärtige Produkte und Möglichkeiten, die der Gesellschaft angeboten werden und häufig positiv behaftet sind.

Viele sind abhängig, ohne es überhaupt zu bemerken. Es kann jeden treffen und nicht immer sind die Gene, eine verkorkste Kindheit oder ein traumatisches Erlebnis schuld. Genauso vielseitig und individuell wie die Ausstiegsszenarien aus einer Sucht sind, verhält es sich mit den Einstiegsszenarien. Es spielen immer mehrere Faktoren zusammen.

Begleiten Sie mich als Betroffene, Clara, die symbolisch die Seite der Angehörigen vertritt, und Dr. Martin, meinen ehemaligen Psychotherapeuten und Fachexperten zum Thema auf eine „trialogische“ Reise durch mein Leben als Alkoholikerin und Erfahrungsexpertin für Sucht. Die Idee zu diesem Buch entstand während meiner Ausbildung zur EX-IN Genesungsbegleiterin* für psychisch Kranke. Dort habe ich zum ersten Mal von „Trialog und trialogischen Treffen“ erfahren und dieses Thema faszinierte mich. Trialog in der Psychiatrie bezeichnet das gleichberechtigte Miteinander von Betroffenen, Angehörigen und professionellem Fachpersonal: gemeinsamer Austausch auf Augenhöhe.

Ich nehme Sie nun mit auf die Reise durch mein bisheriges Leben und wünsche allen Betroffenen und Angehörigen viel Kraft bei der Überwindung aller Hürden, die noch vor ihnen und ihren Lieben liegen. Allen anderen wünsche ich viele neue Erkenntnisse und Aha-Momente zum Thema Alkoholabhängigkeit, die auch stellvertretend für andere Suchterkrankungen stehen kann.

Gute Lektüre wünscht
Ruth Niederkofler

*EX-IN Genesungsbegleiterin: **EX-IN,** vom englischen *Experienced Involvement*, bedeutet sinngemäß „Einbezug von Erfahrenen/Erfahrungswissen“. Das EX-IN Modell (und somit auch die Ausbildung) basiert auf der Überzeugung, dass Menschen, die psychische Krisen durchlebt haben, diese persönlichen Erfahrungen nutzen können, um andere Menschen in ähnlichen Situationen zu verstehen und zu unterstützen.

ICH BIN NICHT ALLEINE SCHULD

Der holprige Start in mein Leben

Es war schon weit nach Mitternacht, als ein alter VW Käfer durch die schmale Einfahrt zu dem Haus hinter dem Schloss fuhr. Zwei betrunkene Männer stiegen aus, einer davon war mein Vater. Es war nichts Ungewöhnliches, dass mein Vater einen Saufkumpanen mit nach Hause brachte, um eine durchzechte Nacht bei Wein und Speckknödeln ausklingen zu lassen. Meine Mutter wurde aus dem Bett geholt und musste die beiden Herrschaften bekochen. Mutti war damals hochschwanger – mit mir. Kurz nachdem sie angefangen hatte, den Teig für die Speckknödel zuzubereiten, bekam ich es plötzlich eilig, mein heimeliges Nest zu verlassen, und die Wehen kündigten das Ereignis meiner Geburt an. Die beiden Herren kamen nicht mehr in den Genuss ihrer Knödel, denn ich drängte mich mit aller Kraft in die Welt. Meine Mutti stellte den Teig zur Seite und verlangte mit Nachdruck, mit ihrer gepackten Tasche ins Krankenhaus gebracht zu werden.

Damit begann für mich ein sehr holpriger und hindernisreicher Start in diese Welt. Mein Vater besaß keinen Führerschein, und so erklärte sich der betrunkene Bekannte bereit, meine Mutter ins Krankenhaus zu fahren. Wie oft der VW Käfer in dieser Oktobernacht zurück und dann wieder ein Stück nach vorne gesetzt wurde, kann meine Mutter heute nicht mehr sagen. Auf jeden Fall befürchtete sie, sie würde es nicht mehr bis ins Krankenhaus schaffen, ehe ich das Licht der Welt erblickten würde. Normalerweise würde man nachts keine zehn Minuten von Aufhofen nach Bruneck brauchen. Dieser

Mann benötigte damals fast eine Stunde. Auch weil die Straße in Schlangenlinien und außerhalb der Fahrbahn gefahren viel länger ist als auf dem Fahrweg. Endlich im Krankenhaus angekommen, wurde meine Mutter sofort in den Kreißsaal gebracht, wo ich kurz darauf um 3.40 Uhr meinen ersten Schrei tat.

Schon mein Vater war alkoholabhängig

Heute, im Nachhinein, weiß ich, dass das Trinkverhalten meines Vaters damals schon auffällig war. Er selbst und meine Mutter empfanden es jedoch als normal. 1970 war es nichts Ungewöhnliches, wenn ein Mann regelmäßig Alkohol konsumierte. Von Abhängigkeit oder gar Erkrankung hörte man damals hierzulande so gut wie gar nichts. Das Alkoholtrinken gehörte zum Männerbild dazu. Viele Frauen und Familien litten zwar unter den Aggressionen und den Gewalttaten der Männer, aber so richtig gekümmert hat das keinen. Manchmal versuchte der Hausarzt oder ein Dorfpfarrer, einem seiner Schäfchen ins Gewissen zu reden, wenn die Ehefrau oder die Kinder wieder einmal blaue Flecken hatten, aber viel mehr passierte nicht.

Ist eine Suchterkrankung vererbbar?

Kinder, deren Eltern ein Alkoholproblem haben, sind genetisch bedingt einem höheren Risiko ausgesetzt, selbst ein Alkoholproblem oder psychische und soziale Störungen zu entwickeln. Davon erfuhr ich Jahre später zum ersten Mal beim Dienst für Abhängigkeitserkrankungen.

Ich kann mich noch gut erinnern, dass ich mir immer geschworen habe, nie so zu werden wie mein Vater. Heute weiß ich: Diesen Schwur konnte ich nur brechen, da das Unterbewusstsein Wörter wie „nie“

und „nicht“ ignoriert. Ich habe mich mit diesem Schwur regelrecht selbst „programmiert“, so zu werden wie mein Vater. Dass der Grundstein für meine Abhängigkeitserkrankung zu einem Teil schon bei meiner Zeugung gelegt wurde, genauso wie bei meinem Vater, erleichterte es mir im Laufe der Jahre, mit meinen Selbstvorwürfen umzugehen. Durch dieses Bewusstsein konnte ich mit der Zeit mehr Verständnis für meine Krankheit aufbringen, meine unzähligen Verfehlungen akzeptieren und vieles verzeihen. Einiges davon ist leider nie wiedergutzumachen.

Reflexion

Nicht jeder entwickelt zwangsläufig ein Alkoholproblem, wenn Angehörige der Stammfamilie eines hatten oder haben. Es macht jedoch Sinn, den eigenen Umgang mit der abhängig machenden Substanz zu hinterfragen, wenn man um die Familienproblematik weiß:

- ↘ Aus welchem Grund oder zu welchen Gelegenheiten konsumiere ich Alkohol?
- ↘ Wie regelmäßig gibt es solche Anlässe in meinem Leben?
- ↘ Wie viel trinke ich dabei?
- ↘ Kann ich mit dem Trinken jederzeit aufhören?

Wenn man als Elternteil einer Familie entstammt, in der Alkohol eine große Rolle spielt oder gespielt hat, sollte man auf jeden Fall im Hinterkopf behalten, dass die eigenen Kinder eine Alkohol- oder eine andere Suchtproblematik entwickeln können.

Kinder kopieren das Verhalten ihrer Eltern. Deshalb ist die beste Prävention für den eigenen Nachwuchs, wenn Eltern mit gutem Beispiel vorangehen und einen verantwortungsvollen Umgang mit der legalen Droge Alkohol pflegen. Lebt ein Elternteil mit einer Sucht, ist es für Kinder ungemein wichtig, vom nicht betroffenen Elternteil Stabilität und Sicherheit zu erfahren. Dass ein Elternteil die Kinder sieht, ihnen sagt, wie toll und stark sie sind und ihnen das Gefühl vermittelt, gut und richtig zu sein. Nur so besteht die Möglichkeit, ihr eigenes Potenzial zu entfalten.

Kinder müssen nicht zwangsläufig die Geschichte ihrer Eltern wiederholen. Sie haben die Möglichkeit, ihren eigenen Weg zu finden. Es steht außer Frage, dass es eine große Herausforderung für Kinder ist, in eine Familie hineingeboren zu werden, in der ein oder beide Elternteile trinken. Man muss schon mit einer sehr starken Seele und einem starken Charakter gesegnet sein, um diese Herausforderung ohne Schrammen und Narben zu meistern.

Großeltern spielen hier oft eine wichtige und entscheidende Rolle. Sie können ein Ruhepol, der sichere Hafen und ein Fels in der Brandung im Leben ihrer Enkelkinder sein. Mütter und Väter sind oft selbst gezeichnet durch die Lebensgemeinschaft, die sie mit dem alkoholabhängigen Partner führen. Deshalb ist es für eine Oma oder einen Opa in solchen Situationen oft leichter, den Enkelkindern ein Gefühl der Sicherheit und der Geborgenheit zu vermitteln. Eine Insel der Zuflucht zu sein, ein Rückzugsort, an dem man Verständnis findet und neue Kraft tanken kann.

Tipps für Angehörige

- ↘ Pflegen Sie als Elternteil einen verantwortungsvollen Umgang mit alkoholischen Getränken und seien Sie dadurch ein gutes Beispiel für Ihre Kinder.
- ↘ Vermitteln Sie den Kindern Stabilität und Sicherheit, wenn der Partner trinkt.
- ↘ Großeltern nehmen oft eine tragende Rolle für ihre Enkelkinder ein, wenn die Eltern an einer Suchtproblematik leiden.

Über Ursachen lässt sich viel diskutieren

Das Wichtigste ist, aus der Sucht herauszukommen. Über die Ursachen der Erkrankung kann man dann viele Vermutungen und Hypothesen aufstellen. Festzuhalten ist, dass es sehr selten eine einzige Begründung gibt, sondern meist mehrere Faktoren zusammentreffen, die die Gefahr einer Entwicklung von Alkoholmissbrauch und Abhängigkeit fördern. Dabei ist Alkoholabhängigkeit keine Charakterfrage. Es gibt keine „typische Alkoholpersönlichkeit". Es gibt genauso viele unterschiedliche Persönlichkeitstypen unter den Betroffenen, wie es unterschiedliche Persönlichkeitstypen unter den nicht betroffenen Menschen gibt. Ebenso wenig kann man sagen, dass das Leben von Menschen, die eine Abhängigkeit entwickelt haben, zwangsläufig schwieriger und dramatischer verlaufen ist. Sehr viele Menschen, die schwerste Kindheiten und Jugendzeiten durchlebt haben und traumatische Erfahrungen machen mussten, wurden dennoch nicht alkoholkrank. Wir sollten beim Suchen von Erklärungen vorsichtiger sein und nicht allzu schnelle Schlüsse ziehen. Ähnlich verhält es sich mit der Hypothese der Vererbung. Denn im Umkehrschluss liegt darin die Gefahr, dem vererbten Schicksal ausgeliefert zu sein.

Ein Kompromiss in der Ursachensuche scheint mir zu sein, von „begünstigenden Bedingungen" zur Entwicklung einer Abhängigkeit zu sprechen. Wenn Menschen etwa Frust schwer aushalten, unangenehme Dinge schwer ertragen und auf Belohnungen nicht warten können. Oder aber, wenn Menschen in sozialen Situationen leicht verführbar oder manipulierbar sind. Ruth war zu diesem Zeitpunkt ihrer Lebensgeschichte sehr leicht von selbstsicher wirkenden Menschen zu beeindrucken. Sie ist sehr oft davon ausgegangen, dass andere Personen Fähigkeiten haben, von denen sie nur träumen konnte. Und sie hat bisweilen blind darauf vertraut, dass man ihr nichts Schlechtes will. Später dann hat sie sich ihre blauäugige Art selbst vorgeworfen und sich sogar selbst die Schuld für erlebte Übergriffe und Enttäuschungen gegeben, was zu Ängstlichkeit und Misstrauen in Beziehungsangelegenheiten geführt hat. Wer zutiefst verletzt wird, macht irgendwann zu.

Auch generell gering ausgebildete soziale Fähigkeiten wie Selbstvertrauen, Selbstsicherheit und Selbstakzeptanz stellen solche Bedingungen dar. Wir halten fest, dass diese Merkmale keinesfalls zwingende Gründe für Sucht darstellen, sondern eben nur begünstigende Bedingungen sind. Personen mit denselben Merkmalen können genauso ein gesundes Leben führen.

Allerdings braucht es nicht immer spezielle belastende Gründe: Jeder Mensch kann durch häufigen, anhaltenden Alkoholkonsum in eine Abhängigkeit geraten.

Der schlechte Einfluss

Zahlreiche Familien- und High-Risk-Studien sowie alltagsklinische Beobachtungen zeigen, dass es zweifellos eine ausgeprägte familiäre Häufung bei Alkoholsucht gibt. Die vorliegenden Ergebnisse kann man aktuell so zusammenfassen, dass Familienmitglieder von

Personen mit einer Alkoholstörung gegenüber nicht vorbelasteten Menschen einem bis zu siebenfach höheren Risiko ausgesetzt sind, selbst ein Alkoholproblem zu entwickeln. Verantwortlich dafür sind biologische, soziale und psychologische Faktoren.

In den letzten Jahren ist es sogar gelungen, eine gewisse Anzahl von miteinander in Verbindung stehenden Genvarianten zu identifizieren, die beispielsweise für den Alkoholabbau oder die Alkoholverträglichkeit zuständig sind. Dies hilft zu erklären, wieso bestimmte Menschen gewissermaßen mehr Alkohol benötigen, um ein Rauscherlebnis zu haben als andere. Der „Kater" und andere Nebenwirkungen werden von ihnen weniger belastend erlebt. Dies bedingt dann unter Umständen mehr und häufigeren Konsum, was wiederum zu einem höheren Risiko einer Abhängigkeitsentwicklung führt. Die genetische Veranlagung ist aber keine notwendige und ganz gewiss nicht die einzige Bedingung für eine Alkoholabhängigkeit. Viele populärwissenschaftliche Aussagen in Zeitschriften oder im Internet, die von Erbfaktoren berichten, sind also mit Vorsicht zu genießen. Die Interpretation der vorliegenden Studiendaten weist nämlich darauf hin, dass sich nicht eindeutig bestimmen lässt, welche unterschiedlichen Faktoren in welchem Zusammenspiel und über welche Mechanismen zu der beobachteten familiären Häufung von Alkoholabhängigkeit beitragen.

Die Gene scheinen zwar einen Einfluss zu haben, wir können aber nicht von Vererbung des Alkoholismus reden, sondern lediglich von einer Vererbung der Disposition für Alkoholabhängigkeit. Daraus folgt jedenfalls, dass eine besonders alkoholsensible Erziehung bei Kindern aus alkoholbelasteten Familien erfolgen sollte. Dies bedeutet nicht, den Alkohol mit erhobenem Zeigefinger zu verteufeln, indem auf die problematische Situation von beispielsweise anderen Familienmitgliedern hingewiesen wird, sondern eine Atmosphäre der Gesprächsbereitschaft zu schaffen, um offen über die Wirkung von Alkohol, seine verschiedenen Funktionen in unserer Gesellschaft und das Abhängigkeitspotenzial zu sprechen. Wenn ich über meine Disposition, meine Veranlagung Bescheid weiß, kann ich riskantes Konsumverhalten reduzieren oder bestenfalls meiden.

Das Thema Alkoholabhängigkeit ist leider immer noch stark stigmatisiert, sodass oft verschwiegen, verharmlost und bagatellisiert wird, wenn Großeltern, Onkel und Tanten, Mütter und Väter einen problematischen Alkoholkonsum haben oder hatten. Kinder, die durch Vorbilder gelernt haben, Probleme anders zu lösen als durch Alkohol, werden auch später seltener zur Flasche greifen. Sie können sich trotz genetischer Veranlagung stabil und gesund entwickeln. Eine offene Gesprächskultur trägt in diesem Zusammenhang zum Selbstschutz bei. Dies bedeutet, wir müssen unser Augenmerk nicht nur auf Risiko-, sondern besonders auf Schutzfaktoren legen. Als Schutzfaktoren gelten positive soziale Beziehungen, familiärer Rückhalt, die Möglichkeit zu einer aktiven Lebensgestaltung, gute Lern- und Entwicklungschancen oder das Gefühl, selbst etwas bewirken zu können.

Angesichts der in den sozialen Foren emotional sehr aufgeladenen Diskussion um die genetische Disposition dürfen wir nicht vergessen, dass viele unterschiedliche biologische, psychologische wie auch umweltspezifische Faktoren eine Rolle spielen. Suchtverhalten ist in sehr großem Maße gelerntes Verhalten. Selbst Zwillings- und Adoptionsstudien verweisen auf den bedeutsamen Einfluss von nicht genetischen Faktoren. Die Entwicklung einer Alkoholerkrankung hängt vor allem von der psychischen Verfassung des Betroffenen, seiner Lebensgeschichte, seinen Beziehungserfahrungen und seinem Umfeld ab.

Wenn es um Erklärungsversuche geht, wieso jemand zum Alkoholiker geworden ist, schwingen immer auch Schuldzuweisungen mit, und zwar vonseiten aller beteiligten Parteien. Ständige Rechtfertigungen führen dabei in eine Sackgasse. Alkoholismus ist eine Erkrankung, die das gesamte Umfeld betrifft und nicht nur diejenigen, die trinken.

Ruth ist wie viele alkoholkranke Menschen nicht nur selbst Trinkende, sondern auch Angehörige. Akzeptieren und Verzeihen der eigenen Verhaltensweisen, aber auch der Verhaltensweisen der anderen wird so zu einer oft schier unlösbaren und zerreißenden Aufgabe, die vermutlich nie gänzlich gelöst werden kann.

In der Therapie geht es darum, mit beiden Rollen, die man innehat, in Beziehung zu treten, beiden Anteilen eine Stimme zu geben, beide zu hören. Um dies zu ermöglichen, muss die Frage nach der Schuld irgendwann beiseitegelegt werden. Ruth hat in ihrer eigenen langwierigen Bewältigungsgeschichte erkannt, dass sie nicht allein schuld ist. Dies ist ein erster wichtiger Schritt, aber noch nicht die Lösung.

Auf einen Blick

↘ Die Entwicklung einer Alkoholerkrankung hängt von der psychischen Verfassung des Betroffenen, seiner

Lebensgeschichte, seinen Beziehungserfahrungen sowie seinem Umfeld ab.

- Der Erziehungsstil der Eltern und generell unserer Gesellschaft trägt maßgeblich zum Erwerb eines gesundheitlich unbedenklichen Konsumstils bei. Vor allem das Modelllernen ist von entscheidender Wichtigkeit.
- Die Gene haben zwar einen Einfluss auf die Entwicklung einer Alkoholabhängigkeit, wir können aber nicht von Vererbung des Alkoholismus reden, sondern lediglich von einer Vererbung der Disposition, also der Veranlagung für die Entwicklung einer Alkoholabhängigkeit.
- Erklärungsmodelle der Erkrankung sind wichtig, ewige Schuldzuweisungen münden jedoch für alle Beteiligten in eine Sackgasse. Raus aus der Schuldfrage!

ICH KONNTE MICH NICHT WEHREN – DER ALKOHOL IM ALLTAG

Mein Wesen als Kind und mein Verhältnis zum Vater

Ich war ein sehr aufgewecktes, lebendiges kleines Wesen, sehr neugierig auf die Welt und alles, was es darin zu entdecken und auszukundschaften gab. Ich kletterte mutig auf alles, was man erklimmen konnte, und erlitt dabei so manche Schramme. Das konnte mich vom nächsten Abenteuer jedoch nie lange abhalten. Die Legobausteine zog ich den Puppen vor, und ich liebte es, Märchen vorgelesen zu bekommen. Besonders fasziniert war ich allerdings, wenn mein Vater seinen Rasierapparat zum Reinigen auseinandernahm und die Einzelteile auf einer großen Zeitung auslegte, sie auspinselte und ausblies.

Genauso schnell war ich zur Stelle, wenn ein Radiogerät oder Ähnliches zu reparieren war. Mein Vater reparierte alles selbst. Ich lehnte mich über den Tisch ganz nah an die Teile heran, damit mir nichts entging. Unsere Kommunikation erfolgte dabei nonverbal, wie es zwischen uns üblich war. Ich konnte jede kleinste Regung im Gesicht meines Vaters genauestens deuten. Manchmal richtete ich meinen fragenden Blick an ihn. Er antwortete dann mit einigen Gesten und seiner Mimik, was und warum er etwas machte. Bei solchen Gelegenheiten stieg mir sein Geruch in die Nase: eine Mischung aus Schnupftabak und Weinsäure.

Die Rolle des Alkohols in meiner Familie

Wir bekamen häufig Besuch, besonders an den Wochenenden. Meine Mutti war die Zweitgeborene von 13 Kindern, wovon elf erwachsen wurden. Der Heimathof meiner Mutter steht in Weißenbach im Ahrntal und wir wohnten am Eingang dieses besagten Tales. Wenn ihre zahlreichen Geschwister, die auswärts wohnten oder werktags arbeiteten, über das Wochenende nach Hause fuhren, machten sie bei uns halt. Ich fand das immer aufregend. Die jüngeren Brüder meiner Mutter tollten mit mir und meinem Bruder herum, und wenn meine Patentante kam, die einzige Schwester meiner Mutter, war das ein Highlight für mich. Sie lebte nämlich in Deutschland und das war in meinen Augen etwas sehr Besonderes.

Ich genoss die vielen Besuche der Geschwister meiner Mutti. Dass der Alkohol ein wesentlicher Bestandteil der Geselligkeitsrituale war, ist mir erst heute bewusst. Mein Vater und mein Patenonkel tranken immer zusammen Bier und meist einen klaren Schnaps hinterher. Mit der Anzahl der konsumierten Getränke schwollen das Lachen und die Stimmenlautstärke an. Wenn die Brüder meiner Mutter mit ihren zukünftigen Frauen bei uns vorbeischauten, tranken die Männer meist Bier oder Wein und die jungen Frauen bekamen von meiner Mutti „a sießis Schnapsl“ (süßes Schnäpschen) serviert. Entweder Eierlikör, selbst angesetzten Heidelbeerlikör oder irgendein anderes klebriges Gebräu. Sobald sich die Gäste verabschiedet hatten, waren mein Bruder und ich sofort zur Stelle und strichen mit unseren kleinen Fingerchen die Reste des Heidelbeerschnapses aus den Gläsern. Wenn wir Glück hatten, ließ jemand ein bisschen Eierlikör im Glas für uns zum Probieren übrig. Es ist für Kinder sehr einfach, an Alkohol zu kommen, wie dieses und das folgende Beispiel zeigen.

Heidelbeerschnaps galt als Hausmittel bei Bauchschmerzen, weshalb ich öfter Bauchschmerzen vortäuschte, als ich hatte, denn das

Zeug schmeckte echt lecker – fruchtig und süß! Ein anderes, weit verbreitetes, alkoholhaltiges Hausmittel, an dessen Geschmack ich mich mit Ekel erinnere, war Klosterfrau Melissengeist. Wie der Name schon sagt, ein hochgeistiges Getränk. Klosterfrau Melissengeist enthält 79 Prozent Alkohol. Dieses Hausmittel haben Kinder jahrzehntelang bei kleineren und größeren Wehwehchen auf Zuckerwürfeln verabreicht bekommen, ohne dass sich jemand überhaupt einen Gedanken darüber gemacht hätte, ob der enthaltene Alkohol schädlich sein könnte. Diese beiden Hausmittel sind meines Wissens aus den Hausapotheken – zumindest bei Kindern – verschwunden.

Wie habe ich den Umgang der Erwachsenen mit der Droge wahrgenommen?

Ich kann mich noch gut daran erinnern, dass meine Großmutter mütterlicherseits regelmäßig ein halbes Glas Wein mit Wasser verdünnt zu den Mahlzeiten trank. Das wurde ihr von irgendeinem Arzt empfohlen und Oma hielt sich daran. Woran ich mich ebenfalls gut erinnere, ist die Tatsache, dass ich meine Mutter so gut wie nie mit einem alkoholischen Getränk gesehen habe. Da sie ziemlich viel unter Magenproblemen litt, verzichtete sie vermutlich generell auf alkoholische Getränke. Die zwei wichtigsten Frauen aus meiner Kindheit, meine Mutti und meine Oma, hatten nie ein problematisches Verhältnis zu der Volksdroge, im Gegensatz zu meinem Vater, bei dem Alkohol ein ständiger Begleiter war.

Wenn er zum Mittagessen mit einem Glas Wein anfing, hörte er erst auf zu trinken, als er sich zu Bett begab. Besonders schlimm war es an Festtagen oder wenn es ein Problem gab. Er saß an seinem

Platz, am Eck des Esstischs und schwieg stoisch vor sich hin. Dabei leerte er ein Glas nach dem anderen, stopfte sich seinen stinkenden Schnupftabak in die Nase und irgendwann war es dann so weit. Es war immer dasselbe Szenario: Er fing an zu reden, was er sonst nicht tat. Meist kamen Geschichten aus der Vergangenheit – aus den Kriegsjahren, die er, Jahrgang 1932, miterlebt hatte. Ebenfalls ein bevorzugtes Thema im angetrunkenen Zustand war das „Ladenbüchlein". Im besagten Büchlein trug die Dorfladenbesitzerin alle Einkäufe ein. Jeweils am Monatsersten war Zahltag für den vergangenen Monat. Der Betrag war in seinen Augen jedes Mal viel zu hoch und somit ein Streitthema. Ab meinem zwölften Lebensjahr habe ich mich für diesen Streitfaktor schuldig gefühlt.

Mit steigendem Alkoholpegel stiegen auch die aggressive Wortwahl und die Lautstärke. Auf uns Kinder wurde dabei keine Rücksicht genommen. Mein Bruder und ich waren mitten im Geschehen und bekamen alle unschönen Szenen von Vater und Mutter mit. Die Küche war der einzige Wohnraum, den wir hatten, weshalb die Ausweichmöglichkeit fehlte.

Eines muss ich meinem Vater zugutehalten: Uns Kinder hat er mit seinen verbalen Attacken weitgehend verschont. Dafür bekam Mutti umso mehr ab. Heiligabend war einer der Feiertage, den mein Vater uns regelmäßig vermieste. Wahrscheinlich konnte er mit solchen Familienfesten nicht umgehen, weil er sie nie glücklich erlebt hatte.

An das Peinlichste – und das alle Jahre wieder –, an das ich mich erinnere, war die Christmette, die mein Vater als praktizierender Christ natürlich besuchte. Der Kirchenchor gab sein Bestes, um die Geburt Jesu gebührend zu rühmen, und mein Vater grölte, besoffen wie er war, lauthals mit. Man hörte verstecktes Kichern, einige wenige versuchten, meinen Vater mit einem „Pssst“ zum Schweigen zu bringen, und Menschen in den vorderen Bänken drehten sich nach hinten, um zu sehen, um wen es sich bei dem Störenfried handelte. Am liebsten wäre ich damals in Grund und Boden versunken.

Nüchtern war mein Vater ein sehr introvertierter Mann. Dadurch war es für ihn schwierig, Anschluss in Gruppen zu finden. Wenn wir irgendwo eingeladen waren und es gab nicht gleich ein alkoholisches Getränk für ihn, das ihm half, mutiger zu werden und seine Hemmungen zu überwinden, schlich er sich fort und durchstreifte alleine die Umgebung. Gab es jedoch gleich ein Glas Wein, konnte er sehr gesellig und leutselig sein. Mit der notwendigen Starthilfe Alkohol konnte er Witze machen und ein ganzes Lokal unterhalten. Aggressives Verhalten legte er im Allgemeinen nur zu Hause an den Tag. Rückblickend erkenne ich bei mir sehr viele charakterliche Ähnlichkeiten mit meinem Vater.

Schweigen statt reden, trinken statt handeln und Alkohol als Mutmacher. Unfreiwillig beobachtete ich dieses Verhalten jahrelang und ahmte in meinem späteren Leben meinen Vater nach.

An wirklich viel aus meiner frühen Kindheit kann ich mich nicht erinnern. Gewisse Erfahrungen vergisst man jedoch nie. Bei mir sind das jene Abende, an denen mein Vater betrunken nach Hause kam. Ich konnte seinen Alkoholpegel schon an der Art und Weise einschätzen, wie der Schlüssel in das Schlüsselloch der Haustür gesteckt und umgedreht wurde. Ich packte dann vorbeugend mein Kopfkissen auf mein Ohr und zog zusätzlich die Bettdecke über den Kopf, um so wenig wie möglich von dem Gepolter und dem Gestreite, das standardmäßig folgte, mitzubekommen. Auch heute ziehe ich mir noch des Öfteren meine Bettdecke über das Ohr, um besser einschlafen zu können.

Reflexion

Wie jedes Kind habe auch ich in meiner Kindheit die Erwachsenen in meinem Umfeld genau beobachtet. Ich habe gelernt, dass Alkohol zum Leben dazugehört und sogar Medizin sein kann. Damals lernte ich auch, die Mimik eines Menschen zu beobachten, zu deuten und zu verstehen.

- ↘ Meinungsverschiedenheiten und Streitereien sollen nach Möglichkeit nie vor Kindern ausgetragen werden.
- ↘ Kinder schämen sich für ihre besoffenen Eltern und haben häufig Angst vor ihnen.
- ↘ Alkoholhaltige Tropfen, Sirupe oder Spülungen dürfen bei Kindern nicht zur Anwendung kommen.

Kinder beobachten, ahmen nach und kopieren ihre Eltern. Aber nicht nur, dass der Nachwuchs das Verhalten ihrer erwachsenen Vorbilder übernimmt, nicht wenige dieser Vorbilder erziehen ihre Kleinen unbewusst schon früh in Richtung Trinkkultur.

Bei Kindergeburtstagen oder anderen Feiern kann man beispielsweise beobachten, dass schon mit den Allerkleinsten das Ritual des Anstoßens praktiziert wird. Diese haben zwar ihren Saft in den Bechern, aber bei den Erwachsenen befindet sich häufig ein alkoholisches Getränk in den Gläsern oder Flaschen. Es kommen dann Sprüche wie „Noch darf der kleine Mann nur mit Saft anstoßen! Später gilt das nur mehr mit Alkohol". Erwachsenen wird das Anstoßen häufig verweigert, wenn im Glas etwas Analkoholisches enthalten ist. Auch das beobachten Kinder und speichern es auf der Festplatte ihrer kindlichen Gehirne für ihr späteres Leben ab. So werden schon die Kleinsten auf die gängigen Trinkpraktiken eingeschworen.

Kleine Jungs dürfen häufig schon an den ausgetrunkenen Bierflaschen ihres Papas nuckeln, wenn der mit einem Freund in der Garage beim Fachsimpeln über Autos und Motorräder ein paar Bierchen trinkt. Aber nicht nur von seinem Vater lernt der Nachwuchs den falschen Umgang mit alkoholischen Getränken. Viele Kinder können aus ihrem Kinderwagen heraus beobachten, wie ihre Mama beim Aperitif an schönen Gläsern nippt, in denen Flüssigkeiten mit bunten, lebhaften Farben, Eiswürfel und Fruchtstücke enthalten sind. Wenn es den Kindern nach dem zweiten oder dritten Glas im Kinderwagen zu langweilig wird und sie zu quengeln anfangen, bekommen sie oft eine Bretzel in die Hand gedrückt, damit sich für Mama noch ein weiteres Glas ausgeht.

So lernen Kinder aus ihrer Beobachterrolle heraus, dass der Konsum von Alkohol zum Erwachsensein dazugehört und es sich dabei um eine ganz normale und alltagstaugliche Gewohnheit handelt, die zum Leben dazugehört wie das Amen im Gebet.

Tipps für Angehörige

- Trinkrituale wie das Anstoßen sollen mit Kindern nicht praktiziert werden.
- Leere Bierflaschen und leere Wein- oder Schnapsgläser gehören nicht in die Hände von Kindern.
- Bei Kindergeburtstagen rate ich aus Rücksicht auf die Kleinen, auch als erwachsener Gast auf Alkohol zu verzichten.
- Sei ein gutes Vorbild für dein Kind, indem du ihm vorlebst, dass man auch ohne Alkoholkonsum gesellschaftsfähig ist und Spaß am Feiern haben kann.

Alkohol, ein Kulturgut?

Alkohol hat in unserer Gesellschaft zahlreiche Funktionen und genießt viele sehr aufwertende Umschreibungen. Es wird nicht nur als wichtiger und sehr mächtiger Wirtschaftsfaktor gesehen, sondern auch als Kulturgut. Angesichts der großen Anzahl von traurigen Schicksalen, zerrütteten Familien, Todesopfern und abgesehen vom enormen wirtschaftlichen Schaden, den Alkohol mit seinen Folgeerkrankungen anrichtet, hinterlässt die Bezeichnung Kulturgut jedoch einen bitteren Geschmack. Alkohol als Rauschmittel und Volksdroge zu bezeichnen, setzt zunächst zwar einen kritischen Gegenpol in der sonst durchwegs sehr positiv besetzten Beschreibungsliste. Es schwingt aber auch hier meist ein Hauch von Idealisierung mit. Nicht unfern so manch anderem Kavaliersdelikt, das offenbar zu einem erfüllten und abenteuerlichen Lebensstil dazugehört, nehmen wir „Sex and Drugs and Rock and Roll" gerne in unser Verständnis vom freien Leben auf. Auch in seiner Funktion als Medizin oder gar Nahrungsmittel lässt Alkohol erkennen, wie mannigfaltig die Präsenz der Substanz bei uns ist.

Dabei hat die Substanz Alkohol für jeden Einzelnen von uns sehr unterschiedliche Funktionen. Sie wirkt zunächst und in geringer Dosis stimmungsverbessernd, fördert die Geselligkeit, baut unsere Hemmungen ab, macht uns locker und reduziert Angst. In geringer Dosis wirkt Alkohol anregend und dann wieder entspannend, er lenkt uns von der Langeweile des Alltags ab oder reduziert den Alltagsstress. Er hilft uns dabei, die Kontrolle abzugeben und uns frei von Verpflichtungen zu fühlen. Darüber hinaus fördert Alkohol das Zusammengehörigkeitsgefühl und verleiht uns eine attraktive soziale Rolle, wenn wir miteinander feiern und uns ein bisschen gehen lassen können. Wenn eine Substanz so viele spezifische Funktionen hat, ist es kein Wunder, dass sie bei den vielen verschiedensten Gelegenheiten unseres komplexen Lebens gerne als Wundermittel und Lösungsmittel für kleinere oder größere Probleme eingesetzt wird. Vor allem dort, wo zwischenmenschliche Beziehungen gelebt werden, welche auch immer. Denn Beziehungen zu führen, ist eine komplexe und anspruchsvolle Aufgabe, die enorm erfüllend sein kann, aber auch genügend Konfliktpotenzial in sich birgt. Und Beziehungen sind vor allem für Kinder lebensnotwendig.

Emotionsregulation

Alkohol und Nikotin sind mit Sicherheit die ersten Suchtmittel, mit denen Kinder in Berührung kommen. In unserem Kulturkreis ist es leider immer noch so, dass die Altersspanne, in der zum ersten Mal Alkohol aktiv konsumiert wird, zwischen sechs und zwölf Jahren liegt. Dramatisch ist der passive Alkoholkonsum des ungeborenen Kindes im Rahmen der Schwangerschaft.

Die Bezeichnung „Kulturkreis" ist in diesem Zusammenhang gewiss eine unglücklich gewählte. Auf jeden Fall konsumieren Kinder Alkohol aktiv, ob beim Nippen am Bierglas der Eltern oder über die alkoholgetränkte Schokopraline. Sie erleben Alkohol aber vor allem über die nachhaltige Beobachtung, was dieser mit Menschen anstellt: Sie werden lockerer, geselliger, mutiger und entspannter; sie scheinen sich damit regelrecht selbst zu belohnen oder werden für besondere Taten und zu besonderen Anlässen belohnt und beschenkt. Prägend ist dabei weniger die Erfahrung des eigenen Rauschzustandes, sondern das Lernen und Übernehmen von Konsumverhalten in Zusammenhang mit angenehmen Gefühlen. Emotionale Zuwendung ist dabei das Grundnahrungsmittel eines Kindes.

Ruth macht als kleines Mädchen offenbar immer wieder die Erfahrung, dass Emotionen über die Alkoholschiene laufen, von Alkohol stark beeinflusst und gesteuert werden. Alkohol mischt bei Beziehungsangelegenheiten immer mit. Ruth erlebt ihn zunächst als Hilfsmittel, mit dem der Vater beziehungsfähiger wird. Sie erfährt Alkohol als Mittel der Wahl, wenn es lustig und locker zugeht. Die Suche und das Bedürfnis nach angenehmen Gefühlen sind bei uns Menschen weit stärker als die Angst vor Verletzung und Enttäuschung. Sie selbst sitzt aber in der Zwickmühle, die Hoffnung auf Zuwendung durch den alkoholisierten Vater aufrechterhalten zu können und zugleich immer wieder Enttäuschungen und Angst ausgesetzt zu sein. Ruth beschreibt, dass sie sich gegenüber dem Alkohol nicht wehren konnte. Sie konnte sich aber vor allem vor dem Wechselbad der Gefühle, denen sie ausgeliefert war und vielleicht noch ist, nicht wehren.

Anstelle von eindeutigen emotionalen Botschaften erfährt Ruth die Lektion, dass das, was vorher der Himmel auf Erden war, später zum Albtraum wird. Ich bin wichtig und richtig, etwas später dann aber doch nicht so wirklich. Kurzfristig bekommt sie ansatzweise zwar das, was ein Kind am meisten braucht: Zuwendung. Dafür zahlt sie dann aber einen hohen Preis.

Gut zu wissen

↗ **Emotionen**

Beim Betrachten der zahlreichen Funktionen von Alkohol drängt sich die Überzeugung auf, dass es sehr oft um die Regulation von Gefühlen geht. Wir versuchen, durch den Konsum von Alkohol offenbar Zugriff auf unsere Emotionen zu erlangen. Wir versuchen, diese zu beeinflussen und zu steuern. Möchten uns stärker, künstlerisch feinfühliger, sozial kompetenter machen. Möchten Angst und Traurigkeit, Frust und Nervosität verdrängen.

Mit Maß und Ziel

Bei allen Gefahren, die Alkohol mit sich bringt, muss klar gesagt sein, dass Alkoholkonsum nicht unbedingt und unmittelbar zur Abhängigkeit führt. Nicht alle, die Alkohol trinken, entwickeln ein Problem. Im Gegenteil: Die meisten Menschen, die Alkohol trinken, haben einen unproblematischen Konsum. Wann bin ich denn nun abhängig und bis wann trinke ich wie alle anderen?

In den meisten Fällen dauert es sogar sehr lange, bis es zu einer Abhängigkeit kommt. Ausschlaggebend sind nicht allein die Menge, die Häufigkeit oder die Dauer des Konsums, sondern es spielen viele Kriterien mit, die erfüllt sein müssen, bevor man von einem krankhaften Trinken sprechen kann. Der Großteil der Menschen, die Alkohol trinken, entwickelt keine Abhängigkeit, sondern sucht den enthemmenden und entspannenden Effekt der Substanz im Sinne eines Genussmittels und schafft es auch, es dabei zu belassen. Für diese

Bevölkerungsgruppe wirken abschreckende Beiträge über Abhängigkeit und Folgeerkrankungen zunächst oft irritierend, bisweilen übertrieben, vor allem aber zu verallgemeinernd. In vielen Diskussionen über das Thema habe ich dennoch oft die persönliche Erfahrung machen dürfen, dass Personen, die keinen problematischen Umgang mit Alkohol pflegen, sondern Alkohol in unbedenklicher Weise konsumieren, sehr wohl aufgeschlossen und sehr oft auch gut informiert über die Gesundheitsgefahren sind, die mit der Substanz einhergehen. Ich bin überzeugt, dass in unserer Gesellschaft ein großes Verständnis für Aufklärungs- und vor allem Präventionsarbeit besteht. Vielleicht können die folgenden Informationen eine Zusammenfassung sein.

Harmlosigkeitsgrenze – Gefährdungsgrenze

Obwohl grundsätzlich gilt, dass Alkohol generell „nicht gesund" ist, so können wir uns doch darauf einigen, dass es bezüglich Konsumverhalten eine bestimmte, wenn auch fließende Harmlosigkeitsgrenze zu geben scheint. Ein Konsumausmaß also, in dem Alkoholtrinken zumindest nicht schädlich ist. Diese Abgrenzung zwischen unbedenklichem und gesundheitsgefährdendem Alkoholkonsum bietet lediglich eine Orientierungshilfe und bezieht sich auf einen durchschnittlichen Tageskonsum. Alkoholkonsum kann jedoch bereits in einem Ausmaß, den viele Menschen als normal und unbedenklich einschätzen, die Organsysteme belasten und die Entstehung von Gesundheitsschäden fördern.

Die Harmlosigkeitsgrenze wird von verschiedenen Fachgesellschaften bei Frauen unter 16 Gramm reinem Alkohol pro Tag festgelegt, was in etwa dem Konsum von 0,4 Liter Bier oder 0,2 Liter Wein entspricht.

Für Männer liegt diese Harmlosigkeitsgrenze unter 24 Gramm reinem Alkohol pro Tag, was wiederum ca. 0,6 Liter Bier oder 0,3 Liter Wein entspricht. Die unterschiedliche Alkoholverträglichkeit bei Frauen und Männern ergibt sich aufgrund von Gewicht, Muskulatur usw. Ein wichtiges Kriterium der definierten Harmlosigkeitsgrenze, das gerne ausgeblendet wird, lautet: Pro Woche müssen zwei alkoholfreie Tage eingehalten werden! Gesunden Erwachsenen wird empfohlen, diese Harmlosigkeitsgrenze nicht zu überschreiten. Menschen, die allgemeine gesundheitliche Probleme haben, sollten natürlich gänzlich auf Alkohol verzichten; noch einmal, da die Substanz Alkohol keine gesunde Wirkung hat, sondern den Krankheitsverlauf generell verschlechtert.

Der Mittelbereich riskanten Konsumverhaltens, also oberhalb der Harmlosigkeitsgrenze und unterhalb der Gefährdungsgrenze, liegt bei Frauen zwischen 20 und 40 Gramm Alkohol pro Tag und bei Männern zwischen 20 und 60 Gramm.

Darüber gibt es dann jene Form des Konsums, der eben die Gefährdungsgrenze, also den Hochrisikobereich von Alkohol markiert. Diese Gefährdungsgrenze liegt bei Frauen beim Konsum von mehr als 40 Gramm reinem Alkohol pro Tag; entspricht einem Liter Bier oder 0,5 Liter Wein. Bei Männern liegt die Gefährdungsgrenze über 60 Gramm reinem Alkohol, also 1,5 Liter Bier oder 0,75 Liter Wein pro Tag.

Der Vollständigkeit halber sei noch einmal gesagt: Die Menge des konsumierten Alkohols allein genügt nicht, um eine Abhängigkeit zu diagnostizieren. Es müssen immer mehrere Kriterien in eine Bewertung einfließen.

Alkoholmissbrauch und Abhängigkeit

Wenn wir von schädlichem Gebrauch oder von Alkoholmissbrauch sprechen, meinen wir damit jenen Konsum, der unabhängig von der getrunkenen Menge aber über eine längere Zeit praktiziert, zu körperlichen oder psychischen Problemen oder zumindest zu körperlichen oder psychischen Gesundheitseinschränkungen führt.

Alkohol wird dabei gewissermaßen regelmäßig als Mittel missbraucht, um ein bestimmtes Ziel zu erreichen, etwa um entspannen, von den Belastungen des Alltags abschalten oder einschlafen zu können. Wir erkennen zwar, dass wir zu viel und zu oft konsumieren und nehmen uns vielleicht auch wiederholt vor, in Zukunft weniger zu trinken. Vorzeichen eines problematischen Umgangs mit Alkohol sind also deutlich erkennbar, es besteht aber noch nicht wirklich eine Abhängigkeit. Erst wenn mehrere der folgenden Merkmale zutreffen, geht der schädliche Gebrauch schleichend in die Abhängigkeit über:

- Vergiftungs- und Entzugssymptome sind zu beobachten.
- Solche Entzugssymptome werden versucht, mit neuerlichem Alkoholkonsum zu mildern oder zu vermeiden.
- Ein sozialer Abbau geht vonstatten.
- Die Menge und die Häufigkeit des Konsums nehmen zu, wobei wiederholte Kontrollverluste beim Trinken passieren und dennoch ein ständiger innerer Zwang zum Trinken besteht.

Nicht verzichten, sondern gewinnen

Nun könnte man meinen, dass sich bei Ruth alles darum dreht, wachsam die Gefahren des Alkohols zu erkennen, die Sucht nach der Substanz in den Griff zu bekommen, potenziell rückfallgefährdende Situationen zu entschärfen, dem verhängnisvollen Gefährten Alkohol zu widersagen und ihm keine Macht über das eigene Schicksal mehr zuzugestehen. Und ja, es bedarf ständiger Vorsicht: Sie darf sich nie zu sicher fühlen, muss auf der Hut sein, um nicht die alten Fehler zu begehen. Das alles klingt nicht nur nach großem Kraftaufwand, es ist auch einer.

Gerade deshalb möchte ich an dieser Stelle schon ein wenig vorausgreifen und darauf hinweisen, dass ein Leben ohne Alkohol nicht immer mit Entbehrung und Verzicht zu assoziieren ist. Neben all den wachrüttelnden und bedrohlich klingenden Beschreibungen, die über die Risiken und Gefahren riskanten Alkoholkonsums in unserer Gesellschaft aufklären wollen und die den Aufmerksamkeitsfokus auf den sorgsamen Umgang mit Alkohol legen, wird in unserer Gesellschaft parallel dazu der Fokus auf einen Lebensstil weit fernab von Alkohol immer wichtiger. Immer mehr Menschen finden ein Leben ohne Alkohol sehr attraktiv. Aber eben nicht, weil sie darauf „verzichten" möchten oder sogar verzichten müssen, sondern weil Alkohol sie ganz einfach nicht interessiert. Nimmt die oftmals beschriebene allgegenwärtige Präsenz von Alkohol in unserem Kulturkreis also ab? Zeichnet sich eine generelle Lebensstiländerung ab, hin zu interessanteren Verhaltensweisen, als dies Alkoholtrinken ist?

Offenbar ist dies auch bei Ruth passiert, sonst würde sie es nicht schaffen, dermaßen offen und aufrichtig über die Erfahrungen von damals zu berichten. Vor allem aber steht ihr alkoholfreies Leben nicht unter dem Slogan Verzicht, sondern Gewinn.

MEINE KINDHEIT ALS TOCHTER EINES ALKOHOLIKERS

Ich war kein Wunschkind

Mein Vater schockierte mich oft, wenn er nachts betrunken nach Hause kam und dabei üblicherweise sehr laut war. So auch in jener Samstagnacht. Nach einem heftigen Wortwechsel mit meiner Mutter kamen noch andere Angst machende Geräusche dazu. Es hörte sich so an, als ob sämtliche Einrichtungsgegenstände demoliert würden. Dazwischen immer wieder die laute Stimme meiner Mutter, die meinen betrunkenen Vater von seinem Tun abbringen wollte, was ihn nur noch mehr in Rage versetzte.

Ich versteckte mich zitternd vor Angst unter meiner Bettdecke und dachte, wenn meine Mutti still wäre und nicht immer etwas entgegnen würde, würde mein Vater nicht noch aggressiver und eher still sein. Vielleicht sind es gerade diese kindliche Erfahrung und die Gedanken, die mich als Erwachsene während Auseinandersetzungen meist schweigen lassen, in der Hoffnung, mein jeweiliges Gegenüber hört dadurch schneller auf, mich anzubrüllen oder mir Vorwürfe zu machen. Auch als Zwölfjährige betete ich in solchen Situationen noch ganz inbrünstig zu meinem Schutzengel und zum lieben Gott und weinte mich schließlich leise in den Schlaf, als irgendwann Ruhe eingekehrt war.

Am Morgen nach dieser besagten Samstagnacht herrschte eisiges Schweigen in der Küche. Ich setzte mich an den Tisch, versuchte, mich möglichst klein und unsichtbar zu machen, und verdrückte hastig das Frühstück, damit ich schnell wieder in die Sicherheit meines Schlafzimmers flüchten konnte. Auch während des Mittagessens hielt die schlechte Stimmung an, und mein Vater verzog sich danach gleich ins Bett, welches er am Vormittag notdürftig nach seiner nächtlichen Aktion repariert hatte.

Währenddessen machte ich mit meiner Mutter einen ausgedehnten Spaziergang. Als wir ein Stück des Weges zurückgelegt hatten, fing Mutti an, sich ihren Frust von der Seele zu reden und ihrem Ärger und ihrer Wut freien Lauf zu lassen. Sie hatte die Entgleisungen meines Vaters so satt. Sogar von Trennung und Scheidung war die Rede, aber auch von den Ängsten, was aus ihr und uns Kindern ohne ihn werden sollte. Wo sollten wir hingehen? So etwas wie „Frauen helfen Frauen" oder „Frauenhäuser" gab es noch nicht. Damals hörte ich zum ersten Mal, dass mein Großvater sie vor der Hochzeit mit meinem Vater gewarnt hatte: „Einen guten Mann bekommst du mit dem Hans nicht." An diesem Sonntagnachmittag machte mir meine Mutti noch ein weiteres Geständnis. Heute bin ich mir sicher, wenn sie gewusst hätte, was sie damit in mir ausgelöst hat, hätte sie geschwiegen.

Ich erfuhr, dass ich für meinen Vater kein Wunschkind war. Er bezeichnete mich als „übrigen Fresser", was so viel bedeutet wie jemand, der nur Spesen verursacht und zu nichts nutze ist. Mein Vater hätte mit seinem Sohn und Stammhalter genug gehabt. Ich war gelinde ausgedrückt ein Unfall, der ihm passiert ist.

Mein Vater war so fixiert darauf, nur einen Sohn in die Welt zu setzen, dass er sogar die Verhütung selbst in die Hand genommen hatte und über die Regelblutung meiner Mutter akribisch Buch führte. Dass eine Grippe Muttis Biorhythmus aushebelte, damit hatte er nicht gerechnet. Ich bin sozusagen ein „Rechenfehler“. Die Tragweite dieser Aussage wurde mir erst nach und nach klar. In dem Moment verstand ich nur, dass ich in den Augen meines Vaters gar nicht existieren dürfte. Da ich als Zwölfjährige nicht viel Ahnung von Verhütung hatte, bat ich Mutti, mir die Methode mit der Buchführung auf dem Kalender zu erklären, und ließ mir nicht anmerken, wie sehr mich ihre Beichte getroffen hatte.

Pragmatisch betrachtet war mein Vater als Mann seiner Zeit weit voraus. Er überließ das Verhütungsthema nicht allein seiner Frau, sondern übernahm Verantwortung. Verantwortung gegenüber dem Leben und indirekt gegenüber der Gesundheit seiner Frau.

Doch seit jenem Nachmittag geistert der Ausdruck des „übrigen Fressers“ in meinem Kopf herum, manchmal sogar heute noch, aber dazu später mehr. Ich glaubte, nun den Grund dafür zu kennen, warum mein Vater mich ignorierte und so gut wie nie das Wort an mich richtete. Ich sah in mir den Grund für die Streitigkeiten wegen der viel zu hohen Beträge im „Ladenbüchlein“ und hatte seitdem Hemmungen, mich satt zu essen, wenn mein Vater mit uns am Tisch saß.

Ich war überzeugt, dass er genau beobachtete, wie viel ich mir auf meinen Teller schöpfte. Deshalb begann ich heimlich, fern der Mahlzeiten zu essen, was für meine Figur nicht gerade förderlich war. Ich vermied es, mich in unserer Wohnküche aufzuhalten, wenn mein Vater aufgrund seiner Schichtarbeit zu Hause war. Sogar im Winter verbrachte ich die Nachmittage in meinem ungeheizten Zimmer, in dem die Wände aufgrund der Eiskristalle funkelten und glänzten. Damals leistete ich mir den Schwur: „Wenn ich erwachsen bin, werde ich in meiner Wohnung nie frieren“. Daran halte ich mich bis heute.

Dieses Thema wurde, soweit ich mich heute noch erinnere, von niemandem aus der Familie richtig angesprochen und schon gar nicht aufgearbeitet. Ich habe es ein paarmal angesprochen und bekam Floskeln zur Antwort wie „Denk nicht mehr daran". Aber das konnte ich nicht. Der Ausdruck des „übrigen Fressers" hatte sich in meine Seele gebrannt.

Die Vorzeigetochter

Ab und an kam es vor, dass mich mein Vater nachts, wenn er Arbeitskollegen mit nach Hause brachte, aus meinem Bett holte, damit ich meine Bilder und Zeichnungen präsentierte. Ich war recht talentiert in einigen musischen Bereichen. Damals war es Zeichnen und Malen, etwas später kamen das Musizieren, das Schreiben und die Bildhauerei dazu. Da dies die einzigen Situationen waren, bei denen ich das Gefühl hatte, dass mein Vater stolz auf mich war, bemühte ich mich umso mehr, schöne Bilder zu kreieren.

Bei solchen Gelegenheiten präsentierte er mich wie einen dressierten Affen. Wenn er dann noch Komplimente bekam, dass ich eine ganz „Hübsche" bin, kam immer derselbe Spruch: „Bevor ich sie gezeugt habe, habe ich mich sauber gewaschen und schön gekämmt." Dabei wusste er gar nicht genau, wann ich ihm „passiert" bin!

In diesen Situationen schöpfte ich jedes Mal neue Hoffnung, dass vielleicht doch noch alles gut würde und er mich voll und ganz akzeptieren könnte. Ich zeigte mich jedes Mal von meiner besten Seite und tat alles, was mein Vater in meiner Überzeugung von mir erwartete, nur um zu gefallen und etwas Lob von ihm zu erhaschen. Doch schon am nächsten Morgen verhielt er sich wieder so, als gäbe es keine Vorzeigetochter, nur den „übrigen Fresser". Zuckerbrot und Peitsche!

Ich fiel danach von Neuem in ein Loch der Enttäuschung und der Selbstvorwürfe, nicht gut genug, nicht nett genug und nicht liebenswert genug zu sein. Auch dieses Verhalten zieht sich wie ein roter Faden durch mein weiteres Leben. Um Anerkennung, Zuneigung und etwas Liebe zu bekommen, passte ich mich dem jeweiligen Partner an und tat in meinen Beziehungen alles, wovon ich überzeugt war, es würde von mir erwartet. Dabei verlor ich mehr und mehr meine eigene Identität.

Mobbing in der Schule

Ungefähr zeitgleich mit dem Geständnis meiner Mutter fing mein Körper an, nach und nach weiblichere Formen anzunehmen, und das machte er für meinen Geschmack viel zu schnell und vor allem machte er viel zu runde Formen. Ich wollte das nicht. Plötzlich wuchsen Haare, wo vorher keine waren, und Brüste, die wehtaten und eh nur störten. Von Mutti hatte ich auf meinem Weg zur Frau keine Begleitung und keine Unterstützung, Stolz und Selbstwert auf meine Weiblichkeit aufzubauen. Aber wie soll sie etwas weitergeben, das sie selbst nie erfahren hat?

Ich war mit meiner körperlichen Entwicklung etwas früher dran als der Durchschnitt und das blieb natürlich nicht unbemerkt. In der Schule wurde ich dafür gehänselt. Die gebräuchlichsten Schimpfnamen waren „Milchkuh“ oder „Sennerei“. Ich fing an, sehr weite Schlabberpullis zu tragen. Dabei schob ich meine Schultern weit nach vorne, sodass der weite Pullover locker über meine Brust fiel, damit man nicht sehen konnte, wie viel davon schon da war.

Am schlimmsten fühlte ich mich während des Turnunterrichts. An Tagen, an denen wir Sport hatten, kam ich immer schon in Sportkleidung in die Schule, da ich mich schämte, mich vor den anderen umzuziehen. Ich trug dann unter dem Unterhemd einen ganz engen Schwimmanzug, der meine Brust eng an den Körper drückte, damit ja nichts wackelte. So etwas wie einen Sport-BH kannte ich nicht und meine Eltern hätten mir auch keinen gekauft. Ich traute mich nicht zu hüpfen, zu laufen oder mich sonst irgendwie schnell zu bewegen, eben aus dem Grund, dass an meinem Oberkörper etwas wackeln könnte. Durch dieses Verhalten erntete ich wieder Häme und Spott. Vonseiten meiner Mitschülerinnen hieß es, ich könnte gar nicht laufen, weil ich zu fett wäre. Ich war nicht auffällig übergewichtig. Ich hatte nur etwas mehr Rundungen – an den richtigen und einige an den falschen Stellen. Allerdings reichte es aus, dafür gehänselt zu werden. Damals sprach noch niemand von Mobbing, worum es sich aus heutiger Sicht gehandelt hätte.

Ich habe dieses Thema zu Hause nie angesprochen, weil ich den üblichen Floskeln meiner Mutter aus dem Weg gehen wollte. Abgesehen davon hätte ich mit ihr sowieso nicht über meine Brüste geredet. Genauso wie ich ihr meine Regelblutung jahrelang verheimlicht habe. Mit ungefähr 15 Jahren, als die Pille zum Thema wurde und ich die Erlaubnis meiner Mutter dafür brauchte, begleitete sie mich zum Frauenarzt, wo sie erstmals erfuhr, dass ich meine Monatsblutung schon seit meinem 12. Lebensjahr hatte. Meine Mutter wollte hinterher natürlich wissen, warum ich ihr meine Regelblutung verschwiegen hatte. Ich schämte mich ganz einfach, mit meiner Mutter über schambehaftete „Frauenthemen“ zu reden. In ihrer Erziehung fiel generell häufig der Ausdruck „Schäm dich“. Sie hatte ihrerseits nur einmal einen Versuch unternommen, mich aufzuklären, was ich aber abgeblockt hatte. Ich wollte und konnte mit ihr nicht über dieses Thema reden. Warum, kann ich bis heute nicht sagen.

Es gab zwei, drei Mädchen, mit denen ich mich austauschte, aber das meiste habe ich damals schon mit mir selbst ausgemacht.

Meine ersten Suizidgedanken

Seitdem ich wusste, dass ich seitens meines Vaters unerwünscht war und unabhängig davon von Gleichaltrigen gehänselt wurde, fing ich an, mein Leben und den Sinn dahinter zu hinterfragen. Das waren Fragen wie„Was soll ich in einer Welt, in der mich im Grunde keiner haben will?“, „Warum hat man mich überhaupt in diese Welt gesetzt. Ungefragt?“, „Wäre es nicht besser, gar nicht hier zu sein?“.

Ich ließ mich immer mehr vom Strudel der Negativgedanken in die Tiefe ziehen. Stundenlang saß ich in meinem Zimmer und grübelte über mein unerwünschtes Erdendasein nach und sinnierte über die beste und schnellste Methode, mich aus dem Leben zu schleichen. Schnell, schmerzfrei und sanft. Damals ist es bei den Suizidgedanken geblieben.

Es fiel keinem auf, dass ich mich mehr und mehr zurückzog. Mein Vater interessierte sich nicht für mich, und meine Mutti war immer irgendwo am Arbeiten, um uns Kindern und sich selbst ein klein wenig Luxus zu finanzieren.

In dieser Zeit fing ich an, Geister- und Gruselromane zu lesen. Diese surrealen, unwirklichen Geschichten passten zu meiner Grundstimmung. Tote, lebende Tote, Gespenster und Geister von Verstorbenen, offene Gräber mit leeren Särgen, das waren die Themen dieser Heftromane, und ihr Held war ein Geisterjäger Namens John

Sinclair. Ich stellte mir oft vor, wie es wohl wäre, ins Totenreich überzugehen, ein Dasein als Geist zu führen, wie wohl meine Beerdigung wäre und wer alles erscheinen würde. Aber vor allem ein Gedanke beschäftigte mich, und zwar, ob mein Vater an meinem Grab weinen würde. Heute bin ich mir sicher, er hätte geweint.

Mit meinem heutigen Wissens- und Erfahrungsstand bin ich überzeugt: Mein Vater saß in einem Käfig fest, aus dem er nicht entkommen konnte. Er hatte selbst in seiner Kindheit wenig Liebe und Zuneigung erfahren und wuchs in blanker Not auf. Vermutlich gingen aus der Ehe seiner Eltern deshalb nur zwei Kinder hervor. Von seinen frühen Erfahrungen geprägt, konnte er aus dem Käfig der negativen Muster seiner Kindheit nicht entkommen, so wie auch ich heute immer noch Muster und Prägungen aus meiner Kindheit aufzuarbeiten habe.

Niemandem gefällt es, als alkoholkrank angesehen zu werden

Obwohl vielen Menschen bewusst ist, dass es sich bei der Alkoholabhängigkeit um eine Erkrankung handelt, steht häufig die Überzeugung im Vordergrund, sich das Problem selbst eingehandelt zu haben. Die Scham darüber, nicht stark genug gewesen zu sein, um widerstehen oder aufhören zu können, oder nicht klug genug, die Probleme, wegen derer man angefangen hat zu trinken, angemessen zu lösen, drängt die Betroffenen meist in eine Ecke, mit dem Rücken zur Wand. Betroffene fühlen sich in ihrer Würde angegriffen und verletzt, auf jeden Fall als intelligente und mündige Menschen infrage gestellt, weil sie es nicht selbst und von allein schaffen, sich aus der Problemlage zu befreien.

Dies bringt Freunde und Angehörige in eine verzwickte Lage: Wie sollen sie helfen? Teil der Hilfe ist es jedenfalls, die beobachtete Abhängigkeit, die wiederholten Rückfälle und leeren Versprechungen klar und direkt anzusprechen. Dass dies von den abhängigen Personen als verletzend, beschämend und moralisierend empfunden wird, ist schwer zu übersehen. Dann ist es oft schwierig, bei der realistischen Beschreibung dessen, was man sieht, zu bleiben. Am liebsten würden wir es als Angehörige ein bisschen „leichter verdaubar" formulieren. Wir möchten nicht kränken und beschämen, weshalb wir es abschwächen, vielleicht das Gute mehr herausstreichen und positive Seiten überwiegen lassen. Dabei leiden wir als Angehörige oft mit und halten es schwer aus, das ganze Ausmaß des problematischen Verhaltens offenzulegen und einzugestehen, weil uns unser Partner, die Kinder oder Eltern leidtun. Wir merken, dass sie in Bedrängnis sind, sich winden, neuerlich auf Nachsicht hoffen. Wir wollen an die guten Vorsätze glauben und an die Chance, die Sucht doch noch in den Griff zu bekommen.

Tatsächlich braucht es beides, um helfen zu können: Klarheit und Nachsicht. Den Freunden und Angehörigen kommt damit ein wichtiger Teil im Prozess der Behandlung zu. Sie werden immer wieder gefordert und gehen in einem Balanceakt zwischen Klarheit und geduldigem Verständnis sehr oft an und über ihre Grenzen hinaus.

Schuldgefühle

Angehörige, Freunde und Bekannte tun sich in den meisten Fällen schwer, etwas Wirksames gegen das Trinken zu unternehmen. Zudem fragt man sich oft, ob man mit dem eigenen Verhalten nicht Mitschuld am Trinken des anderen hat – wo einem dies doch so oft vorgehalten wird. Also ist es naheliegend, das eigene Verhalten zu verändern oder so anzupassen, dass die Partnerin oder der Partner, die Eltern, Freunde oder Mitarbeiter keinen Grund mehr haben zu trinken. Zudem versuchen wir, sie vor Kritik, Demütigung und Anschuldigungen zu schützen. In dieser „guten Absicht" übersehen wir oft, dass dies beim Abhängigen das Gefühl stärkt, es sei alles noch nicht so schlimm. Wie man es macht, ist es also nicht recht? Eine gute Möglichkeit, mit dieser frustrierenden Situation umzugehen, ist, wenn möglich, gemeinsam mit dem Betroffenen in Behandlung zu gehen. Wir wissen, auch das ist leichter gesagt, als getan. Es ist aber den Aufwand wert.

Der Betroffene ist in einem Kreislauf von Enttäuschung und Frustration gefangen und hat vermutlich selbst schon viele Anläufe unternommen, sich daraus zu befreien. Manchmal beherzt, manchmal sehr zaghaft und unentschlossen. Wieso sollte es dem Angehörigen folglich ganz einfach gelingen, den Teufelskreis der Sucht zu unterbrechen, wenn der Betroffene es seit Jahren nicht schafft.

Auf der Suche nach Rezepten, die das Helfen leichter machen, treffen wir immer wieder auf eine eindeutige Empfehlung, die sich durch die Erfahrungsberichte von Angehörigen durchzieht: Sorge zunächst für dich selbst. Selbstfürsorge ist zentral, weil man nur so die Kraft entwickeln und bewahren kann, die es bei der Unterstützung des Betroffenen braucht, und weil man dem Betroffenen eine Art Vorbild beim Entwickeln der Veränderungsbereitschaft sein kann. Dies bedeutet auch, sich selbst aktiv Hilfe zu holen, Informationen über die Hintergründe der Abhängigkeit zu suchen, sich mit anderen Angehörigen auszutauschen und an der eigenen Konsequenz zu arbeiten. Da viele Angehörige oder auch Freunde sich in den meisten Fällen selbst schon sehr lange in den Hintergrund der Abhängigkeit gestellt und ihre Selbstfürsorge vernachlässigt haben – egal ob aus Angst oder Mitleid – ist es wichtig, sich selbst Hilfe an die Seite zu holen. Der Alkohol mag es ganz und gar nicht, wenn man über ihn spricht. Also lass uns über ihn sprechen. Dies soll zwischen den Familienmitgliedern passieren, genauso wie im Freundeskreis. Ziel ist es, möglichst offen darüber zu reden. Als Hilfe von außen bieten sich verschiedene Beratungsstellen an. Vornehmlich jene Dienste, die sich der Behandlung von Suchterkrankungen widmen. Das Fachpersonal hat Erfahrung damit, da Abhängigkeiten immer auch die Angehörigen belasten.

Gut zu wissen

Anlaufstellen für Betroffene und Angehörige in Südtirol

- ↘ Dienste für Abhängigkeitserkrankungen (DfA)
- ↘ Bad Bachgart – Zentrum für stationäre Psychotherapie
- ↘ HANDS Bozen, Kompetenzzentrum für Abhängigkeitserkrankungen
- ↘ Caritas-Beratungsstelle Schlanders
- ↘ La Strada – der Weg
- ↘ Hausarzt und Facharzt
- ↘ Zentrum für psychische Gesundheit
- ↘ Familienberatungsstellen
- ↘ Selbsthilfegruppen Anonyme Alkoholiker, Alkohol und Soziales, Hudolin

www.dubistnichtallein.it

Website des Südtiroler Sanitätsbetriebes, Netzwerk Psychische Gesundheit

Persönlichkeitsveränderung

Angehörige berichten häufig, durch eine regelrechte Persönlichkeitsveränderung der Betroffenen irritiert zu sein. Es scheint ihnen, als ob sich das Wesen des Menschen verändert hätte und die Betroffenen die Selbstachtung verloren hätten. Dies ist befremdlich, belastend, frustrierend und sorgt für große Verunsicherung. Nichts ist mehr, wie es war. Die Reaktionen in bestimmten Situationen sind fremdartig und unberechenbar geworden. Wertesysteme, die vor der Erkrankung zentral waren, sind ins Wanken geraten und die Personen scheinen nicht mehr vertrauenswürdig. Man weiß nie, wie man wirklich dran ist und was den Betroffenen noch wichtig und wertvoll ist. Lebenspläne, die vor einiger Zeit noch gemeinsam aufgestellt wurden, rücken zusehends in die Ferne und zerschlagen sich irgendwann. Meist treten finanzielle Probleme und eine generell schwierige ökonomische Situation an deren Stelle. Weil die Enttäuschungen erschlagend groß sind, tendieren die Angehörigen dazu, die Pläne und Erwartungen aus der Vergangenheit zu idealisieren. Der Unterschied zwischen der heilen Welt von damals und der enttäuschenden Realität von jetzt wird riesengroß und unaushaltbar. Da, wo negative Spannung anhält, kommt es zu Konflikten. Da, wo Konflikte lodern und nicht gelöst werden, steigt die Gefahr von verbaler und körperlicher Gewalt und bringt das Maß der Belastung für die gesamte Familie auf einen tragischen Höhepunkt.

Mitbetroffen – Angehörige und Freunde

Alkoholabhängigkeit ist niemals nur das Problem dessen, der trinkt. Mit betroffen sind die Familienangehörigen genauso wie der Freundeskreis. Wie in vielen zwischenmenschlichen Situationen fällt es oft schwer, das richtige Maß zwischen Konfrontation und Schonung zu finden. Abwertungen, Rückschläge, Ablehnung und Aggression machen es nicht leichter, einer klaren Linie treu zu bleiben. Schon die Bezeichnung „richtiges Maß“ scheint vermessen, denn sie hat den Anspruch, dass ich mich nur richtig bemühen und anstrengen muss, dann kann ich in jedem Fall helfen. Dabei ist es vermutlich klüger, sich streckenweise von der Vorstellung, den geliebten Menschen retten zu können, zu verabschieden. Hilfe hat nichts mit Entweder-oder zu tun, Unterstützung kann angenehm, aber auch schmerzhaft sein. So klar wie der Ratschlag „Du musst nur aufhören zu trinken" nicht funktioniert, so einfach scheitert das Vorhaben, jemanden zu retten.

Co-Abhängigkeit

Dass Familienangehörige alles Erdenkliche versuchen und jegliche Energie, die sie aufbringen können, dafür verwenden, unkontrollierbare Konflikte abzuwenden, liegt nahe. Man will dem Erkrankten helfen und die anderen in Mitleidenschaft geratenen Angehörigen schützen. Deshalb versucht man, die Verantwortung für das Geschehen zu übernehmen, möchte steuern und die nächste Katastrophe abwenden. Da dies nicht gelingt, versucht man, noch mehr Verantwortung zu übernehmen, und intensiviert das Mitgefühl und den Willen zu helfen noch weiter. Da die Zurückweisung des Betroffenen ganz sicher nicht ausbleibt und das Hilfsangebot abgeblockt wird, bleibt am Ende nur noch die Konfliktvermeidung, um das Ganze nicht noch mehr eskalieren zu lassen: die verzweifelte Hoffnung, die Kontrolle nicht gänzlich zu verlieren; der verzweifelte Versuch, wenigstens das, was noch intakt ist, zu schützen; der verzweifelte Kompromiss, die belastende Situation auszuhalten, um noch Schlimmeres zu vermeiden.

Die Enttäuschung darüber, nicht helfen zu können und machtlos danebenzustehen, mündet meist in eigene Unzulänglichkeitsgefühle und Schuldzuweisungen sich selbst gegenüber. Unangenehme Gefühle wie Wut und Ärger, die von außen beurteilt doch recht angemessen wären, finden dann keinen Platz mehr. Sie werden weggedrängt und verleugnet. Eben, damit es nicht noch schlimmer wird. Ab hier verfolgt der Angehörige ein einziges Ziel: die aktuelle, wenn auch noch so deprimierende Situation stabil zu halten – mit allen

Mitteln. Selbst wenn dies die Unterstützung des Alkoholkonsums bedeutet. Eine Patientin hat erzählt, ihre Rechnung sei einfach gewesen, sie habe sogar darauf Acht gegeben, dass genügend Alkohol im Haus war. Zum Schutze der Kinder, aber auch zu ihrem eigenen Schutz. Selbst als sie erkannte, dass sie sich längst zum Spielball der Sucht gemacht hatte und mit abhängig geworden war, sich zum Handlanger des Alkoholismus gemacht hatte, ließ sich die Dynamik nicht stoppen. Der Selbstwert, den Menschen sich in solchen Situationen zusprechen, ist nachvollziehbar niedrig. Das Selbstvertrauen, das sie noch in sich haben, ist gering, und die Erkenntnis, nichts mehr ändern zu können, regelrecht handlungsunfähig geworden zu sein, frustriert und höhlt einen Menschen von innen aus. Resignation hat sich längst breitgemacht und beschreibt jenes Level einer Burn-out-Entwicklung, auf dem es zu Depression und Angststörungen kommt.

Wir beobachten ein erhöhtes Auftreten affektiver Erkrankungen, insbesondere Depressionen, bei ca. 30 Prozent der Familienangehörigen alkoholkranker Menschen. Ähnlich verhält es sich hinsichtlich des Auftretens von Angststörungen und somatoformen Störungen, also jenen psychischen Erkrankungen, die unklare körperliche Beschwerden wie Herzrasen, Magen-Darm-Beschwerden, Schweißausbrüche, Atembeschwerden, vorzeitige Ermüdbarkeit, Kopf-, Rücken- und Gelenkschmerzen oder Schwindel als Symptome zeigen. Nicht selten führt der Konsum von Beruhigungs-, Schlaf- und Schmerzmitteln aus der Gruppe der rezeptpflichtigen Benzodiazepine aufgrund des großen Suchtpotenzials zu einer eigenen Abhängigkeit. Im Volksmund werden diese Medikamente gerne als „Wurstigkeitstropfen" bezeichnet, weil sich nach dem Konsum zunächst eine bestimmte Gleichgültigkeit gegenüber den Angst machenden Situationen einstellt. Bereits in den 1960er-Jahren besang die Rockgruppe Rolling Stones die „kleinen Helfer" jener Frauen in psychischer Notlage als „Mothers Little Helper". „Sie sehen einfach nicht ein, dass du müde wirst", ... also sucht sie Schutz bei „Mutters kleinem Helfer", so die Textzeilen.

Der Entwicklung einer Co-Abhängigkeit gehen meist sehr typische Lebenseinstellungen, sogenannte Grundhaltungen von Angehörigen voraus. Vor allem die Überzeugung, dass man Suchtprobleme mit ausreichend Liebe und Geduld heilen kann – vorausgesetzt, man hat enorm viel Ausdauer und aufopferndes Durchhaltevermögen und stellt seine eigenen Bedürfnisse in den Hintergrund. Je größer der persönliche Einsatz, um die Sache unter Kontrolle zu bringen, umso wahrscheinlicher die Lösung des Alkoholproblems, so lautet oft das persönliche Motto. Mit der Einsicht aber, dass dies so nicht funktioniert, macht sich eine zweite Einstellung breit: In Konfliktsituationen bin ich ohnedies unterlegen, und wenn man sowieso nichts ändern kann, ist es vernünftiger, das Schicksal zu ertragen, wie es ist. So schließt sich ein tragischer Kreislauf geprägt von Machtlosigkeit.

Die Beratung und therapeutische Begleitung von Angehörigen versucht diese zwar zunächst wunderschönen, aber oft idealisierten Überzeugungen zu hinterfragen und gegebenenfalls mit hilfreicheren und besser funktionierenden Einstellungen zu ergänzen.

Auf einen Blick

Merkmale der Co-Abhängigkeit

↘ Übermäßige Verantwortungsübernahme

- ↘ Ausgeprägtes Mitgefühl mit starken Helferimpulsen
- ↘ Unfähigkeit, Kritik oder Zurückweisung zu ertragen
- ↘ Niedriges Selbstwertgefühl durch fehlende Anerkennung
- ↘ Konfliktvermeidung
- ↘ Schuld- und Unzulänglichkeitsgefühle
- ↘ Verleugnung und Verdrängung unangenehmer Emotionen

Die Psyche der Kinder

Die sicher vulnerabelste, also verletzlichste Gruppe der Angehörigen sind die Kinder. Sie leiden massiv unter dieser Machtlosigkeit und dem Gefühl, einer sich ständig wiederholenden Situation ausgeliefert zu sein. Ständig wiederholend und doch unvorhersehbar, wie jener Patient die Situation seiner Kindheit beschrieben hat, als er am Heimweg von der Schule nie wirklich wusste, was ihn daheim erwarten würde. Bisweilen traf er die Mutter betrunken schlafend im Wohnzimmer an, anderntags schimpfend und schreiend und wieder an anderen Tagen überschwänglich zutraulich und unangemessen fürsorglich. Ihre Reaktionen waren unvorhersehbar, je nachdem was und wie viel sie getrunken hatte, und er selbst war dadurch absolut verunsichert.

Kinder sind Kränkungen, Abwertungen und Beschämungen in Form psychischer wie körperlicher Gewalt und damit dem Fehlen von stabiler Sicherheit und Geborgenheit ausgeliefert. Deshalb reagieren sie gewissermaßen als Schutzreaktion gegenüber weiteren Verletzungen mit dem Unterdrücken und Abwehren der eigenen, vor allem unangenehmen Gefühle. Angst und Trauer, aber natürlich auch Wut und Ärger über die erlebte Situation werden zu groß und müssen verdrängt oder umgelenkt werden. Kinder entwickeln dazu ihre eigene Technik und Lösung. Sie nehmen instinktiv und automatisch eine Rolle im Familiensystem ein, die ihnen in irgendeiner Form ein Mindestmaß an Gefühlskontrolle und Sicherheit einbringt.

Entweder sie übernehmen unangemessene, übergroße Verantwortung für ihre Geschwister oder den anderen Elternteil, sie verlassen also das Kindsein und schlüpfen in eine Erwachsenenrolle, versuchen sich anzupassen und verleugnen eigene Gefühle. Oder sie ziehen alle Aufmerksamkeit auf sich, indem sie unangepasst oder sozial auffällig werden, rebellieren und ihrerseits in den Gefühlsreaktionen stark schwanken.

Eine ähnliche Funktion hat wohl auch der frühe Beginn eigenen Alkohol- oder Drogenmissbrauchs, den man als Flucht aus der belastenden Realität interpretieren könnte. Die Entwicklung aggressiver und sehr impulsiver Verhaltensweisen lenkt zunächst von der eigenen Machtlosigkeit ab und wirkt wie ein Hilfeschrei. Zugleich entsteht bei den Kindern und Jugendlichen ein bis dahin vermisstes Gefühl von Stärke und Macht.

Typisch ist außerdem der ängstliche, selbstunsichere Rückzug, der zunächst Schutz und Schonung verspricht. Wenn alles im Leben wankt und zu zerbrechen droht, kann ein bisschen Sicherheit als enorm erleichternd erlebt werden. Egal, über welchen Weg sie dieses Gefühl erreichen.

Man könnte die verschiedenen Reaktionsformen in der Summe also als Versuch interpretieren, die schwierige Situation in irgendeiner

Form unter Kontrolle zu bekommen oder das Leid abzuwehren. So könnte man die Verhaltensweisen, die sich entwickeln, als eine Art Bewältigungsversuch oder sogar Lösungsversuch deuten.

Das wie auch immer gewonnene Sicherheitsgefühl entpuppt sich aber tragischerweise recht bald als negativ, wodurch der ursprüngliche Lösungsversuch zu einem weiteren Problem wird. Und nicht selten wiederholt sich in beinahe fatalistischer Art und Weise das Problemverhalten der Erwachsenen. Ausgerechnet jenes Verhalten, das das Kind auf keinen Fall übernehmen wollte.

Selbstwert

Der Wert, den wir uns selbst zuschreiben, setzt sich aus unserer Selbstbeobachtung und den Rückmeldungen unseres Umfeldes zusammen. Der Selbstwert ist also das Ergebnis von dem, wie wir uns selbst sehen, und dem, wie wir von unseren Bezugspersonen beschrieben und bewertet werden. Aus diesem Selbstwert bildet sich naturgemäß wiederum das Vertrauen, das wir in uns selbst haben, und die Achtung, die wir vor uns selbst haben. Abhängig davon fühlen wir uns dann selbstsicher oder eben auch unsicher.

Zwei Tendenzen können beobachtet werden: Manche Jugendliche mit Minderwertigkeitsgefühlen treten die Flucht in Alkohol oder andere Drogen an, um hier Trost und Aufwertung zu erfahren. Andere hingegen scheinen aufgrund ihres überhöhten Selbstbewusstseins und aufgrund geringer Ängstlichkeit den riskanten Rausch zu suchen. Meist geht es jedoch um die simple Bewältigung von unangenehmen Gefühlen. Und da sind wir wieder: Wie das geht, wird uns in unserem Umfeld nur allzu oft vorgelebt. Rund 40 Prozent aller Jugendlichen haben bereits Kontakt mit Alkohol und dessen verschiedenen Funktionen in der eigenen Familie gehabt.

Hilfe holen

Für Angehörige ist es also sehr wichtig, Hilfe in Anspruch zu nehmen, eigene Bedürfnisse ernst und sich selbst wieder wichtig zu nehmen. Es ist der erste Schritt, sich selbst zu respektieren. Hilfreich ist, sich anderen Angehörigen und Freunden anzuvertrauen, offen darüber zu reden und sich nicht erpressen zu lassen.

Die Illusion, den Betroffenen kontrollieren zu können, muss aufgegeben werden und vor allem muss die Suche nach dem Schuldigen beendet werden. Stattdessen ist es notwendig, beobachtete negative Veränderungen beim Betroffenen offen anzusprechen, ihm die Besorgnis darüber mitzuteilen, aber nicht ständig über das Suchtverhalten zu diskutieren oder gar darüber zu verhandeln.

Seien Sie als Angehöriger immer aufmerksam und unterstützen Sie nicht den Alkohol, sondern den betroffenen Menschen. Problematisches Verhalten muss klar angesprochen werden. Für den Menschen hinter der Sucht ist dies ein Zeichen, dass er ernst genommen wird. Auch wenn er dies für eine lange Zeit so nicht annehmen wird. Auch wenn er sich ärgern wird und sich verraten fühlt, diese offene Botschaft „Ich halte zu dir und nicht zum Alkohol", wird früher oder später zu ihm durchdringen.

Aus der Praxis

Wir beobachten im klinischen Alltag mit den Familien alkoholkranker Menschen, dass innerhalb des Familiensystems besonders typische Fehlannahmen vorherrschen, die einen Ausstieg aus der Suchtdynamik für alle Beteiligten erschweren. Häufig sind es unausgesprochene und nicht infrage gestellte Überzeugungen. In einem ersten Schritt der therapeutischen Arbeit versuchen wir, diese Familienregeln bewusst zu machen, sie kritisch zu hinterfragen und, soweit möglich, durch hilfreichere zu ersetzen. Dieser Prozess dauert lange und gestaltet sich oft schwierig, da Veränderungen meist Angst machen. Typische „falsche" Familienregeln sind:

- Niemand soll darüber reden, was wirklich los ist!
- Niemand darf sagen, wie er sich wirklich fühlt!
- Alles muss so bleiben, wie es ist!
- Alkohol ist nicht die Ursache der Probleme!
- Der Abhängige ist nicht für seine Sucht verantwortlich, schuld sind andere oder die Umstände.

Tragende Säulen

Die Identität eines Menschen entwickelt und verändert sich über die verschiedenen Lebensphasen. Einen besonderen Stellenwert für die Ausrichtung der Identität hat das Kindheits- und Jugendalter. Junge Menschen reihen ihre Erfahrungen aneinander, kombinieren, vergleichen, lernen schnell und passen sich an. Kein anderes Lebewesen ist dabei so schnell und effizient wie wir Menschen – ganz besonders, wenn wir jung sind.

Identität bedeutet innere Stärke. Stärke, die uns hilft, verschiedenen Lebensherausforderungen zu begegnen. Diese Stärke nun, also unsere Identität, ruht auf mehreren tragenden Säulen. Man kann sich ein Haus vorstellen, dessen schützendes Dach auf diesen Säulen liegt. Ob unser Gebäude also stabil steht, hängt von der Tragkraft dieser Säulen ab. Körper und Gesundheit, soziale Beziehungen, Freunde und Familie, Leistungsfähigkeit und Arbeit, materielle Sicherheit, Freizeitverhalten, Werte und Ideale, um einige zu nennen. Wenn wir in unserem Leben Belastungssituationen ausgesetzt sind, kommt es darauf an, wie stabil diese Pfeiler sind. Dabei kann es auch sein, dass die eine oder andere Säule etwas weniger resistent ist als die anderen. Das Gewicht der Belastungen kann dann auf die anderen aufgeteilt werden und der Druck wird von diesen abgefangen. Wenn es jedoch bei mehreren Säulen arge Defizite gibt, wackelt die ganze Dachkonstruktion, und das Gebäude droht, in sich zusammenzustürzen.

Um dies zu vermeiden, versuchen Kinder, intuitiv die Säulen zu stärken, auszubauen und zu schützen, so wie Ruth dies versucht hat. Ein Teil des Baumaterials, aus dem die Säulen gemacht sind, bekommen wir bei der Geburt schon mit. Den Rest des Baumaterials müssen wir im Laufe des Lebens erst sammeln. Wenn Kinder also lernen, dass das Baumaterial, aus dem die Säule der zwischenmenschlichen Beziehungen bestehen, davon abhängt, wie liebenswert und herzeigbar sie sich geben, werden sie sich eben liebenswert und herzeigbar präsentieren. Wenn sie in ihrem Verhalten die Chance sehen, die Säule der sozialen Beziehungen zu stärken, dann werden sie versuchen, diese zu ergreifen. Die Hoffnung und das Kämpfen um diese

Zuwendung wird auch von Enttäuschungen nicht gedämpft. Vielmehr versuchen Kinder, noch mehr zu geben, um die Chance auf Anerkennung und Liebe aufrechtzuerhalten und zu wahren. Immer wieder.

Nun möchte man meinen: Wenn Menschen so lernfähig sind, sollten auch Kinder erkennen, dass ihr angepasstes Verhalten nicht wirklich zum Ziel führt, sondern viel öfter zu Frustration. Warum unterbricht Ruth das Vorzeigegehabe des Vaters nicht? Weil sie dann die Hoffnung auf seine Anerkennung aufgeben müsste, weil sie *ihn* dann aufgeben müsste? Also lernt sie, Kompromisse einzugehen: Nimm wenigstens das, was du in dieser Situation bekommen kannst, auch wenn es nachher wieder ganz anders aussieht. Vielleicht genügt es, vielleicht ist es genug Material, um an der Säule der sozialen Beziehungen weiterzubauen und diese zu stärken. Koste es, was es wolle.

Ungleichgewicht von Kräften

Mobbing oder Bullying, wie es im Schulambiente oft genannt wird, ist leider ein allzu verbreitetes Phänomen. Das Ausmaß, in dem im Klassenverband von den Schülern ein Schönheitsideal oder Aussehen generell eingefordert wird, zeigt sich Studien zufolge in der Häufung des Auftretens von Essstörungen. Je mehr Druck oder Ablehnung von Äußerlichkeiten oder das Hochhalten eines Schönheitsideals praktiziert wird, umso öfter entwickeln die Kinder und Jugendlichen Symptome einer Essstörung. Die Untersuchungsergebnisse weisen darauf hin, dass der Schulkontext bei der Entwicklung der Störung weit mehr Bedeutung hat, als dies lange angenommen wurde. Bisher wurde hauptsächlich auf die ursächliche Rolle der Familiendynamik geachtet.

Hänseleien innerhalb der Schulklassen, weil Kinder äußerlich „unangenehm“ und als nicht konform auffallen, sind eine direkte Attacke auf den Selbstwert, den sich Kinder und Jugendliche zuschreiben. Das negative Selbstbild, das durch die abwertenden Feedbacks entsteht, hat Auswirkungen auf das Stressempfinden und damit auch auf die schulischen Leistungen. Der Versuch, den Hänseleien zu entkommen, führt oft in das Anwenden von gewichtskorrigierenden Maßnahmen wie Diäten, Erbrechen, überhöhten Bewegungsdrang. Die Betroffenen erhoffen sich zunächst ein Abflachen der sozialen Schikanen. Der Druck der Gruppe ist hier dermaßen groß, dass auch gesundheitsgefährdendes Verhalten in Kauf genommen wird.

Vor allem bei Mädchen führt Bullying, speziell das Körpergewicht und die Körperform betreffend, gehäuft zum Konsum von Alkohol und anderen Drogen. Bezeichnend ist, dass Mädchen diese Bewältigungsstrategie früher einsetzen, während Jungen tendenziell später beginnen, aber dann mehr konsumieren.

Hänseleien treffen oft in offene Wunden und dahin, wo es am meisten wehtut. Kindliche Befürchtungen, ich bin nicht so, wie ich sein sollte oder wie ich sein möchte, erfahren innerhalb der Gruppe von Gleichaltrigen, der sogenannten Peergroup, oft eine dramatische und schmerzende Bestätigung. Auf diese Art und Weise scheinen sich dann, Erlebnisse mit den dazugehörigen Gefühlen aus früheren Zeiten zu wiederholen und werden als Bestätigung eigener Defizite interpretiert. Auch im Falle von Ruth bestätigen die Hänseleien neuerlich die leidliche Erfahrung aus der Vergangenheit, nicht gewollt zu sein. Wie wir gleich lesen werden, erfüllt riskanter Alkoholkonsum oft seine Aufgabe als Seelentröster. Er lässt vergessen, macht Mut, lockert auf, belebt Körper, Geist und Seele. Dass die Art und Weise, wie Ruth auf Probleme reagiert, sehr an die Verhaltensweisen des Vaters erinnern, wird sie wohl erst zu einem späteren Zeitpunkt deprimierend erkennen müssen.

UND PLÖTZLICH WAR ICH NICHT MEHR SCHÜCHTERN

Meine ersten (gewollten) Erfahrungen mit der legalen Droge Alkohol und Nikotin

Mit ungefähr 13 Jahren entdeckte ich im Hausmüll eine leere Flasche Birnenschnaps mit Obstinhalt. Die Verlockung und die Neugier, wie diese Birne wohl schmecken würde, waren groß. Ich holte die Flasche heraus, sagte meiner gleichaltrigen Cousine, die in der Wohnung unter mir wohnte und damals wie eine Schwester für mich war, Bescheid, dass ich etwas gefunden hätte und ich es gern mit ihr teilen wollte. Wir zogen los, auf die andere Seite eines angrenzenden Feldes, wo wir uns häufig aufhielten. Dort holte ich das geheimnisvolle Fundstück hervor und wir zertrümmerten die leere Flasche mit einem Stein, um an den Inhalt zu kommen. Ich konnte es kaum erwarten, von der Schnapsbirne zu kosten.

Wider Erwarten hatte der erste Biss einen enttäuschend ekelhaften Geschmack. Ich hatte keine klare Vorstellung davon, wie diese schnapsgetränkte Williamsbirne zu schmecken hatte, ich kannte Birnen schließlich nur als Obst. Auf jeden Fall wurden meine Erwartungen bei Weitem nicht erfüllt. Viel aßen wir nicht von der Birne, denn uns beiden wurde sehr schnell übel vom hochprozentigen Alkohol. Ich glaube, mich erinnern zu können, dass wir an jenem Abend beide kein Abendessen mehr gebraucht haben.

Einige Zeit später, es war in der dritten Mittelschule, entdeckte ich durch Zufall, wie ich zu einer vornehmen Blässe im Gesicht kommen konnte. Ich habe meine roten Apfelbäckchen gehasst. Aus einer Laune heraus, aber auch aus Neugier und Rebellion, griff ich zu einer mir angebotenen Zigarette. Ich war unterwegs mit einer Gruppe von Jugendlichen, die etwas älter waren als ich. Zwei Mädchen davon gingen mit mir in eine Klasse, da sie eine oder zwei Klassen wiederholen mussten. Ich kann mich noch gut daran erinnern, dass ich beim Anzünden viel zu viel an der Zigarette gezogen und den Rauch geschluckt habe. Der Rauch brannte wie Feuer in meiner Kehle und der Speiseröhre. Ich würgte, hustete und schämte mich dabei, dass ich diesen Versuch so versemmelt hatte.

Ich hatte schon bei früheren Mutproben mit selbst gemachten Zigaretten, bei denen wir – mein Bruder, meine Cousine, ihr Bruder und noch einige Kinder aus der Nachbarschaft – trockenes Gras in Zeitungspapier eingewickelt hatten, einige Rauchversuche unternommen. Auch bei Tests mit geklauten Zigaretten von meinen Onkeln war ich dabei. Und doch fühlte ich mich in dieser Runde als blutige Anfängerin, die ich ja auch war.

Hilfsbereit bekam ich, nachdem ich wieder einigermaßen normal atmen konnte, von meinen Klassenkameradinnen Tipps und Hinweise, wie man es besser machen konnte, das Rauchen. Geschmeckt hat es trotzdem nicht. Mir wurde eine Flasche Bier angeboten, um den schlechten Geschmack und die Rauchreste in meiner Speiseröhre hinunterzuspülen. Es dauerte nicht lange und mir wurde eine zweite Zigarette angeboten. Ich traute mich nicht, Nein zu sagen, und griff danach. Diesmal zog ich vorsichtiger daran und sog den Rauch nicht so tief ein. Ich kann mich heute noch gut daran erinnern, wie schlecht mir wurde. Ich verabschiedete mich mit einer Ausrede und flüchtete nach Hause.

Meiner Mutti fiel sofort meine graugrüne Gesichtsfarbe auf. Sie hatte den Zigarettenrauch gerochen, der in der Kleidung und in meinen Haaren hing, und wollte schon mit einer Gardinenpredigt beginnen, als ich ganz plötzlich und ohne Vorwarnung mitten in unserer Wohnküche einen nicht enden wollenden Schwall auf den Küchenboden kotzte. Mir war speiübel und ich musste wohl auch so ausgesehen haben, denn Mutti schimpfte nur mehr über die Sauerei, die ich in der Küche angerichtet hatte, aber nicht mehr über den Grund dafür. Sie schickte mich ins Bad und anschließend ins Bett.

Man möchte annehmen, dass der Urinstinkt oder zumindest der Hausverstand eines Menschen so weit vorhanden sein sollte, dass man von einer Substanz, von der einem so übel wird, die Finger lässt und es für immer und ewig meidet. Nicht so in meinem Fall. Ich habe mich bereits einige Tage später an meiner nächsten Zigarette versucht. Erstens wollte ich vor den anderen nicht als „Loserin“ dastehen, zweitens zauberten die Inhaltsstoffe der Zigaretten durch die Übelkeit, die sie auslösten, eine „vornehme“ Blässe in mein Gesicht, und drittens wollte ich dazugehören. Das war der Beginn meiner 24-jährigen Nikotinabhängigkeit. Seit 2007 bin ich glückliche Nichtraucherin.

Ich vermied es eine Zeit lang, Bier und Zigaretten gemeinsam zu konsumieren. Es soll hier auch nicht der Eindruck entstehen, dass ich damals schon regelmäßig Alkohol zu mir genommen habe. Während der Mittelschule kam es dazu höchst selten. Jedoch bemerkte ich die Veränderung an mir, wenn ich Alkohol, damals in Form von Bier, getrunken habe. Ich wurde mutiger und gesprächiger, war weniger schüchtern und traute mich, mir unbekannte Personen anzusprechen und längere Gespräche mit ihnen zu führen.

Aus dieser Erfahrung heraus besorgte ich mir vor meiner mündlichen Abschlussprüfung in Italienisch drei kleine Dosen Bier und trank sie leer. Ich war eine sehr schwache Schülerin in diesem Fach. Ich hatte keine Freunde mit italienischer Muttersprache und damit fehlte mir eine wichtige Quelle, diese Sprache spielerisch zu erlernen. Meine Überlegung hinter der „Bierstrategie“ war, dass ich während der Prüfung mutiger und vor allem gesprächiger sein würde. Doch dieser Schuss ging nach hinten los. Ich stand da, in meinem Kopf war gähnende Leere, und mir fiel gar nichts ein. Irgendwie verging die Zeit und wie durch ein Wunder muss ich doch so viel zum Besten gegeben haben, dass es für den Abschluss gereicht hat. Das war eine der ersten Negativerfahrungen mit der Substanz Alkohol, an die ich mich wohl mein Leben lang erinnern werde.

Trotz dieser Negativerfahrung wendete ich die Strategie des „Mutantrinkens“ wiederholt in meinem weiteren Leben an. Mein Vater hatte es mir vorgelebt und ich habe diese Strategie unbewusst übernommen.

Ein peinlicher Ausrutscher, verursacht durch zu viel Alkohol, passierte mir in der ersten Klasse der dreijährigen Fachschule für Holzschnitzer in St. Jakob im Ahrntal, die ich nach der Mittelschule besuchte. Als auswärtige Schülerin wohnte ich in dieser Zeit bei einer Familie im Ort der Schule, die alle Kinder, welche zu weit entfernt wohnten, um nach Hause zu fahren, unter der Woche aufnahm.

Eines Abends zog ich nach dem Abendessen mit den älteren Schülern los. Das Ziel war ein Gasthaus im Dorf. Ich wollte dazugehören und deshalb trank ich in kurzer Zeit ein paar Gläser Rotwein mit. Zurück in meinem Zimmer, das ich mit noch drei weiteren Schülerinnen teilte, ging ich gleich ins Bett, weil mir übel war. Als ich die Augen schloss, begann sich das Bett wie ein Karussell zu drehen, und es dauerte nicht lange, bis ich das mit Rotwein versetzte Abendessen erbrach. Eine meiner Kolleginnen holte die Frau, bei der wir wohnten. Sie half mir, mich umzuziehen, und machte mein Bett sauber. Dann ermahnte sie mich, dass Alkohol bei ihr strengstens untersagt wäre, und ich versprach hoch und heilig, mich zu bessern. Meine Begleiter erhielten eine Moralpredigt, was sie mir am nächsten Tag natürlich vorwarfen. Abgesehen davon, dass mir noch speiübel war, schämte ich mich. Unser Lehrer, der von dem Vorfall unterrichtet wurde, zitierte alle Beteiligten in sein Büro und hielt uns eine Standpauke. Das war mir eine Lehre – während meiner dreijährigen Ausbildungszeit passierte nichts mehr dergleichen.

Alkohol macht locker und enthemmt

Als 15-Jährige fing ich an, regelmäßig an den Wochenenden auszugehen. Nichts und niemand hätte mich am Samstagabend zu Hause halten können. Ich war damals viel per Autostopp unterwegs, vor allem im Winter. Im Sommer fuhr ich mit meiner Vespa 50, die mein Bruder für mich rosa lackiert hatte und die ich aufgrund dessen liebevoll „Schweinchen" nannte.

Für den darauffolgenden Winter 1985/86 bekam ich von meiner Mutti zu Weihnachten den Skipass für das lokale Skigebiet geschenkt. Ich war fast jeden Samstag dort. Bis Mittags wurde meist Ski gefahren und dann stand Après-Ski auf dem Programm. Wenn ich zurückdenke, wie viel alkoholische Getränke ich damals konsumiert habe, kann ich mich heute nur wundern, was ein menschlicher Körper alles aushält und verzeiht.

Speziell in einer Hütte war ich Stammgast und Gutelaunegarant. Sobald mein Alkoholspiegel im Blut ein gewisses Level erreicht hatte, verlor ich alle Scheu und Hemmungen. Es war wie bei Dr. Jekyll und Mr. Hyde. Der Alkohol veränderte mich zwar nicht zu einem Bösewicht, wie es Dr. Jekyll mit seiner experimentellen Substanz passiert war, aber auch ich erlebte eine regelrechte Metamorphose durch die berauschende Substanz „Alkohol“. Die schüchterne, introvertierte, in sich gekehrte Jugendliche wurde zu einer extrovertierten Göre. Ich fing an zu singen, Witze zu erzählen und zu tanzen. Ich sprach Touristen an, vorwiegend Männer, scherzte, lachte, flirtete auf Teufel komm raus und ließ mich zu diversen Drinks einladen. Meinen Rausch habe ich mir damals nie selbst gekauft.

Mein Schutzengel hatte wahrscheinlich alle Hände voll zu tun und er hat gute Arbeit geleistet. Das einzige Mal, als er einen kurzen Moment nicht seinen schützenden Flügel über mir ausgebreitet hatte, brachte mir einen harmlosen „Skidaumen“ mit einem Gipsverband für vier Wochen ein. Es grenzt an ein Wunder, dass ich damals immer heil nach Hause gekommen bin, sturzbetrunken wie ich meistens war.

Benutzt

Wunder passieren allerdings nicht alle Tage und Schutzengel machen manchmal auch Urlaub. Einige meiner schlimmsten Erfahrungen auf meinem Weg zur jungen Frau machte ich im Alter zwischen 14 und 16 Jahren. Auf meiner Suche nach Anerkennung, Zuneigung und Liebe, die ich, so wie ich sie mir gewünscht hätte, zu Hause nicht bekam, musste ich schmerzlich feststellen, dass das, was ich für Liebe hielt, für mein Gegenüber nur körperliche Befriedigung war. Ich wurde benutzt und fallen gelassen. Ich musste erkennen, dass ich als Mensch und Frau unwichtig war. Was zählte, war mein Körper und das, was man(n) damit machen konnte. Ein besonders beschämendes Erlebnis werde ich erzählen.

Ich wollte an Silvester in meiner bevorzugten Diskothek im Ahrntal feiern. Mein Outfit stand schon Wochen vorher fest: ein knielanger, schwarzer Samtrock mit dünnen, goldenen Streifen, eine glänzende, hellgelbe Bluse und schwarze Schuhe mit hohen Absätzen. Ich legte zu dieser Zeit, wie so viele andere junge Mädchen auch, großen Wert darauf, erwachsener auszusehen, als ich tatsächlich war. So zog ich los, mitten im Winter. Unglaublich, welche Strapazen ich damals auf mich genommen habe, nur um für eine gewisse Zeit in eine Welt einzutauchen, in der ich mithilfe einer wesensverändernden Substanz eine andere wurde.

Weil an diesem Silvesterabend in meiner Stammdiskothek keine rechte Stimmung aufkommen wollte, nahm ich gern das Angebot eines Bekannten an, mich mit zu einer Silvesterfeier in einem Hotel zu nehmen, das sich etwa zehn Kilometer weiter taleinwärts befand. Er versprach mir hoch und heilig, mich wieder zurückzufahren. Als wir dort ankamen, bemerkte ich sofort, dass das nicht der richtige Ort und nicht die richtige Feier für mich war. Der Speisesaal war voll mit Hausgästen vorwiegend aus Deutschland, und einige Einheimische lungerten in der Bar am Tresen herum, wohl in der Hoffnung, das eine oder andere einsame deutsche Frauenherz für einen Abend aufheitern zu dürfen. Mein Bekannter und ich stellten uns an den Tresen und bestellten etwas zum Trinken. Ich fühlte mich fehl am Platz und wurde ignoriert, während mein Bekannter sich mit einem Freund unterhielt, lachte und blödelte.

Meine Stimmung sank immer weiter in den Keller und ich hatte keine Lust auf Alkohol. Im Gegenteil, mir war nicht nach Feiern zumute. Es machte sich mehr und mehr ein ungutes Gefühl in meiner Magengrube breit. Ich wollte weg, dahin zurück, wo ich vorher war. Wo ich mehr Leute und das Lokal kannte. Es dauerte lange, bis ich den Mut aufbrachte, meinen Bekannten zu bitten, mich wieder zurückzufahren, doch er weigerte sich. An das süffisante Grinsen, das sich in seinem Gesicht breitmachte, erinnere ich mich jedoch heute noch.

Während ich hin- und herüberlegte, wie ich weit nach Mitternacht in meinen Stöckelschuhen talauswärts käme – Taxis oder Nachtbusse gab es dort zu dieser Zeit noch nicht –, schien sich etwas bei den beiden Freunden geändert zu haben. Plötzlich sagte der Freund meines Bekannten, er würde mich mit dem Auto seines Kumpels zurückbringen. Ich war richtig erleichtert, dass sich nun doch noch alles in Wohlgefallen auflösen würde. Aber weit gefehlt. Der Horror sollte für mich erst beginnen. Wir fuhren vom Parkplatz des Hotels los, taleinwärts statt auswärts, über eine schneebedeckte Seitenstraße bis hin zu einem abgelegenen Ausweichplatz neben der Straße. Er machte den Motor und die Lichter des Wagens aus. Im Wageninneren war es stockdunkel und eiskalt. An diese Kälte kann ich mich noch gut erinnern. Ich fragte, wieso er hierhergefahren sei und warum er den Motor ausgemacht hätte. Und obwohl ich die Antwort ahnte, hoffte ich, irgendetwas anderes zu hören. Mein Gegenüber wollte mich nur talauswärts bringen, wenn ich „freiwillig" Sex mit ihm hätte.

Ich fing an zu bitten und zu betteln, dass er mich doch „ohne" zurückbringen möchte, aber er blieb unerbittlich. Mein Gehirn wog blitzschnell die Möglichkeiten ab, die ich hatte. Entweder machte ich mich mit meinem Samtrock und in meinen Stöckelschuhen im tiefsten Winter zu Fuß auf den Weg, oder ich war diesem Widerling zu Willen. Ich entschied mich für die zweite Variante, da ich meine Füße in dem kalten Auto kaum mehr wahrnahm und einfach nur so schnell wie möglich zurück wollte.

Während der junge Mann sich auf mir abmühte, weinte ich die ganze Zeit. Ich weinte auch weiter, als er fertig war und den Wagen startete. Ich konnte es kaum fassen, als er wieder zurück zum Hotel fuhr und kurz angebunden meinte, er würde gleich wieder kommen. Gekommen ist dann aber mein Bekannter. Dieser setzte sich hinter das Lenkrad, startete den Wagen und fuhr mit mir an denselben Platz wie vorher der andere. Für mich ging der Horror weiter. Das gleiche Szenario wiederholte sich. Bitten, Betteln, Flehen und Weinen halfen nichts, auch dieser Typ ließ sich nicht erweichen, mich ohne diese abgenötigte „Dienstleistung" talauswärts zu bringen.

Ich versuchte, meinen Geist, mein Fühlen und Denken von meinem Körper zu trennen. Damals konnte ich nicht ahnen, wie oft ich noch als erwachsene Frau auf diese Art und Weise benutzt werden würde. Um nichts fühlen zu müssen, würde ich mich vor solchen Nötigungen ins Tal des Vergessens trinken.

Als er mit seinem lieblosen Akt endlich fertig war und von mir abließ, brachte er seine Kleidung in Ordnung und drehte den Schlüssel im Zündschloss um. Der Motor sprang an und das Auto setzte sich in Bewegung. Ich war wie gelähmt und saß nur da. Mir war egal, was jetzt noch kommen würde. Ich fühlte mich benutzt, beschmutzt und missbraucht. Noch mehr konnte man mich in dieser Nacht nicht demütigen.

Diesmal fuhr das Auto tatsächlich am Hotel vorbei, talauswärts. Ob es sein schlechtes Gewissen oder etwas anderes war, kann ich nicht sagen, auf jeden Fall brachte er mich nicht bis zu meiner Stammdiskothek, sondern direkt nach Hause. Dort angekommen, stieg ich wortlos aus, ging auf das Haus zu, ohne mich umzudrehen, und war heilfroh, als die Haustür leise hinter mir ins Schloss fiel und ich mich endlich in Sicherheit wiegte.

Ich ging direkt ins Bad, zog mich aus und versuchte, mir die Schmach, den Ekel und die Scham mit eiskaltem Wasser abzuwaschen, weil es bei uns kein warmes Wasser aus dem Wasserhahn gab, und ging ins Bett. An Schlaf war nicht zu denken. Das Gedankenkarussell drehte sich unaufhörlich in meinem Kopf. Immer wieder durchlebte ich in Gedanken diese Vergewaltigungen, die ich, ohne mich zu wehren, zugelassen hatte, und zitterte dabei am ganzen Körper vor Schock und Kälte. Ich suchte nach einer Erklärung, suchte nach dem Warum. Ich zermarterte mir mein Gehirn, was ich falsch gemacht hatte. Da ich in jener Nacht fast nichts getrunken hatte, konnte ich mich an jede Einzelheit erinnern. Ich fand den Fehler jedoch nicht.

Der kommende Tag begann mit den Neujahrswünschen für meine Eltern, Frühstück und Kirchgang. Alles ganz normal, als ob nichts geschehen wäre. Den kurzen Gedanken, mich meiner Mutti anzuvertrauen, verwarf ich aufgrund des mangelnden Vertrauens aus meinen vergangenen Erfahrungen heraus. Ich habe damals über dieses Ereignis nur mit einem Menschen gesprochen. Einige Tage später und ganz zufällig.

Als ich nach den Weihnachtsferien das erste Mal wieder den Bus bestieg, war der Platz neben einem jungen Mann frei, der später einmal der Religionslehrer meiner beiden Kinder sein würde. Wir kannten uns flüchtig, weil ich ein paarmal seine alte Tante besucht hatte und wir uns dort kennengelernt hatten. Wie es dazu kam, dass ich mich gerade ihm anvertraut hatte, kann ich heute nicht mehr sagen. Es tat auf jeden Fall gut, sich den ganzen Kummer von der Seele zu reden. Er war auch derjenige, der die Möglichkeit, vor der ich mich am meisten fürchtete, in Worte fasste. Was wäre, wenn ich schwanger wäre? Welcher von den beiden wäre der Vater? Er wollte mich auch ermutigen, den Vorfall bei den Carabinieri zur Anzeige zu bringen.

Das wollte ich auf gar keinen Fall. Dann würden meine Eltern und mein Umfeld erfahren, was mir widerfahren war. Der übrige Fresser würde auch noch Schande über die Familie bringen, das konnte und wollte ich mir nicht leisten.

Ich bin dem ehemaligen Religionslehrer meiner Kinder heute noch dankbar, dass er mir damals sein Ohr geliehen und mir zugehört hat. Eines der besten Beispiele in meinem Leben, dass es viel einfacher ist, sich einer außenstehenden Person anzuvertrauen als jemandem aus dem Familienkreis. Mittlerweile darf ich diese Person für viele Menschen sein.

Hals über Kopf verliebt

Nach meinem Silvester-Horror-Erlebnis habe ich immer darauf geachtet, dass ich mit meinem Bruder unterwegs war oder selbst mit meiner Vespa fuhr, damit ich unabhängig wieder nach Hause kam. So auch am Freitagabend, dem 20. Juni 1986, als wir zusammen in der

Diskothek waren und mein Bruder mit einem Freund noch weiterzog. Also fuhr ich alleine mit meinem „Schweinchen" nach Hause – angetrunken wohlgemerkt.

Plötzlich sah ich in der Ferne Autolichter leuchten, und beim Näherkommen sah es für mich so aus, als ob ein Auto das andere überholen wollte. Ob es an den konsumierten Cola-Cognac-Getränken oder am schwachen Licht meiner Vespa lag, konnte ich schon damals nicht genau sagen, jedenfalls krachte ich ungebremst in ein defektes Auto, das in der Straßenmitte stand. Ich wurde über das Auto geschleudert, schlug mit meinem Gesicht auf dem Asphalt auf und landete schließlich im angrenzenden Feld.

Um diese Uhrzeit waren viele junge Leute auf dem Heimweg, weshalb sich bald eine stattliche Menge an Schaulustigen an der Unfallstelle eingefunden hatte. Ein gut aussehender junger Mann war einer der wenigen, die sich wirklich um mich kümmerten. Er sprach mich an, erkundigte sich nach Schmerzen und hinderte mich schlussendlich am Aufstehen, denn mein erster Gedanke war: Flucht. Ich fühlte mich unwohl und schuldig. Schuldig, weil ich angetrunken in das Auto gekracht war und einen Schaden verursacht hatte, und unwohl, weil mich so viele Menschen anstarrten. Irgendwann entdeckte ich meinen Bruder und seinen Freund zwischen den Schaulustigen. Es dauerte eine Weile, bis die beiden begriffen, um wen es sich bei dem Unfallopferopfer handelte. Ganz sicher waren sie sich erst, als die zwei mein rosa „Schweinchen" mit Totalschaden am Straßenrand liegen sahen. Sie kamen näher, um sich nach mir zu erkundigen, als sich der gut aussehende, junge Mann heldenhaft vor mich stellte und die beiden als weitere Schaulustige verscheuchen wollte. Während mein Bruder sich dem jungen Mann vorstellte, fing ich in meinem Schockzustand an, gleichzeitig zu weinen und zu lachen. Mein Bruder versuchte, mich zu beruhigen, was ihm aber nicht gelang.

Erst als der junge Mann meine Hand nahm und beruhigend auf mich einredete, wurde ich ruhiger. Mein ganzes Gesicht brannte, ich fühlte, warme Rinnsale über meinen Hals laufen, und erkundigte mich, wie mein Gesicht aussah. Er meinte, es sei hübsch und es seien nur ein paar Kratzer zu sehen. Ich war ihm dankbar für diese Lüge, denn dass es nicht so war, sagten mir meine Schmerzen.

Nach etwa 15 Minuten tauchte der Abschleppwagen auf, der das liegen gebliebene Auto abholte. Der junge Mann, von dem ich mittlerweile erfahren hatte, dass er Christian hieß, sorgte dafür, dass meine Vespa auch gleich mitgenommen wurde. Irgendwann erhob er sich und rief in die Menge, wer den Krankenwagen verständigt hätte und wo der so lange bliebe. Doch auf die Frage hin herrschte nur betretenes Schweigen. 1986 gab es noch keine Mobiltelefone, die jeder bei sich trug, und so fuhr jemand in die nächste Ortschaft und rief aus einer öffentlichen Telefonzelle einen Krankenwagen. Als dieser nach etwa 30 Minuten am Unfallort eintraf, brachte man mich nach der Erstversorgung durch die Sanitäter ins Krankenhaus. In der Ersten Hilfe wurden meine Schürf-, Schnitt- und Platzwunden im Gesicht und am Kopf genäht und versorgt. Am restlichen Körper war ich wie durch ein Wunder beinahe unverletzt.

Das Paradox an der Geschichte ist: Ich hatte einen neuen Motorradhelm zu Hause in meinem Schrank, weil am 18. Juli 1986 das Gesetz der Helmpflicht in Italien in Kraft treten würde. Hätte ich diesen Helm getragen, wäre ich weitgehend unverletzt geblieben und mein Gesicht wäre heute narbenfrei.

Als man mich aus dem Behandlungszimmer brachte, warteten dort mein Bruder, sein Freund und Christian. Ich bat meinen Bruder, meiner Mutti nicht gleich vom Unfall zu erzählen, denn sie sagte immer: „Sollte etwas passieren, ist es früh genug, wenn ich es am Morgen erfahre."

Bei Christian bedankte ich mich und bat ihn, mich doch am nächsten Tag zu besuchen, was er mir versprach. Als ich mich in dem Mehrbettzimmer das erste Mal im Spiegel sah, konnte ich nicht viel erkennen. Die linke Gesichtshälfte und das Kinn waren zugeklebt mit Mullverbänden und das Auge dick zugeschwollen. An der rechten Wange waren Kratzspuren zu sehen, die man nur mit einer Jodlösung gereinigt hatte.

Meine Mutti und weitere Besucher kamen am nächsten Tag, aber nicht Christian, mein Retter, an den ich seit dem Unfall ununterbrochen denken musste. Erst am Sonntagnachmittag stand er endlich vor mir, brachte Blumen und fragte, wie es mir ging. Er konnte jedoch nicht lange bleiben und verschwand schnell wieder, bevor ich um seine Telefonnummer fragen konnte.

Wochenend-Metamorphosen

Meine Wunden im Gesicht verheilten und das Leben ging weiter. Meine Mutti zerbrach sich den Kopf über eventuell bleibende Narben und mein Vater ärgerte sich über den Verlust meiner Vespa. Das war für mich ein weiterer Beweis, wie unwichtig ich ihm als Mensch und Tochter war.

Den folgenden Sommer arbeitete ich in den Schulferien als Zimmermädchen in einem Hotel. Im Nachhinein scheint es mir so, als ob ich meine Kindheit und Jugend fast ausschließlich im Ahrntal verbracht hätte. Trotz anstrengender Arbeit verzichtete ich keinen Freitag- oder Samstagabend auf die geliebten Diskothekenbesuche. Ich konnte es kaum erwarten, mich am Wochenende in eine andere, in meinen Augen toughere, attraktivere, mutigere junge Frau zu verwandeln. Ich wollte das wahre, pulsierende Leben fühlen. Ein Leben, von dem ich dachte, dass es richtig wäre.

Ich habe es gehasst, diese stille, schüchterne, in sich gekehrte Ruth zu sein, die zu allem Ja sagte und es nie wagte zu widersprechen oder die eigene Meinung zu vertreten. Der Alkohol war die Substanz, die diese magische Verwandlung zum besseren Ich, vom schüchternen Entlein zum mutigen Schwan, herbeiführte. Ich habe meinen Alkoholkonsum nie wirklich als kritisch angesehen. Vielleicht, weil ich nie aggressiv oder streitsüchtig wurde, sondern offener, geselliger und besser gelaunt.

Dennoch bemerkte ich recht früh, dass ich nicht mehr aufhören konnte zu trinken, wenn ich einmal angefangen hatte. Selbst total betrunken wurde ich nicht aggressiv, sondern eher depressiv. Für Männer war ich in betrunkenem Zustand eine leichtere Beute als nüchtern, das war mir in der Zeit allerdings nicht so bewusst. Ich liebte es schon damals zu tanzen, genoss es, von starken Armen gehalten zu werden und über die Tanzfläche zu fliegen. Tanzpartner, die mich viel zu eng an sich drückten und klare Absichten signalisierten, habe ich allerdings schnell gewechselt. Nach einer fixen Beziehung stand mir zu der Zeit nicht der Sinn, auch wenn ich gerne flirtete.

Nach mehreren abgenötigten, sexuellen Erlebnissen, die ich nicht alle aufzählen möchte, hatte ich mittlerweile eher Angst, wenn mir ein Mann zu nahe kam. Zu Gleichaltrigen fühlte ich mich nicht hingezogen, und ältere Männer wollten meiner Erfahrung nach immer gleich Sex, leider auch mit Gewalt. Ich war mit meinen knapp 16 Jahren sowieso unschlüssig, was ich mir für meine Zukunft wünschte.

Eine Vision hatte ich allerdings in meinem Kopf: das Wolkenkuckucksheim, in dem der Held meines Unfalls und ich die Hauptrollen spielten. Christian ließ sich nicht aus meinem Kopf verbannen. Ich nahm jede Gelegenheit wahr, um nach ihm zu fragen, wenn ich mit jemandem aus seiner Ortschaft ins Gespräch kam. Als ich ihn eines Abends in der Disko erkannte, sprach ich ihn an, und er erkannte mich. Wir unterhielten uns angeregt, wir tanzten und schließlich brachte er mich nach Hause. Diesmal fragte ich, ob ich seine Telefonnummer haben dürfte. Ich schrieb mir die Nummer auf die Hand und verabschiedete mich. Von da an trafen wir uns regelmäßig und wurden schließlich ein Paar.

Jetzt reicht's!

Als ich ungefähr 17 Jahre alt war, ereignete sich eines Nachts wieder der übliche Tumult in unserer Wohnküche. Durch den lauten Wortwechsel und das Gepolter wurden Christian, der bei mir schlief, und ich wach. Diesmal ging es noch lauter zu als sonst. Plötzlich hörte ich Mutti weinen, und das war mir neu. Ich war höchst besorgt um sie und fragte Christian, ob nicht er meinen Vater zur Vernunft bringen könnte, doch dieser wollte sich nicht in die Angelegenheiten meiner Eltern mischen.

Ich war hin- und hergerissen, zwischen der Angst vor meinem Vater und der Sorge um Mutti, und wusste nicht, was ich machen sollte. Es überwog die Sorge: Von einem Moment zum anderen sprang ich aus dem Bett und lief direkt, so wie ich war, in T-Shirt und Unterhosen in die Küche. Als ich meine Mutti wie ein Häufchen Elend in der Ecke bei der Balkontür kauern sah, überkam mich eine unglaubliche Wut auf meinen Vater. Ich lief zu Mutti hin, vergewisserte mich, ob sie unverletzt war, erhob mich und drehte mich zu meinem Vater um. Hasserfüllt brüllte ich ihn an, dass ich ihn anzeigen würde, wenn er Mutti noch einmal zum Weinen brächte, und dass er sich schämen sollte. Ich schleuderte ihn verbal all die Sachen an den Kopf, die er in meinen Augen als Ehemann falsch gemacht und unterlassen hatte.

Mein Bruder und Christian standen beide in der Küchentür und beobachteten verwundert die Szene. Mein Vater stand wie erstarrt da, ungläubig dreinblickend und unfähig, den Mund zu öffnen, denn mit so etwas hatte er nicht gerechnet. Der „übrige Fresser" entpuppte sich plötzlich als wutentbrannter Racheengel, furchteinflößend, mutig und bestimmt. Ganz langsam, wie in Zeitlupe begann mein Vater sich aus seiner Starre zu lösen und ging ohne ein Wort zu Bett.

Wo ich in jener Nacht meinen Mut und die Kraft hernahm, kann ich bis heute nicht sagen. Von da an erinnerte ihn Mutti an diese Nacht, wenn mein Vater in betrunkenem Zustand zu randalieren anfangen wollte, und schon wurde er umgänglicher.

Kein Wochenende ohne Alkohol

Mit 17 Jahren schloss ich die Schnitzschule ab und hatte den Traum, an die Kunstakademie nach Florenz zu gehen. Als ich dieses Thema jedoch zu Hause bei einem Mittagessen ansprach, machte mein Vater seinen Standpunkt unmissverständlich klar: Er würde kein Geld für eine Ausbildung einer Tochter zum Fenster hinauswerfen, die irgendwann sowieso heiraten würde.

Meine Mutti war anderer Meinung. Sie nahm mich irgendwann zur Seite und sagte mir, sie würde Tag und Nacht arbeiten gehen, um mir diese Chance zu ermöglichen, wenn ich diese Ausbildung unbedingt machen wollte. Ich war meiner Mutter sehr dankbar für dieses Angebot und fühlte mich von ihr gesehen. Dieses Opfer wollte ich ihr aber nicht abverlangen und so verabschiedete ich mich allmählich von diesem Traum, wahrscheinlich auch, weil ich es mir nicht vorstellen wollte, längere Zeit von Christian getrennt zu sein.

Christian und ich waren, so wie die meisten jungen Menschen, jedes Wochenende unterwegs. Wir gingen regelmäßig aus und alkoholische Getränke gehörten dazu. Nach der Sperrstunde in den Nachtlokalen fuhren wir oft noch nach Brixen auf die Autobahn auf einen „Absacker". Wenn im Morgengrauen das eine oder andere Gasthaus aufmachte, ging das feuchtfröhliche Feiern direkt weiter.

Weil ich mich im betrunkenen Zustand nicht so benahm, wie es in seinen Augen richtig gewesen wäre, kam es oft zu Streitigkeiten zwischen mir und Christian. Es war ein Fehler, mich mit anderen zu unterhalten, genauso falsch war es aber auch, wortlos dazustehen und den Mund nicht aufzumachen. Wenn ich lachte, war es ihm meist zu laut, und war ich ernst, wurde mir schlechte Laune vorgeworfen. Ich konnte in Gesellschaft selten etwas richtig machen und hatte den Eindruck, nicht richtig zu sein, so wie ich bin.

So lautstark nachts darüber debattiert wurde, so regelmäßig wurde es am nächsten Tag ignoriert. Über dieses offensichtliche Alkoholproblem wurde nüchtern so gut wie nie gesprochen. Ich fühlte mich schuldig für mein Verhalten und mein Sein und Christian sah in seinem Trinkverhalten als Mann nichts Abnormales.

Reflexion

Meine Gedanken und meine Beobachtungen in der Kindheit wurden zu den Verhaltensweisen in meinem späteren Leben. Ich versuchte, Probleme zu vermeiden oder zu umgehen, indem ich nicht darüber redete. Ein Leitspruch meiner Mutter in meiner Kindheit war: „Dem Frieden zuliebe …"

Es war und ist ein langer und schwieriger Prozess, an dem ich heute noch arbeite: Probleme offen anzusprechen und so Missverständnisse, Fehleinschätzungen, Fehlurteile, Irrtümer und Streitigkeiten schon im Vorfeld aus dem Weg zu räumen. Man kann es drehen und wenden, wie man will: Eine offene und ehrliche Gesprächskultur sollte schon im Elternhaus praktiziert und in der Schule weiterentwickelt werden. Das wäre die Grundlage dafür, im Leben Probleme klar zu benennen und mutig und offen darüber zu sprechen. Dadurch könnten viele Konflikte aus der Welt geschafft werden, bevor Situationen eskalieren.

Wahrscheinlich wäre mein Leben anders verlaufen, wenn ich nie erfahren hätte, dass ich seitens meines Vaters kein Wunschkind war. Mit meiner heutigen Lebenserfahrung kann ich die Beweggründe meiner Mutter von damals gut nachvollziehen. Enttäuscht, gekränkt und verletzt, wie sie nach dieser Nacht war, tat es ihr wahrscheinlich einfach gut, sich ihren Kummer von der Seele zu reden, nichts ahnend, welchen inneren Konflikt sie in mir mit ihrem Geständnis für viele Jahrzehnte ausgelöst hatte.

Ich kann heute auch teilweise das Verhalten meines Vaters verstehen. In den 1930er-Jahren verlor mein Großvater seinen heimatlichen Hof, weil er die Steuern nicht mehr bezahlen konnte. Von da an war er mit Frau und zwei Söhnen immer dort untergebracht, wo er gerade als Knecht unterkam. Mein Vater erlebte die blanke Not und wuchs in sehr ärmlichen Verhältnissen auf. Auch war es zu dieser Zeit nicht üblich, dass man Kinder liebevoll und empathisch behandelte.

Ich sehnte mich dennoch nach Anerkennung und Zuneigung meines Vaters und hätte alles dafür getan. Damals entwickelte ich wohl auch den Irrglauben, immer einem Idealbild in den Augen des Mannes entsprechen zu müssen, um geliebt zu werden und mich dementsprechend zu verhalten. Wie bereits erwähnt, bemühte ich mich, besonders schöne Bilder zu malen, um ein wenig Aufmerksamkeit zu bekommen. Dieses Verhalten zog sich auch später durch meine Beziehungen mit Männern.

Durch die Hänseleien in der Schule hatte ich lange Zeit ein gestörtes Verhältnis zu meinem weiblichen Körper, vor allem zu meiner Brust. Noch heute achte ich darauf, dass mein Büstenhalter richtig sitzt und nichts irgendwie komisch aussieht.

Ich hätte mir damals mehr mentale Unterstützung von meiner Mutter gewünscht, mache ihr heute deswegen aber keinen Vorwurf. Sie hat das gemacht, was sie in jeder Situation mit ihrer eigenen Lebenserfahrung tun konnte. Wer sich nie in einer ähnlichen Sachlage befand, kann sich in sein Gegenüber nicht hineinfühlen, und aus Erzählungen weiß ich, dass meine Großmutter ein sehr strenges Regiment in der Erziehung ihrer 13 Kinder geführt hatte. Meine Mutter hat in ihrer Kindheit und Jugend nicht viel Liebe, Empathie und Zärtlichkeiten von meiner Großmutter erfahren und tat sich deshalb vermutlich auch schwer, eine solche Zuwendung ihren Kindern angedeihen zu lassen.

Durch den chronischen Sparzwang meines Vaters sah sich meine Mutter gezwungen, ihr eigenes Geld dazuzuverdienen, und war aufgrund dessen viel von zu Hause fort. Sonst wären ihr vielleicht meine depressive Stimmung und meine „daseinshinterfragende“ Einstellung zum Leben aufgefallen und vielleicht hätte sie das Gespräch mit mir gesucht. Ganz verabschiedet haben sich die Gedanken über den Sinn des Lebens, über meine Daseinsberechtigung bis heute nicht; ebenso wenig die Todessehnsucht, wenn sie auch viel seltener zutage tritt und vielmehr als Sehnsucht nach einer vollkommenen Stille und Ruhe gedeutet werden könnte. Ich habe gelernt, diese Gedanken und Empfindungen zu akzeptieren und mit ihnen zu leben.

In den letzten Jahren habe ich mir oft die Frage gestellt, was ich gebraucht hätte, oder was mich davor abgehalten hätte, eine Abhängigkeitserkrankung zu entwickeln. Ich kann es nicht sagen. Wenn ich es heute wüsste, würde ich noch viel mehr Energie in die Aufklärungsarbeit investieren, um möglichst vielen Menschen, Betroffenen und Angehörigen diesen unnötigen Leidensweg zu ersparen.

Alkohol war für mich von Anfang an ein Zungenlöser, ein Mutmacher, ein Gutelaunegarant und noch vieles mehr. Ohne Alkohol fühlte ich mich als Mauerblümchen, mit Alkohol als gefeiertes Partygirl! Eine auffallende Parallele zu meinem Vater: Auch er trank, bevor er sich unter Leute begab, ein, zwei Gläser Wein, und auch er konnte nicht aufhören, bevor er nicht richtig betrunken war.

Unter dem Einfluss von Alkohol geschahen und geschehen sexuelle Übergriffe. Während meiner Präventionsarbeit in den Schulen spreche ich dieses Thema offen an. Kein Mann hat das Recht, sich eine Frau zu „nehmen“, weil sie zu betrunken ist, um klar zu denken oder sich zu wehren. Keine Frau darf zu sexuellen Handlungen genötigt oder gezwungen werden. Es gibt keinen Grund, der so eine Handlung rechtfertigt. Genauso verachtenswert ist die Tatsache, dass viele junge Frauen ganz bewusst mit Alkohol oder anderen Substanzen gefügig und willenlos gemacht werden, um ihnen sexuelle Handlungen abzunötigen.

Es steht fest, dass sexueller Missbrauch ein traumatisches und damit lebensbestimmendes Ereignis darstellt. Das gleichzeitige Zusammentreffen von körperlicher und seelischer Schädigung durch sexuellen Missbrauch löst eine Verletzung des Selbstvertrauens und des Selbstwerts aus, und es entstehen gleichzeitig Gefühle der Scham, der Schuld und der Wertlosigkeit.

Ich habe mir lange überlegt, ob ich die Namen meiner beiden Peiniger jener Silvesternacht in diesem Buch nennen soll. Ich bin aber zu dem Schluss gekommen, dass ich mit meinem Text möglichst viele Menschen unterstützen, beraten und begleiten möchte und sie nicht zweckentfremden möchte für etwas, was ich vor beinahe 40 Jahren nicht geschafft habe. Ich zog es aber sehr wohl in Betracht, Strafanzeige gegen die beiden zu stellen. Leider ist dies nach so vielen Jahren in Italien nicht mehr möglich.

Ich möchte an dieser Stelle allen Frauen – egal ob Jung oder Alt – Mut machen, nicht zu schweigen. Viel zu viele Männer kommen ungestraft davon, nur weil Frauen sich schuldig fühlen, sich schämen oder nicht den Mut haben, den Tatbestand der sexuellen Gewalt oder Nötigung zur Anzeige zu bringen.

Wie die meisten gescheiterten Beziehungen fing auch diese Beziehung zu meinem Ex-Mann mit einem Himmel voller Geigen an. Bei mir war es damals Liebe auf den ersten Blick, auch wenn wir nicht gleich nach der ersten Begegnung ein Paar wurden. Nach einigen Monaten unseres Zusammenseins gab es schon sichere Anzeichen dafür, dass es nicht einfach werden würde, welche ich damals jedoch nicht als solche wahrgenommen habe.

Kinder und Jugendliche registrieren bereits früh: Alkohol gehört zu unserem Alltag. Die Kiste Bier in der Garage oder das Glas Wein zum Essen sind Teil der Erwachsenenwelt, die mit der Pubertät zunehmend interessanter wird. Jedoch beginnt Suchtprävention nicht erst, wenn dein Kind in die Pubertät kommt. Eine gute Eltern-Kind-Bindung unterstützt, fördert, schützt, steigert und prägt die emotionale Persönlichkeit eines Kindes, wodurch es spätere Krisensituationen besser zu bewältigen weiß.

Für Eltern beginnt ein schwieriger Balanceakt zwischen Freiraumlassen und Grenzensetzen. Einerseits sollen Jugendliche beim Thema Alkohol ihre eigenen Erfahrungen sammeln und Verantwortung übernehmen, andererseits brauchen sie dabei gute Vorbilder, viel Orientierung und Unterstützung. Deshalb ist es wichtig, dass Eltern das eigene Verhalten kritisch hinterfragen, was nicht automatisch bedeutet, dass man vollkommen auf Alkohol verzichten muss.

Eltern können einiges dafür tun, dass ihre Kinder erst gar nicht anfangen, Alkohol im Übermaß zu konsumieren. Wagt es, Kritik zu üben, wenn euer Sprössling Alkohol konsumiert, und setzt als Eltern Grenzen. Teenager brauchen klare Ansagen wie „Egal, wie lange deine Freunde bleiben dürfen, du bist um 22 Uhr zu Hause!“.

Fördere die sozialen Kontakte deiner Kinder, damit sie nicht aus Langeweile und Desorganisation zu trinken beginnen. Musikschulen, vor allem aber Sportvereine oder Pfadfinder, bieten kostenlose oder kostengünstige Projekte an, die deinen Kindern guttun und bei denen sie beaufsichtigt werden. Bei unbeaufsichtigtem Herumlungern in Gruppen entsteht oft ein Gruppenzwang. Um dazuzugehören, greift so manches Kind aus Neugier zu Zigaretten und Alkohol, doch der Hauptgrund ist, meist cool und auf keinen Fall ein Außenseiter sein zu wollen. „Dazu gehören" lautet die Devise.

Aber Achtung! Viele Jugendliche sind überfordert mit dem, was sie leisten sollen. Der Leistungsdruck in der Schule, gepaart mit dem täglichen Freizeitstress, kann den Nachwuchs auch an seine Grenzen bringen. Stärke die Motivation deiner Kinder und reduziere den Druck in Anforderungen und Alltag. Nicht jedes unserer Kinder muss in unsere Fußstapfen treten oder gar Erwartungen erfüllen, die wir selbst nie imstande waren zu erfüllen.

Es gibt viel zu wenige beaufsichtigte Jugendtreffs. Solche Einrichtungen wären bitter notwendig, denn nicht alle Jugendlichen sind musikalisch, stehen auf Sport oder fühlen sich zu den Pfadfindern hingezogen.

Sollte dein Kind dennoch betrunken nach Hause kommen, bleib ruhig. Verzichte auf lautes Gezeter. Fürs Erste reicht es, wenn du kurz und knapp deutlich machst, dass du dich ärgerst, enttäuscht bist und dir Sorgen machst. Vergewissere dich, dass es deinem Kind gut geht, und lass es zunächst schlafen. Überwache seinen Schlaf, da man nie genau sagen kann, wie viel konsumiert wurde. Menschen, die sich im Schlaf erbrechen, können am Erbrochenen ersticken. Falls du dir wegen des Gesundheitszustands deines Kindes unsicher bist, ruf lieber einen Krankenwagen.

Eine Aussprache muss unbedingt erfolgen, auch wenn solche Gespräche Mut erfordern, unangenehm sind und du dich damit unbeliebt machst. Bleib auch in diesem Moment ruhig. Vorwürfe und verbale Angriffe können in deinem Kind eine Trotzreaktion hervorrufen, die den Teenager dazu veranlassen könnte, sein Fehlverhalten erst recht zu wiederholen. Stelle fest, wie es zu dem Rausch gekommen ist, und kläre dein Kind über die Schäden auf, die Alkohol besonders in einem jugendlichen Gehirn anrichten kann. Auch die Gefahren wie aggressives Verhalten, Unfälle, sexuelle Übergriffe, die im Zusammenhang mit Alkohol stehen, sollten offen angesprochen werden.

Ob du dauerhaft verhindern kannst, dass dein Kind trinkt, kann dir niemand garantieren. Fakt ist, je früher Jugendliche anfangen, regelmäßig Alkohol zu konsumieren, desto früher gewöhnt sich ihr Körper daran, was eine spätere Abhängigkeit begünstigen kann.

Alkohol ist ein Zellgift mit betäubender Wirkung. Deshalb bergen Rauschzustände in sehr jungen Teenagerjahren ein großes gesundheitliches Risiko: Organe können geschädigt werden, aber vor allem kann die Gehirnreifung beeinträchtigt werden. Sogar Langzeitschäden können nicht ausgeschlossen werden.

Die enthemmende Wirkung von Alkohol dürfte mittlerweile bekannt sein. Damit kann sich nicht nur aggressives Verhalten steigern, manche Jugendlichen gehen unter Alkoholeinfluss mehr Risiken in sexueller Hinsicht ein und verzichten des Öfteren auf Verhütung. Und Mädchen, die angetrunken oder betrunken sind, werden leichter Opfer von sexuellen Übergriffen.

Dein Kind betrachtet dich in puncto Alkohol als Vorbild, deshalb:

- Ist das Trinken von Alkohol bei dir klar und deutlich auf ganz bestimmte Anlässe begrenzt – etwa bei Feiern oder einem ganz besonderen Essen?
- Gibt es bei dir Zeiten, wo kein Alkohol getrunken wird? Zum Beispiel tagsüber oder unter der Woche?
- Bietest du deinen Gästen Wasser und Säfte genauso selbstverständlich an wie alkoholische Getränke?
- Erlebt dich dein Kind, wie du klare Grenzen im Umgang mit Alkohol setzt? Hört es von dir Einwände wie „Nein danke, ich trinke heute nichts, ich will noch Auto fahren"?

Du solltest auf jeden Fall einen guten Draht zu deinem Kind pflegen, auch wenn du als Elternteil nie alles von ihm erfahren wirst. Das gehört zum natürlichen Ablösungsprozess. Rede regelmäßig mit deinem Kind, damit zeigst du Interesse an seiner Person. Vermittle ihm aber vor allem das Gefühl, dass es richtig und wichtig ist, genauso wie es ist. Zeige Empathie und Interesse für aktuelle Themen und Schwierigkeiten in seinem Leben. Hab den Mut für ein klares Ja und ein klares Nein und fordere auf der anderen Seite auch Eigenverantwortung von deinem Zögling ein.

Klare Regeln können helfen:

- Grundsätzlich solltest du deinem Kind bis zum Alter von 16 Jahren keinen Alkoholkonsum erlauben.
- Ab 16 Jahren wird ein komplettes Alkoholverbot nicht mehr durchsetzbar sein. Erstelle daher mit deinem Kind gemeinsame Konsumregeln in Bezug auf Häufigkeit, Menge und Anlässe.

- Triff mit deinem Kind klare Vereinbarungen, wann und wie es vom Feiern nach Hause kommt, sodass der Heimweg sicher ist.
- Im Straßenverkehr gelten „null Promille“. Dein Kind sollte auf keinen Fall bei jemandem mitfahren, der Alkohol getrunken hat.

Ab einem bestimmten Alter wird es schwierig, Erzieher und Vertrauter zu sein. Deshalb wäre es hilfreich, sich auf die Suche nach einem älteren „Freund“ zu machen. Das könnten ältere Geschwister oder auch jüngere sein, die coole Tante oder der obercoole Onkel, nicht selten aber auch die Großeltern. Häufig fehlt heute die Großfamilie, dann kann vielleicht eine Freundin oder ein Freund der Familie die Aufgabe übernehmen.

Die Auswahl dieser Bezugsperson trifft natürlich der Teenager, aber ein bisschen nachzuhelfen, kann manchmal ganz hilfreich sein. Es sollte nur nicht jemand sein, der ebenfalls auf der Suche nach Erfahrungen ist und der sich mit Alkohol und Zigaretten als Erfahrener aufspielt. Es muss jemand sein, dem die Eltern vertrauen. Jemand, der dafür sorgt, dass alles in einem gesunden Maß stattfindet und der freiwillig zurate gezogen wird, wenn der Jugendliche das Gefühl hat, mit seinen Eltern nicht reden zu können.

In meinen zahlreichen Gesprächen mit Eltern ist mir eines klar geworden: Das Drogenproblem, vor allem an Schulen, ist mittlerweile viel größer und unüberschaubarer als der Alkoholkonsum. Angefangen wird mit „harmlosem Kiffen“, was als megacool empfunden wird und schon bald in härtere Drogen übergeht. Auch hier spielen vor allem die Neugier, der Gruppenzwang und die Langeweile eine große Rolle. Alle Ratschläge zum Alkoholkonsum gelten auch für den Drogenkonsum.

Einen großen Einfluss auf das „Ausprobierenwollen“ haben eine bestimmte Musikrichtung und Videos, die sich Jugendliche anhören und ansehen. Viele deutsche Rap-Songs verherrlichen regelrecht den Konsum von Drogen, und auf dem Social-Media-Portal „TikTok“ sind vermehrt Videos über Drogenkonsum zu finden, die millionenfache Aufrufe haben.

An dieser Stelle möchte ich an das pädagogische Fachpersonal von Schulen appellieren, dass sie viel mehr Aufklärungsarbeit in ihren Unterrichtsplan einbauen und Erfahrungsexperten mit Suchthintergrund in ihre Schulen einladen, um Erfahrungsberichte aus erster Hand für die Schüler zu bekommen. Genauso sollten Ordnungshüter mehr Präsenz an Schulhöfen und Jugendtreffpunkten zeigen.

Wertvoll an Schulen sind auch Sprechstunden für Jugendliche mit einer neutralen Person. Sozialpädagogen, mit denen die Schüler über Nöte, Sorgen und Ängste reden können. Auch eine Art „Kummerkasten“ kann schon helfen, eine Box, wo Schüler anonym Probleme, aber auch zum Beispiel Beobachtungen vom Dealen mit Drogen deponieren könnten.

Mütter, die den Mut hatten, sich das auffällige Benehmen ihres Kindes genauer anzusehen und infolgedessen festgestellt haben, wie ihr Kind dabei ist, in eine Suchtproblematik abzudriften, haben mir unabhängig voneinander berichtet, dass sie sich hilfesuchend an den Dienst für Abhängigkeitserkrankungen gewandt hatten. Dort wurden sie nicht abgewiesen, jedoch war die Unterstützung nicht die, die sie sich erwartet hatten.

Eine Mutter berichtete mir, sie hätte eine Stunde psychologische Begleitung pro Woche für ihre Tochter bekommen, die aber wie ein

Tropfen auf dem heißen Stein war und sofort verdampfte. Ihre Tochter hatte bald den Dreh raus und erzählte ihrer Psychologin nur Dinge, die diese glauben ließen, dass die Jugendliche gar keine Drogenproblematik hatte. So schlitterte ihre Tochter immer mehr und mehr in den Drogensumpf. Wirklich Hilfe fand die Mutter für ihre Tochter erst in einer Einrichtung in Deutschland.

Eine andere Mutter fühlte sich vor Jahren in einem Südtiroler „Dienst für Abhängigkeitserkrankungen", kurz DfA, allein und im Stich gelassen. Sie wurde mit den Worten „Übertreiben Sie mal nicht!" abgefertigt. Da diese Mutter selbst einer Familie mit Suchthintergrund entstammt und das Problem ihres Sohnes rechtzeitig erkannt hatte, wollte sie sich frühzeitig Hilfe holen, die sie jedoch nicht erhielt. Prävention sei nicht die Aufgabe dieses Dienstes. Aber an wen können sich hilfesuchende Eltern in Südtirol dann wenden?

Nicht jedes Kind wird sich helfen lassen und wir werden als Eltern nie imstande sein, unsere Kinder immer und überall vor Unheil zu bewahren. Als eigenständiges Individuum hat jedes Kind ein Recht darauf, seine eigenen Lebenserfahrungen machen zu dürfen. Wenn alle Hilfsangebote ausgeschlagen und jegliches Handreichen verweigert werden, vor allem bei Volljährigen, muss dieses Kind, auch wenn es uns als Eltern schwerfällt, die Konsequenzen für sein Handeln selbst tragen.

Dennoch sollte man nie müde werden zu betonen, dass man sein Kind von ganzem Herzen liebt und die hingehaltene Hand jederzeit ergriffen werden kann. Damit bleibe ich selbst auf sicherem Boden und lasse mich nicht in den Sumpf des anderen mit hineinziehen.

Wenn das erwachsene Kind bereit ist, Hilfe anzunehmen, muss es aus seinem Sumpf freiwillig herauskommen.

Als Elternteil darf ich mich phasenweise auch zurückziehen, wenn mich das Verhalten meines Kindes zu sehr schmerzt und ich mir seine Selbstzerstörung nicht länger ansehen will. Damit schütze ich mich selbst, aber auch mein Kind davor, mich zu sehr zu verletzen. Man muss hier klare Grenzen für sich selbst abstecken. Der Betroffene ist nicht nur krank. Diese Krankheit kann durch die bewusste und freie Entscheidung gegen den Alkohol oder sonst eine Droge zum Stillstand gebracht werden. Deshalb darf die Verantwortung für Taten und Handlungen bei volljährigen Kindern in deren Hände gegeben werden, damit sie dafür selbst geradestehen.

Sucht ist meist Familienangelegenheit und nicht nur das Problem des betroffenen Mitgliedes. Das heißt nicht, dass die Familie „schuld“ ist, genauso wenig wie der Betroffene alleine „schuld“ hat. Meist findet man eine Suchtproblematik weit verästelt in der Verwandtschaft wieder. Oft sind es nicht nur die Eltern oder die Großeltern oder ein Teil davon, die ein auffälliges Verhalten zeigen, sondern meist ist die Problematik viel weiter verzweigt. Es wird wohl wenige Familien in unserem Land geben, in denen nicht irgendein Suchtproblem vorhanden ist – ob nun Alkoholismus, Drogenkonsum, Spielsucht, Kaufsucht oder die Abhängigkeit von Kaffee oder Handy, um nur einige zu nennen.

Sucht ist ein weit verbreitetes Phänomen, über das in der Öffentlichkeit viel mehr geredet und vor allem Aufklärungsarbeit geleistet werden muss. Nur so werden wir als Gesellschaft fähig sein, diese verschiedenen Süchte loszulassen und gesunde, schöne Gewohnheiten zu entwickeln, die die gesamte Gesellschaft zum Positiven verändert.

Tipps für Eltern

- ↘ Nimm dir Zeit für deine Kinder, nimm ihre Probleme ernst und vor allem: Hör ihnen zu!
- ↘ Gib deinen Kindern das Gefühl von Halt und Sicherheit, und sag ihnen immer wieder, dass du sie liebst und für sie da bist, egal was passiert.
- ↘ Überfordere deine Kinder nicht mit einem zu straffen Freizeitprogramm, das sie neben der Schule auch noch zu bewältigen haben.
- ↘ Triff klare Abmachungen mit deinen Kindern rund um die Themen Ausgehen, Alkoholkonsum, Partyende und Sicheres-nach-Hause-Kommen.
- ↘ Sollte dein Nachwuchs dennoch betrunken nach Hause kommen, reagiere besonnen und bleibe ruhig. Eine Aussprache darüber muss am nächsten Tag auf jeden Fall erfolgen.
- ↘ Auch wenn deine Kinder größer werden, gib ihnen immer die Sicherheit und das Gefühl, dass sie mit dir über alles reden können.
- ↘ Eltern sollten viel mehr Aufklärungsarbeit an Schulen fordern.
- ↘ Auch Eltern dürfen für sich Hilfe in Anspruch nehmen – je früher, desto besser.

Die Wirkung von Alkohol

Das, was Alkohol mit uns macht, wird von jedem Menschen individuell bewertet; manche fühlen sich trinkfester und deshalb sicherer, andere fühlen sich schnell verunsichert. Manche interpretieren den tatsächlichen Abfall ihrer Leistungsfähigkeit als positiv, sogar angenehm, und glauben, durch die reduzierte Denkfähigkeit mehr Platz für kreative Schübe zu haben, während andere sich dadurch unangenehm beeinträchtigt fühlen und sich sorgen, die Kontrolle zu verlieren. Die unterschiedlichen und sehr subjektiven Bewertungen hängen wohl von den Lernerfahrungen im Umgang mit Alkohol und der entwickelten Konsumtoleranz ab. Es gibt allerdings objektiv gemessene Beeinträchtigungen auf körperlicher, geistiger und psychischer Ebene, die eine klare Sprache sprechen.

Ab 0,2 Promille Alkohol im Blut vermindern sich unsere Sehleistung, unsere Aufmerksamkeit, die Konzentrationsfähigkeit und das Reaktionsvermögen, aber eben auch die Kritik- und Urteilsfähigkeit bereits dermaßen, dass unsere Risikobereitschaft merklich ansteigt. In den meisten Fällen erleben wir dies zunächst noch als angenehm und harmlos. Ab einem Alkoholgehalt von 0,8 Promille im Blut erleiden wir bereits ausgeprägte Konzentrationsstörungen, die Sehfähigkeit reduziert sich um 25 Prozent und das Reaktionsvermögen vermindert sich um sage und schreibe um 30 bis 50 Prozent.

Im Rauschstadium ab 1,0 bis 2,0 Promille erleiden wir eine weitere Verschlechterung der Sehstärke, starke Gleichgewichtsstörungen und Orientierungsstörungen. Massive Reaktionseinschränkungen und emotionale Enthemmung treten als Folge der Vergiftungserscheinungen auf. Zwischen 2,0 und 3,0 Promille treten wir dann in das sogenannte Betäubungsstadium ein. Das Reaktionsvermögen ist kaum noch vorhanden, starke Gedächtnis- und Bewusstseinsstörungen treten auf. Ab einer Promillekonzentration von 3,0 drohen Bewusstlosigkeit und Gedächtnisverlust, ab 4,0 Promille dann Lähmungen, Koma oder Tod.

Ruth wird berichten (siehe S. 213), dass sie bei einer Polizeikontrolle mit 3,11 Promille aufgegriffen wurde. Menschen, die nur selten Alkohol trinken, zeigen schon ab zwei bis drei Promille schwerste Vergiftungserscheinungen wie Bewusstlosigkeit und Erbrechen. Dass Ruth sich mit so viel Promille noch artikulieren kann oder gar ein Auto bewegen, weist darauf hin, dass der Körper nach Jahren massiven Konsums den Alkohol gewissermaßen braucht, um noch halbwegs zu funktionieren. Der Stoffwechsel hat sich also auf große Mengen Alkohol eingestellt.

Kinder und Jugendliche sind hinsichtlich dieser Vergiftungserscheinungen natürlich wesentlich empfindlicher. Bei Kleinkindern etwa können schon bei 0,5 Promille Betäubung und dann der Tod eintreten. Alkoholzufuhr ist deshalb bei Kindern absolutes Tabu, auch nicht in kleinsten Mengen!

Bei Jugendlichen ist der riskante Umgang mit Alkohol und anderen Substanzen sehr verbreitet, nicht nur beim Komatrinken, dem sogenannten „Binge Drinking“. Kaum ein 15-Jähriger hat noch nie

Alkohol ausprobiert und etwa 30 Prozent der Jugendlichen konsumieren einmal pro Woche Alkohol, oft bereits in sehr problematischer Art und Weise. Immerhin vier Prozent gelten als bereits alkoholabhängig.

Dennoch lautet die erfreuliche Nachricht, dass die Anzahl der Jugendlichen, die regelmäßig Alkohol konsumieren, leicht rückläufig ist.

Risiken von Alkohol

- Akute Vergiftung mit Atemstillstand
- Körperliche und psychische Abhängigkeit
- Organschäden im ganzen Körper (Leber, Herz-Kreislauf-System, Verdauungstrakt, Nervensystem usw.)
- Gedächtnislücken, Filmriss und geistiger Abbau
- Persönlichkeitsveränderungen oder Psychosen
- Viele Tumorerkrankungen sind assoziiert mit gefährlichem Alkoholkonsum. Verschiedene nationale Krebsforschungszentren benennen Krebsarten, deren Entstehung durch den Konsum von Alkohol begünstigt wird. Ein erhöhter Alkoholkonsum von zwölf bis 50 Gramm reiner Alkohol pro Tag geht beispielsweise mit einem zweifach erhöhten Risiko für Mundhöhlenkrebs, Rachenkrebs und Speiseröhrenkrebs sowie einem 1,5-fach erhöhten Risiko für Kehlkopfkrebs einher. Bei Alkoholkonsum über 50 Gramm reinem Alkohol pro Tag ist das Risiko dann drei- bis achtfach erhöht.

Wie nimmt unser Körper Alkohol auf

Alkohol wird bereits im Mund und dann im restlichen Verdauungstrakt in den Blutkreislauf aufgenommen. Etwa eine bis eineinhalb

Stunden nach dem letzten Schluck erreicht er in unserem Körper die höchste Konzentration. Die Berauschung in unserem Gehirn setzt nach etwa 30 Minuten ein. Abgebaut wird Alkohol über die Niere, über Haut und Lunge, zu 95 Prozent aber über die Leber, die damit das zunächst am meisten belastete Organ ist. Man kann sagen, dass wir pro Stunde im Durchschnitt 0,14 Promille Alkoholgehalt im Blut abbauen. Der Alkoholabbau stört den Fettstoffwechsel und bewirkt dadurch Fetteinlagerungen in der Leber. Wird weiter regelmäßig und viel Alkohol getrunken, kommt es zu einer chronischen Kombination von Fettleber und Leberentzündung. Dadurch sterben vermehrt Leberzellen ab, es kann zu Leberzirrhose oder Leberkrebs kommen. Alkohol hat ebenso einen negativen Einfluss auf jene Organe unseres Körpers, die Hormone produzieren. Übermäßiger Alkoholkonsum führt etwa häufig zu Entzündungen der Bauchspeicheldrüse und zu Veränderungen der Insulinausschüttung. Dies hebt die Gefahr der Entwicklung von Diabetes mellitus Typ II, Übergewicht, Gicht, Neuropathie und Arteriosklerose. Hormonelle Veränderungen führen zu Störungen des Sexualtriebes und bei Frauen zusätzlich zu Zyklusstörungen. Dass Alkohol also ein Potenzmittel ist und sich positiv auf unser Sexualleben auswirkt, ist ganz gelinde gesagt ein Märchen, das erzählt wird, um von längst vorhandenen Sexualproblemen abzulenken. Durch hochgeschraubte und überhöhte Sexualisierung der Umgangssprache, die man als „Verbalsex" bezeichnen könnte, versucht man/frau das mittlerweile reduzierte Sexualerleben und die sexuelle Unzufriedenheit zu überspielen.

Erste Vorzeichen einer Alkoholabhängigkeit

- Regelmäßiges Erleichterungstrinken
- Erhöhung der Toleranz: „Ich vertrage mehr."
- Gedächtnislücken
- Heimliches Trinken und Bagatellisieren des Trinkens, Alibis
- Schuldgefühle wegen des Trinkens
- Vermeidung von Gesprächen über Alkohol
- Häufung von Kontrollverlusten

Merkmale einer Abhängigkeit und Suchtkriterien

Falls in den letzten zwölf Monaten mindestens drei Kriterien dieser Liste gleichzeitig in Erscheinung getreten sind, kann eine Alkoholabhängigkeit angenommen werden:

- Das Mittel wird in großen Mengen oder länger als beabsichtigt eingenommen.
- Toleranzentwicklung und Dosissteigerung: „Ich brauche mehr."
- Anhaltender Wunsch, den Substanzgebrauch zu verringern oder zu kontrollieren
- Häufiger Kontrollverlust über Beginn und Beendigung des Trinkens, Kontrollverlust über die Menge und die Geschwindigkeit beim Trinken
- Häufige Intoxikations- oder charakteristische Entzugssymptome: Zittern, Schwitzen, Gereiztheit, innere Unruhe usw.

- Einnahme des Suchtmittels, um Entzugssymptome zu vermeiden beziehungsweise diese zu bekämpfen
- Fortschreitende Vernachlässigung sozialer, beruflicher oder Freizeitaktivitäten
- Fortsetzung des Suchtmittelgebrauchs trotz auftretender sozialer, psychischer oder physischer Probleme.
- Wiederholungszwang: Ich muss trotz des Vorsatzes, weniger oder nichts zu trinken, immer wieder konsumieren.
- Abstinenzunfähigkeit und Zentrierung: Ein Großteil meines Denkens dreht sich um die Substanz Alkohol, deren zeitaufwendige Beschaffung, das Horten eines Alkoholvorrates, das Aufsuchen von Orten und Gelegenheiten zum Konsumieren usw.
- Körperlicher, psychischer, sozialer Abbau bis hin zur Vereinsamung

Unter Berücksichtigung der von der WHO und dem internationalen Klassifikationssystem ICD-10 formulierten Kriterien leiden etwa drei bis fünf Prozent der Bevölkerung Südtirols an einer Alkoholabhängigkeit. Dies bedeutet aber auch, dass eine sehr große Anzahl von Angehörigen direkt von Alkoholabhängigkeit betroffen ist.

Der CAGE-Fragebogen (Ewing)

Im klinischen Alltag wird neben anderen Testverfahren auch der Kurzfragebogen CAGE zur raschen Erkennung von abhängigem oder problematischem Alkoholkonsum verwendet. Es herrscht eine klinische Übereinstimmung, dass zwei positive Antworten einer Abhängigkeitswahrscheinlichkeit von 60 Prozent entsprechen. Die

Buchstaben des Titels des Fragebogens ergeben sich aus der englischen Originalversion des Textes.

1. Haben Sie schon daran gedacht, Ihren Alkoholkonsum zu reduzieren (Cut down drinking)?
2. Wurden Sie schon von Leuten bezüglich Ihres Trinkens kritisiert (Annoyed)?
3. Haben Sie sich jemals schlecht oder schuldig bezüglich Ihres Trinkens gefühlt (Guilty)?
4. Haben Sie schon einmal bereits morgens nach dem Aufstehen Alkohol getrunken, um ihre Nerven zu beruhigen (Eye opener)?

Auf einen Blick

Zusammengefasst kann von Alkoholabhängigkeit gesprochen werden, wenn ...

- ↘ man den Konsum von Alkohol nicht beenden kann, ohne dass unangenehme Zustände körperlicher oder psychischer Art eintreten.
- ↘ man nicht aufhören kann zu trinken, obwohl man sich oder anderen immer wieder schweren Schaden zufügt.

Das Ausmaß einer Alkoholabhängigkeit lässt sich primär nicht an der Konsummenge, nicht an der Regelmäßigkeit und auch nicht an der Häufigkeit des Trinkens festmachen. Vielmehr müssen körperliche, psychische und soziale Folgeschäden in die Beurteilung einfließen, um die tatsächliche Problematik des Trinkens zu erfassen.

Alkohol im Jugendalter

Ruths Erfahrung des frühen Konsums der verbotenen Frucht führt uns neben Selbstwert (siehe S. 60) zu einem weiteren Begriff aus der Reihe „Selbst", nämlich Selbstwirksamkeit. Heißt, ich kann selbst, und zwar sehr aktiv, schwierige Situationen bewältigen. Wo ich früher auf das Wohlwollen der anderen mir gegenüber angewiesen – vielleicht sogar abhängig davon – war, habe ich nun das Vertrauen in mich, etwas aus eigener Initiative heraus zu schaffen. Neben dem unmittelbaren angenehmen Effekt der Substanz Alkohol erlebe ich so auch ein Gefühl von Freiheit und Ablösung vom Elternhaus. Ruth scheint der notwendigen Anerkennung und der Zuwendung lange nachgeeifert zu sein, hatte kurz und hoffnungsvoll das Ziel vor Augen und erlebte tags darauf immer wieder dieselbe Enttäuschung, es doch nicht geschafft zu haben. Dass so die Frustrationstoleranz, also die eigene Fähigkeit mit Enttäuschungen und unerfüllten Wünschen umzugehen, arg ramponiert wird, ist nicht verwunderlich. Verwunderlich ist eher, wie lange ein Kind die Enttäuschungsschleife aushält. Auch Kinder sind suizidgefährdet. Wir sollten darüber reden.

Auf einen Blick

- ↘ Alkoholkonsum im Jugendalter steht oft mit Ablösungsthemen in Zusammenhang.
- ↘ Jugendliche suchen im Rausch etwas, das sie in ihrer Realität vermissen: Selbstsicherheit.

DIE JUNGE ERWACHSENE

Mein neues Zuhause

Kurz vor meinem 18. Geburtstag zog ich mit Christian in eine Mietwohnung. Für mich der Schritt in eine neue Freiheit, weg von meinem Erzeuger, in dessen Augen ich nur ein „unnützer Fresser" war, hin in ein Leben, in dem ich endlich ICH sein durfte und willkommen war – das habe ich jedenfalls angenommen.

Ich fühlte mich wohl in meiner neuen Rolle als junge Erwachsene, die mit ihrem Partner in einem eigenen Zuhause lebt. Wir wohnten dort zu dritt: Christian, meine Schäferhündin Anka und ich. Ich verdiente etwas Geld mit meinen Schnitzereien und gelegentlichen Aushilfsjobs in Gastbetrieben.

Wir waren nach wie vor an den Wochenenden unterwegs und ich würde sagen nie oder nur ganz selten ohne Alkohol. Ich hatte mich schon während der Woche danach gesehnt, am Wochenende endlich wieder etwas Alkoholisches trinken zu können. Deshalb motivierte ich Christian immer, an den Wochenenden, hauptsächlich abends, etwas mit mir zu unternehmen. Damals trank ich ganz selten zwei oder mehrere Tage hintereinander, da mir am Tag danach meistens speiübel war, sodass ich oft vor dem Abend gar nichts Ess- oder Trinkbares bei mir behalten konnte.

Hauspartys standen damals auf der Tagesordnung. Die Beweise dafür liefern die vielen Fotos in den Fotoalben aus dieser Zeit. Stumme Zeitzeugen mit ernüchternder Aussagekraft. Ich habe seit Jahrzehnten keinen Blick mehr auf diese Bilder geworfen, und obwohl ich dachte, gut mit meiner Vergangenheit abgeschlossen zu haben, überkommen mich Scham und Ekel, wenn ich mich und meinen Zustand, der sich aus meinem Gesichtsausdruck ableiten lässt, auf den Fotos sehe.

Anka

Anka, meine Schäferhündin, war mir eine treue Gefährtin. Christian schenkte sie mir 1986 zum Valentinstag als drei Monate alten Welpen. Ich hatte Anka fast immer dabei, egal wohin ich ging. Sie war meine Freundin und wachte mit Argusaugen über mich. Wenn Christian laut zu mir wurde – und das wurde er, sobald ich etwas getrunken hatte –, fing Anka an zu knurren. Das ging einmal sogar so weit, dass sie Christian nach einer Auseinandersetzung nicht mehr ins Schlafzimmer lassen wollte. Anka schlief vor meinem Bett und passte auf mich auf, vor allem wenn ich getrunken hatte. Wenn ich nüchtern war, bestand dazu kein Anlass.

Dieser Vorfall veranlasste Christian, einen Maulkorb und ein metallenes Stachel-Würgehalsband zu kaufen und den Hund „zu erziehen". Er wollte ihr dadurch Bildung beibringen. Anka wurde aufgrund dieser Erziehungsmaßnahmen richtiggehend verzogen. Vor Christian hatte sie Angst und auf andere reagierte sie bei schnellen Bewegungen aggressiv. Dadurch gab es ein paar unangenehme Vorfälle, für die die Betroffenen wenig Verständnis zeigten. Nach vier Jahren und drei Anzeigen musste ich meine Weggefährtin und Leibwächterin gegen meinen Willen abgeben. Es hat mir beinahe das Herz zerrissen, als ich dieses liebe Wesen aufgeben musste.

Ich habe Anka nach Jahren in dem Gasthof, wo sie ihr zweites Zuhause gefunden hatte, wiedergesehen. Als sie mich erkannte, begrüßte sie mich überschwänglich und ausgiebig. Ihr neuer Besitzer hatte erzählt, dass Anka vor Kurzem Mutter von 13 Welpen geworden war, und begleitete mich zu den Kleinen. „Das ist das erste Mal, dass Anka außer mich noch jemand zu ihren Welpen lässt", meinte er, als er Anka ansah und diese ganz ruhig blieb. Ich legte meinen Arm um sie und machte ihr Komplimente für ihre süßen Kleinen und sagte ihr, dass sie das alles fein gemacht hatte. Als die Welpen ihre Mutter witterten, fingen sie an zu quengeln, und Anka legte sich zu ihnen. Ein harmonisches Bild bedingungsloser Mutterliebe, das mir bis heute im Gedächtnis geblieben war.

Das war das letzte Mal, dass ich Anka gesehen habe. Sie wurde kurze Zeit später wegen ihres aggressiven Verhaltens eingeschläfert.

Hedwig

In dieser Zeit, 1988, lernte ich eine Frau und ihren Ehemann kennen. Hedwig und ihr Mann waren Bekannte von Christian und mir auf Anhieb sympathisch. Wir waren auf einer Wellenlänge. Wir besuchten das Paar häufig, und jedes Mal floss der Alkohol in Strömen. Vorwiegend Cognac und Bier. Schon nach kurzer Zeit trafen wir zwei Frauen uns auch alleine. Ich fand es toll, eine Freundin zu haben, mit der ich mich bei einem Drink so gut unterhalten konnte. In ihr hatte ich jemanden gefunden, mit der ich auch unter der Woche ohne Grund das Glas heben konnte.

Dass Hedwig mehrere Jahre älter war als ich, Mutter von zwei Kindern, und in meinen Augen ein cooles Leben führte, machte diese Frau für mich umso interessanter. Hedwig war gepflegt, immer geschminkt, gut angezogen und strotzte nur so vor Selbstbewusstsein. Sie verkörperte den Typ Frau, der ich gern gewesen wäre: Ehefrau, Mutter und weltoffene, extrovertierte Frau in einem.

Bei einem meiner Besuche staunte ich nicht schlecht, als Hedwig plötzlich im Doppelpack vor mir stand. Ihre Schwester Elisabeth war da, genauso sympathisch, nur etwas ruhiger. Auch sie hatte zwei Kinder und deshalb ging es recht lebhaft zu in der Wohnung. Die Kinder hielten sich in den Schlafzimmern auf und wir drei Frauen saßen in der Küche bei unserem Cognac, eingehüllt in einen grauen Dunstschleier von Zigarettenrauch.

Für mich waren die Besuche Freizeitgestaltung. So wie man eben eine Freundin trifft und sich unterhält. Ich fand nichts Anstößiges oder Verwerfliches daran. Nüchtern kam ich von diesen Besuchen selten nach Hause. Christian machte mir jedes Mal lautstarke Vorwürfe, die mich verletzten und mir ein schlechtes Gewissen verursachten. Ich war mir keiner Schuld bewusst, außer dass ich etwas getrunken hatte. Dies war der Beginn einer über 17-jährigen emotionalen Schlammschlacht zwischen „dem Engel und dem Teufel" in mir.

Engel und Teufel

Mein Engel und mein Teufel sind für mich Metaphern, wobei der Engel meine Vernunft, meine Gewissensbisse, meinen „So etwas gehört sich nicht"-Anteil, „Tu das nicht"-Anteil, „Lass die Finger davon"-Anteil, „Du machst dir damit nur Probleme"-Anteil, „Was hast du schon wieder gemacht"-Anteil verkörpert. Der Teufel hingegen steht sinnbildlich für den Trotz, die Nachgiebigkeit, den „Trink einen Schluck, dann fühlst du dich besser"-Anteil, „Mir hat keiner zu sagen, was ich tun und lassen darf"-Anteil, „Ich tu ja nichts Schlechtes"-Anteil und vor allem für den „Ihr könnt mich alle mal!"-Anteil.

Mit diesen beiden Figuren lässt sich der Kampf im Inneren eines Trinkers sehr anschaulich und verständlich für Laien erklären. So wie in der Zeichentrickserie „Tom und Jerry", wenn über ihren Köpfen ein Engelchen und ein Teufelchen ihre Zwiesprache halten. Im Folgenden erkläre ich mithilfe der Figuren den Tag eines Menschen, der mit einer Abhängigkeitserkrankung lebt. Man kann dies auch auf eine Woche ummünzen, wenn jemand nur an Wochenenden trinkt.

Der Morgen beginnt. Der Kopf dröhnt und beim ersten Blick in den Badezimmerspiegel übermannt einen das Gefühl von Scham, Schuld und Ekel. Aus dem aufgedunsenen Gesicht blicken rote, leere Augen aus dem Spiegel entgegen, mit dem deutlichen Vorwurf: „Du hast es schon wieder gemacht!" Kaltes Wasser im Gesicht und Zahnpasta im Mund helfen nicht, das schlechte Gewissen zu vertreiben. Das schlechte Gewissen, das man sich selbst und dem häuslichen Umfeld gegenüber empfindet.

Der Engel im Kopf spricht eine deutliche Sprache: „Ich habe dir doch gesagt, mach das nicht, aber du hast nicht auf mich gehört. Jetzt siehst du, was du wieder angerichtet hast! Du bist auf dem besten Weg, alles zu zerstören, was dir lieb und teuer ist. Du musst sofort damit aufhören!"

„Genau, ich höre damit auf!" Dieses Versprechen sich selbst gegenüber kennt jeder, der ein Abhängigkeitsproblem hat. Morgens, wenn der Engel, alias das schlechte Gewissen, noch groß genug ist, ist jeder davon überzeugt, dass Aufhören die beste Option ist. Man fühlt sich danach auch erleichtert, diese Entscheidung getroffen zu haben, und blickt hoffnungsvoll in die Zukunft.

Nachdem sich den ganzen Vormittag über das unbewusste Gedankenkarussell im Kopf gedreht hat und unbewusst die vermeintlichen Vor- und Nachteile der legalen Droge Alkohol abgewogen werden, erwacht langsam Kollege „Teufel“ aus seinem Tiefschlaf. Beinahe wie Phönix, der täglich aufs Neue aus der Asche geboren wird, wächst aus einem kleinen Teufelchen bis zum Abend hin ein riesiger, übermächtiger Teufel. Gleichzeitig schrumpft der allmorgendliche Schutzengel in glänzender Rüstung mit Schwert zu einem kleinen Engelchen, dessen leise Stimme kaum mehr wahrnehmbar ist.

Um die Mittagszeit, wenn Teufelchen noch halb verschlafen die reumütigen Gedanken im Kopf seines Menschen wahrnimmt, fängt es schnell an, Einspruch zu erheben, wenn auch noch sehr leise: „So schlimm war es nun auch wieder nicht, du hast doch nichts Schlimmes getan. Dir hat keiner zu sagen, was du tun und lassen sollst!“

Der Engel, der noch dominiert, bringt das kleine Teufelchen anfangs zum Schweigen, weil er noch die besseren Argumente hat. Aber Teufelchen gibt nicht auf. Schließlich kennt es seinen Menschen und weiß, wie es ihn zu handhaben hat, welche Knöpfe gedrückt werden müssen. Im Menschen stellt sich im Laufe des Tages eine nicht erklärbare Nervosität ein. Immer öfter kommen Gedanken wie „Vielleicht nur einen kleinen Schluck? Ich wäre dann ruhiger und gelassener“. Doch auch diesmal kämpft die Vernunft diese Gedanken nieder.

Je mehr sich der Tag aber neigt, umso lauter werden die Gedanken im Kopf: „Nur ein Glas, dann fühlst du dich besser!“ Ich würde sagen, in dem Moment, wo die Entscheidung für das Trinken gefallen ist und man eine Flasche öffnet, macht man das noch mit einem gewissen Prozentsatz an schlechtem Gewissen. Aber sobald der erste Schluck den Magen erreicht hat, überkommt einen ein enormes Gefühl der Erleichterung, nicht etwa, weil man die Substanz wieder intus hat, sondern eher, weil man nicht mehr so hin- und hergerissen ist, zwischen der Entscheidung zu trinken oder nicht zu trinken.

Kollege Teufel ist nun übermächtig und hat die Kontrolle über den Menschen wieder an sich gerissen. Das kleine, in sich zusammengeschrumpfte Engelchen warnt zwar noch mit leiser, kaum wahrnehmbarer Stimme im Kopf seines Menschen, aber dieses Stimmchen wird auf den Befehl des Teufels schnell mit einem großen Schluck Alkohol weggespült.

Nun gibt es kein Halten mehr. Nach dem zweiten Glas ist es „sowieso schon egal“ und nach dem dritten hat der Teufel die Kommandozentrale im Gehirn komplett übernommen: Er schaltet und waltet nach seinen Vorstellungen. Unter dem Kommando des Teufels beziehungsweise dem Einfluss des Alkohols tritt die dazugehörige Wesensveränderung ein. Der Mensch wird mutig, enthemmt, aufmüpfig, angriffslustig, aggressiv, uneinsichtig ... In diesem Zustand ist er meist so selbstsicher und überheblich, dass er keinen anderen auf der Welt braucht und jeden in die Wüste schickt, der ihm versucht weiszumachen, dass sein Verhalten nicht adäquat und komplett daneben sei.

Am nächsten Tag beginnt das ganze Szenario wieder von vorne. Es kann natürlich auch vorkommen, dass der mächtige Engel einige Tage das Kommando übernimmt. Bei mir wurde er spätestens nach dem vierten oder fünften Tag wieder vom Teufel übermannt. Am Ende meiner Trinkerlaufbahn schaffte ich es oft nicht einmal, einen ganzen Tag dazwischen nüchtern zu bleiben.

Motorrad

Im Jahre 1990 entschieden Christian und ich zu heiraten und legten den Termin auf den 31. August 1991. Es gab keinen romantischen Antrag oder eine Verlobungsfeier mit Ring, wir haben es einfach beschlossen. Genauso beschlossen wir, auf eine Hochzeitsreise zu verzichten und uns stattdessen ein Motorrad zu kaufen.

Mit diesem Motorrad begann eine „wilde Zeit". Wir waren fast jedes Wochenende unterwegs. Ich liebte die Geschwindigkeiten und das Gefühl dabei, wenn auch anfangs nur als Beifahrerin. Angst hatte ich dabei nie. Im Gegenteil: Ich machte den Motorradführerschein und bin auch regelmäßig selbst gefahren.

Wir waren während der warmen Jahreszeit fast jedes Wochenende unterwegs. Ob allein oder in der Gruppe, das Biker-Leben war zum fixen Bestandteil unseres Lebens geworden. Wir waren regelmäßig zu Gast bei verschiedenen Motorradtreffen in Südtirol und im benachbarten Ausland. Deshalb dauerte es nicht lange, bis wir selbst einen Motorradclub gründeten.

Unser Club und die dazugehörigen Clubabende waren eine weitere Gelegenheit zum Feiern. Damals ging es immer ums Feiern, um die Geselligkeit und um gute Laune. Es wäre mir nie in den Sinn gekommen, dass mein Trinkverhalten krankhaft wäre, war es doch nur einmal feiern pro Woche und eventuell ein Besuch bei Hedwig unter der Woche.

Die Zeit bis zur „Hochzeit"

Die Hochzeitsvorbereitungen waren voll angelaufen. Zwischen Gästeliste, Hochzeitskleid, Pfarrer und Anstecknadeln war ich froh über die Hilfe meiner Mutter, die mit größerem Eifer dabei war als ich selbst. Das Leben lief parallel zu den Vorbereitungen weiter. Ich arbeitete damals seit Kurzem im Haushalt eines Seniorenehepaars aus Deutschland, welches sich das Pustertal als seinen Alterswohnsitz ausgesucht hatte. Die beiden, übrigens beide trockene Alkoholiker, haben mich vom ersten Augenblick an in ihr Herz geschlossen und nannten mich liebevoll „Sonnenschein". Als Frau Emmeline mir von ihrer beider Alkoholabhängigkeit erzählte und dass ich deshalb beim Kochen keinen Alkohol verwenden sollte, staunte ich nicht schlecht über die Offenheit, mit der sie über dieses Thema sprach. Nach und nach erfuhr ich immer mehr Geschichten und Begebenheiten aus ihrem Leben.

Zum Beispiel dass der alte Herr einem alten deutschen Adelsgeschlecht entstammte, irgendwie mit der letzten russischen Zarin verwandt war, dass sein Elternhaus in Lüdenscheid im Zweiten Weltkrieg von der deutschen Wehrmacht als Kommandozentrale annektiert wurde und dass er im gleichen Krieg unter General Rommel, „dem Wüstenfuchs", beim großen Afrikafeldzug im Afrikakorps in einer höheren Position diente. Seine Frau war perfekt viersprachig und fungierte bei historischen Treffen zwischen dem damaligen englischen Premierminister Winston Churchill, dem italienischen Ministerpräsidenten Alcide De Gasperi, dem französischen General und Staatsmann Charles de Gaulle und dem deutschen Bundeskanzler Konrad Adenauer in den Nachkriegsjahren als Dolmetscherin. Weiters hatte sie Freunde unter hochrangigen Kardinälen im

Vatikan. Zwei sehr interessante Persönlichkeiten mit einer ereignisreichen Vergangenheit mit gütigen und herzlichen Wesen.

Ich eignete mir in den sieben Jahren, in denen ich bei diesem Ehepaar angestellt war, ein umfangreiches Allgemeinwissen zu den verschiedensten Themenbereichen, Benimmregeln und Tischmanieren sowie die deutsche Hochsprache an. Eine wertvolle Lebensschule, die ich noch heute zu schätzen weiß.

Drei Wochen vor unserer Hochzeit war ich mit Christian an einem Samstagabend auf einem Sommerfest. Wir standen wie üblich mit Bekannten zusammen, tranken Bier und unterhielten uns. Wenn ich mich alleine mit einem männlichen Mitglied unserer Gattung unterhielt, konnte Christian damit nur schlecht umgehen.

Christian war eifersüchtig, was besonders zutage trat, wenn er getrunken hatte. Dass Männer trinken, gehörte zu seinem Weltbild dazu, jedoch nicht, dass Frauen sich mit anderen Männern unterhalten und sich dabei amüsieren und freundlich sind. Jedenfalls nicht seine Frau, da sah er sich genötigt, seine Meinung lautstark kundzutun und manchmal auch handgreiflich dazwischenzugehen.

So geschah es auch an diesem Abend. Ich stand mit etwa zwei bis drei Meter Abstand von der Gruppe entfernt mit einem Bekannten zusammen und unterhielt mich mit ihm. Christian beobachtete uns schon die ganze Zeit und forderte mich des Öfteren auf, mich wieder zu ihm zu stellen. Und wie immer, wenn Christian seinen Befehlston anschlug, erwachte der Trotz in mir. Ich blieb, wo ich war, bis Christian kam, mich am Arm packte und mich aus dem Zelt zog. Mein Bekannter erhob Einwände und meinte zu Christian, er solle sich nicht so haben, wir würden uns doch nur unterhalten. Aber das interessierte meinen zukünftigen Ehemann nicht im Geringsten. Draußen vor dem Zelt angekommen, hielt er mir eine Standpauke, was ich als furchtbar peinlich empfand und konterte. Schließlich kam es zu einem Handgemenge zwischen uns. Ich versuchte, seine Hand, die mich immer noch am Oberarm festhielt, abzuschütteln, denn der eiserne Griff schmerzte heftig. Aber Christian ließ nicht los. Im Gegenteil: Er packte mich an den Haaren, zog meinen Kopf zur Seite und hielt mich so fest. Er raunte mir fluchend und leise drohend ins Ohr: „Dir, Weibele, werde ich schon noch beibringen, mir zu gehorchen!" Ich war Christian körperlich unterlegen, versuchte aber trotzdem, mich aus meiner misslichen Lage zu befreien, ging dabei in die Hocke und irgendwann lag ich am Boden. An alle Einzelheiten kann ich mich heute nicht mehr erinnern. Aber an seine Finger um meinen Hals, die zudrückten und mir die Luft abschnürten, als ich am Boden lag, erinnere ich mich allerdings gut, und auch an die Worte, die Christian währenddessen zischend von sich gab: „Dich, Weibele, werde ich noch biegen, wie ich dich brauche!"

Der Bekannte, mit dem ich mich vorher unterhalten hatte, kam mir zu Hilfe und riss meinen Peiniger von mir runter. Christian ließ von mir ab und kehrte fluchend und schimpfend in das Zelt zu der Gruppe zurück, bei der er vorher gestanden hatte. Ich rappelte mich auf, rieb mir meinen schmerzenden Hals und versuchte, den Schock des gerade Erlebten erstmals zu verdauen. Als mich mein Bekannter fragte, ob er etwas für mich tun könnte, bat ich ihn, mich von dem Ort wegzubringen, und er fuhr mich nach Hause zu meiner Mutter. In unsere gemeinsame Wohnung wollte ich nicht. Die Angst saß mir noch tief in den Knochen.

Was würden da die Leute sagen?!

Da mein Vater jeden Sommer seit seiner Frühpensionierung als Senner auf eine Alm ging, war Mutti allein daheim. Ich schilderte ihr unter Tränen, was vorgefallen war, und teilte ihr mit, dass ich Christian nicht mehr heiraten wollte. Aber davon wollte Mutti nichts hören. Sie meinte, wenn ich weniger trinken würde, dann käme es nicht zu den dauernden Streitereien. An allem sei nur der Alkohol schuld und ich solle mich nicht so anstellen. Wegen eines lapidaren Streites würde keine Hochzeit abgesagt, jetzt, wo schon alles vorbereitet sei. „Was würden da die Leute sagen?!"

Ich verwies sie auf meine roten Würgemale am Hals, aber auch die überzeugten sie nicht wirklich. Es war in ihren Augen nicht richtig, dass Christian mich gewürgt hatte. Jedoch war sie der festen Überzeugung, dass die Schuld bei mir selbst lag. „Lass die Finger vom Alkohol, dann passieren dir diese Sachen nicht!"

Ich fühlte mich verraten und nicht ernst genommen. Meine eigene Mutter ließ mich im Stich und lieferte mich einem ungewissen Schicksal aus. So hatte ich das damals empfunden. Als Christian mich später abholte, entschuldigte er sich vor Mutti bei mir und meinte, dass ihm das Geschehene leidtat. Danach wurde nicht mehr darüber gesprochen.

Bis heute erinnert mich jedoch ein gutartiger Tumor an der linken Seite meines Halses an dieses Ereignis, wo sich eine Zyste durch die Gewalteinwirkung an der Schilddrüse gebildet hatte.

Hochzeitstag

Es war ein strahlendblauer Spätsommertag, der 31. August 1991. Es sollte der schönste Tag in meinem Leben sein, doch ich fühlte mich eher wie ein Opferlamm, das zur Schlachtbank geführt werden würde. Das Trauma vom Würgen war nicht vergessen. Ich hatte mir in den letzten Wochen mehrmals vorgestellt, wie ich vor dem Altar einfach Nein sagen würde, da könnte Mutti nichts machen.

An meinem Hochzeitsmorgen blieb mir allerdings nicht viel Zeit zum Grübeln. Ich musste zum Friseur und dann zu Mutti, wo mein Brautkleid und ein kleines, frühes Mittagessen warteten, auch wenn ich vor Aufregung keinen Hunger hatte. Die ersten Verwandten trafen schon ziemlich früh ein und so war ich von meinen düsteren Gedanken abgelenkt.

Der Zeitpunkt der Trauung rückte immer näher. Die Gäste brachen zu Fuß auf und mein Brautführer chauffierte Christian und mich mit dem Auto zur Kirche. Während der Fahrt sah ich meinen zukünftigen Mann von der Seite an und fragte mich, was mir wohl die Zukunft bringen und was mich an der Seite dieses Mannes erwarten würde. Mein Bauchgefühl sprach an diesem Tag eine deutliche Sprache, verstanden habe ich es damals nicht.

Als ich am Arm meines Brautführers über die Kirchtürschwelle schritt, kam mir der ernüchternde und tröstende Gedankenblitz: „Ich kann mich ja wieder scheiden lassen, wenn er mir noch einmal wehtut."

Mein Vater war zu meiner Hochzeit gekommen, auch wenn der Almsommer noch nicht zu Ende war. Ihn hörte ich während der Trauung einige Male schniefen und schnäuzen. Auch die Fotos, die ich hinterher sah, sprachen Bände. Mein Vater war ergriffen und hatte seine Emotionen nicht unter Kontrolle. Normalerweise passierte ihm das nur unter Alkoholeinfluss.

Während ich vorne am Altar saß, gingen mir immer dieselben Gedanken durch den Kopf: „War Christian der Richtige für mich? Ob ich nicht doch Nein sagen sollte?“ Aber dazu fehlte mir der Mut, mit über 100 Hochzeitsgästen im Nacken. Und sie waren alle gekommen. Meine überaus große Verwandtschaft aus nah und fern, Arbeits- und Musikkollegen von Christian, unsere gemeinsamen Freunde und noch viele mehr.

Es war eine tolle Feier und ein gelungener Tag. Alles verlief friedlich. Ich blieb den ganzen Tag und den ganzen Abend über nüchtern. Mein Magen und mein Bauch hatten schon am Morgen rumort und beruhigten sich auch nach der Trauung nicht. Ich war wohl diejenige, die nicht nur am wenigsten getrunken, sondern auch am wenigsten gegessen hatte. Gefeiert wurde bis weit in die Nacht hinein, und da ich nüchtern war, stellte ich mich gern zur Verfügung, einige Gäste mit deren Auto nach Hause zu fahren, die unweit von dem Lokal wohnten, in dem wir unsere Feier hatten. Das erregte wiederum Christians Unmut und deshalb hing der Haussegen schon am ersten Tag als verheiratetes Paar schief.

Die letzten Gäste verließen uns erst nach Tagesanbruch. Mit dem Trauring am Finger, der in mir keine euphorischen Gefühle auslöste, legte ich mich für ein paar Stunden ins Bett, in der Hoffnung, dass doch noch alles gut gehen würde.

Keine Kinder auf natürlichem Wege

Für mich unterschied sich mein Leben als verheiratete Frau in nichts von meinem Leben vor der Hochzeit. Es ging alles gleich weiter: Unter der Woche arbeitete ich bei dem Ehepaar aus Deutschland und besuchte regelmäßig Hedwig – mehr als einmal pro Woche traute ich mich nicht, denn schon die wenigen Besuche versetzten Christian in Rage. Wenn ich bei Hedwig war, wurde getrunken, und das konnte er nicht gutheißen. Außerdem war Christian der Meinung, dass Hedwig einen schlechten Einfluss auf mich hätte und mir lauter dumme Flausen in den Kopf setzte.

An den Wochenenden waren wir weiterhin mit unserem Motorradclub unterwegs.

Die einzige Änderung war, dass ich einige Monate nach der Hochzeit die Antibabypille in Absprache mit Christian abgesetzt hatte. Ich wollte Mama werden. Es wäre mir wichtig gewesen, dass meine Kinder eine junge Mutter hatten. Ich habe in der Schule immer jene Mitschüler beneidet, die eine junge, flotte Mama hatten. Meine Mutter war in meinen Augen zu alt, zu bieder gekleidet und auch ihren typischen Lockenwickler-Style fand ich damals furchtbar altmodisch.

Als ich nach einem Jahr immer noch nicht schwanger war, ging ich, ohne Christian davon in Kenntnis zu setzten, zum Frauenarzt. Ich wurde gründlich untersucht und diese Untersuchung brachte nichts Ungewöhnliches ans Tageslicht. Erst nachdem ich mich einer Ultraschalluntersuchung unterzogen hatte, gab es Klarheit. Die Diagnose: Meine Eileiter waren verklebt. Ich würde auf natürlichem Wege keine Kinder bekommen können. Da ich enormen Respekt – manchmal sogar Angst – vor Autoritätspersonen hatte und teilweise heute noch habe und der damalige Primar der gynäkologischen Abteilung, welcher mich untersucht hatte, berühmt-berüchtigt für seine scharfe Zunge war, traute ich mich nicht, genauer nachzufragen, was genau das für mich bedeutete.

Ich ging ganz bedrückt nach Hause und behielt die Diagnose erstmals für mich. Mir ließ das Thema keine Ruhe. Ich wollte und konnte diese Diagnose so nicht akzeptieren, weshalb ich mir ein Herz fasste, einen neuen Termin vereinbarte und diesmal ausdrücklich verlangte, von einem anderen Gynäkologen untersucht zu werden. Als es so weit war, erklärte ich dem Gynäkologen, warum ich gekommen war, und er schaute sich in Ruhe das Ergebnis meiner Ultraschalluntersuchung an. Leider bestätigte er die Diagnose. Aber er machte mir auch Hoffnung. In Bruneck hatte man seit Kurzem mit künstlicher Befruchtung begonnen, und wenn ich und mein Mann es wollten, würde er uns gern bei einem Beratungsgespräch alles genau erklären.

In dem Moment war ich einfach nur enttäuscht. Zu Hause angekommen, weinte ich bitterlich. Ich war hin- und hergerissen, zwischen Trauer, Wut und Selbstmitleid. Ein „übriger Fresser“, der nicht einmal Kinder bekommen konnte. „Wozu bin ich denn überhaupt auf dieser Welt?“, hallte es vertraut in meinem Kopf. Als Christian am Abend nach Hause kam, erkannte er an meinen geschwollenen Augen sofort, dass ich geweint hatte. Er wollte natürlich den Grund für meine Tränen wissen, und ich erzählte ihm, dass ich beim Frauenarzt gewesen war und erfahren hatte, dass ich auf natürlichem Weg keine Kinder bekommen könnte. Dies wäre nur durch künstliche Befruchtung möglich. Da die künstliche Befruchtung 1992 sozusagen noch in den Kinderschuhen steckte und ich schon damals sehr skeptisch gegenüber Unerprobtem war, kam diese Methode für mich nicht infrage und Christian war damit einverstanden. „Dann werden wir eben keine Kinder haben“, war seine pragmatische Antwort.

Es begann eine Zeit, in der ich versuchte, irgendwie damit zurechtzukommen, dass ich nie Mama werden würde. Ich sprach nur ganz selten über dieses Thema, und Emotionen und Tränen ließ ich wie immer nur dann zu, wenn ich alleine war. Nach außen hin habe ich erfolgreich Haltung bewahrt. In meinem Inneren sah ich mich als Versagerin. Ein herber Schlag gegen mein Frau-Sein und ein Grund mehr, Trost und Vergessen im Rausch zu suchen.

Das Leben geht weiter

Wie es sich für eine Bikerin gehörte, legte ich mir eine schwarze Leder-Montur mit Fransen zu, die heute noch bei Mutti auf dem Dachboden hängt. Für dieses Leder-Outfit fuhren wir nach Deutschland. Bei dieser Gelegenheit besuchten wir meine Patentante, bei der wir übernachteten, und nahmen an einem Treffen eines befreundeten Biker-Clubs teil.

Einer der Anwesenden hatte einen kleinen Hund der Rasse Rehpinscher dabei. Ich kannte diese Rasse nicht, doch ich war vom ersten Augenblick fasziniert von diesem Geschöpf. Der Besitzer des Hundes erzählte mir, dass die Hündin, von der sein Kleiner abstammt, erst wieder einen Wurf von vier Welpen hätte und der Bauernhof sich ganz in der Nähe befand. Ich war schon immer eine große Tierliebhaberin und überredete Christian schließlich, uns den Wurf anzuschauen. Am nächsten Morgen besuchten wir die Rehpinscher-Welpen: drei Weibchen und ein Männchen. Die Besitzerin würde uns das Männchen ganz günstig abgeben, wenn wir nicht auf den Stammbaum bestehen würden, weil er der Kleinste war, nicht wachsen wollte und etwas mit einem Beinchen nicht stimmte. Das weckte sofort den Beschützerinstinkt in mir, und ich entschied mich für das kleine, in meinen Augen aufgeweckte Kerlchen, das an mir genauso interessiert schien, wie ich an ihm.

Christian hatte wohl gemerkt, wie gut mir so ein Wesen tun würde, um das ich mich kümmern konnte, und war stillschweigend damit einverstanden, den kleinen Rehpinscher-Welpen zu uns zu nehmen. Wir kehrten ein paar Wochen später mit dem Auto zurück, um unser neues Familienmitglied abzuholen.

Robby

Robby entwickelte sich prächtig. Man merkte keinem der vier Beinchen an, dass etwas nicht in Ordnung wäre. Im Gegenteil: Robby war ein ausgesprochen quirliges und aufgewecktes Wesen. Wegen seiner praktischen Größe hatte ich ihn beinahe immer und überall dabei. Die erste Zeit, als Robby bei uns war, blieb ich mit ihm zu Hause, wenn Christian eine Runde mit dem Motorrad machte. Aber das war ich bald leid. Deshalb wagte ich ein Experiment: Ich zog meine Motorradjacke an, schloss den Reißverschluss zur Hälfte, hob Robby hoch und steckte ihn mit seinem Hinterteil unter der linken Achselhöhle in den Jackenärmel und schloss den Reißverschluss ganz zu.

Da Robby ganz ruhig dort sitzen blieb und sich recht wohlzufühlen schien, probierten Christian und ich eine kurze Fahrt zu dritt aus. Alles lief wie am Schnürchen: Robby hockte seelenruhig im Jackenärmel und genoss es sichtlich, wenn ihm der Fahrtwind um die Nase blies.

Von da an war Robby ein „Biker-Hund“ und wurde zum Club-Maskottchen. Er liebte Motorradfahren, und sobald er merkte, dass wir uns unsere Motorradkluft anzogen, sprang er wie ein Gummiball hoch, weil er es kaum erwarten konnte, bis es endlich losging. Robby und ich waren auf den Motorradtreffen bald als Rarität bekannt und überall gern gesehen, auch wenn so mancher „Kerl“ den kleinen Hund nicht als Hund akzeptieren wollte.

Unter den Bikerinnen gab es auch Tierschützerinnen. Einige von ihnen wollten mich belehren, dass ich das Tier quälte, indem ich den Hund mitnahm. Als Robby und ich ihnen jedoch demonstrierten, was passierte, wenn ich meine Jacke anzog, meinen Helm in die Hand nahm und Richtung Motorrad ging, waren sie überrascht und gleichzeitig beruhigt. Mit der freudigen Reaktion von Robby hatten sie wohl nicht gerechnet. Das Einzige, was man Tierquälerei hätte nennen können, war der regelmäßige Trunkenheitszustand seines Frauchens und Herrchens bei solchen Treffen.

Unser bevorzugtes Getränk damals war Cola-Rot, eine Mischung aus Rotwein und Coca-Cola. Ein furchtbares Gesöff, das sich rasch und leicht trinken ließ. Das Gemisch aus Alkohol und Zuckerlösung ließ unseren Alkoholspiegel im Blut recht schnell ansteigen und es kam häufig zu peinlichen Auseinandersetzungen und Streitereien zwischen mir und Christian. Dabei kam es nicht selten zu dem üblichen Handgemenge. Meist packte er mich grob am Arm, riss mich herum oder zog mich an den Rand des Geschehens und hielt mir dort eine Standpauke darüber, wie ich mich gefälligst zu verhalten hätte. Dabei gab er mir nicht selten eine Ohrfeige.

Nach einem solchen Wochenende focht ich immer einen Kampf zwischen den Schuldgefühlen wegen meines Alkoholkonsums und der Auflehnung gegen die in meinen Augen ungerechtfertigte Behandlung aus. Wieso durfte er, ohne einen Vorwurf zu bekommen, trinken und ich nicht? Aber dazu hatte Christian wie eine Vielzahl anderer Männer auch seine eigene Anschauung: Alkohol gehörte zum „Mannsein“ dazu. Mit jeder dieser Auseinandersetzungen, mit jeder Handgreiflichkeit und mit jeder Beleidigung bröckelte etwas vom Putz der Fassade unsere Beziehung.

Die erste große Krise

Je mehr Christian mich unter Druck setzte, indem er versuchte, mir die Besuche bei Hedwig zu verbieten, oder mir damit drohte, dass er an den Wochenenden alleine mit dem Motorrad fahren würde, umso mehr erzeugte dies bei mir Gegendruck.

Ich fing an, mich mit Hedwig in einem Lokal mit Dartautomaten zu treffen. Ob es das Spiel an sich war, das mir gefiel, oder eher die Gesellschaft der Menschen, das Bier oder die Komplimente und Aufmerksamkeit der Männer dort, weiß ich nicht. Jedenfalls war ich von nun an regelmäßig ein- bis zweimal die Woche in diesem Lokal. Ich achtete darauf, dass ich vor Christian zu Hause war. Wenn mir das zwischendurch nicht gelang, war Ärger vorprogrammiert. „Ich will keine Frau, die sich am Tag in Kneipen rumtreibt und mit anderen Männern Bier trinkt!", war Christians Einwand. Heute kann ich ihn verstehen, damals fühlte ich mich in meiner Freiheit eingeschränkt und zu Unrecht beschuldigt.

Durch die ständigen Streitereien litten die zwischenmenschliche Beziehung und die Sexualität zwischen mir und Christian enorm. Er schob mir den Schwarzen Peter zu, ich fühlte mich unverstanden und ungeliebt. Ich hätte mir einen Mann gewünscht, der mir sagte, dass er mich liebt, mich begehrt, mich schön findet und es schön ist, dass es mich gibt.

Wir allerdings sprachen nie richtig miteinander. Christian machte mir lautstarke Vorwürfe, wenn ich betrunken war. Ich verteidigte mich dann für kurze Zeit, bis ich zu weinen anfing und mich schließlich in mein inneres Schneckenhaus zurückzog, dort in Selbstmitleid zerfloss und wartete, bis das Donnerwetter vorübergezogen war. In solchen Momenten war ich auch wütend auf mich selbst, dass ich mich nicht gegen meine Mutter durchgesetzt hatte. Ich hätte ihn nicht heiraten sollen. Ich wünschte, ich hätte in der Kirche mehr Mut zum „Nein“ gehabt.

Robby hatte ich an diesen Dart-Nachmittagen immer mit dabei. Einmal, als Christian abends nach Hause kam, fiel ihm sofort auf, dass Robby ihn nicht schwanzwedelnd an der Wohnungstür empfing. Ich war so betrunken, dass ich das arme Kerlchen in dem Lokal vergessen hatte. Dieser Umstand war mir im Nachhinein so peinlich, dass ich mich für ein paar Wochen nicht mehr in das Lokal getraut hatte. Ich kann mich noch gut erinnern, dass ich Robby gegenüber ein sehr schlechtes Gewissen hatte. Er rollte sich immer in meine Jacke auf der Bank hinein, wo wir saßen, und wartete geduldig, bis wir wieder nach Hause gingen. Auch an diesen Abend wartete er noch geduldig auf meiner Jacke, als Christian ihn abholte, da ich selbst zu betrunken dafür war.

Das war eine der vielen Gelegenheiten, bei denen ich mir selbst Besserung gelobte. Aber ich schaffte es nicht. Die paar Wochen, in denen ich das Lokal mied, hatte der Engel in glänzender Rüstung mit Schwert die Kontrolle, aber irgendwann erwachte der Teufel aus seiner Erstarrung, und es ging weiter wie vorher, nur Robby, den habe ich nie mehr vergessen.

Der andere Mann

Es waren eigentlich immer die gleichen Männer, die mit Hedwig und mir spielten oder, anders ausgedrückt, die uns einluden, mit ihnen zu spielen. Einer davon hatte ein Auge auf mich geworfen, das hatte ich gleich bemerkt. Er spielte immer mit mir als Zweierteam, machte mir Komplimente und schmeichelte mir. Ich genoss diese Aufmerksamkeit, denn so etwas kannte ich nicht. Wie sehr habe ich mir gewünscht, dass Christian mir Komplimente machte, mir den Stuhl zurechtrückte, mir in die Jacke half – kleine Aufmerksamkeiten mit großer Wirkung, die nebenbei kostenlos sind.

So ergab es sich, dass dieser Mann mich eines Tages einlud, mit ihm nach Oberitalien zu fahren, weil er dort etwas abholen musste. Er sicherte mir zu, dass wir am Abend wieder rechtzeitig zurück sein würden. Mir war bewusst, dass es sich bei dem Unterfangen um ein Spiel mit dem Feuer handelte. Aber auf der anderen Seite war ich hungrig auf das Leben. Ich wollte etwas erleben, wollte heraus aus meinem monotonen Alltagstrott und sagte spontan zu.

Es war ein entspannter Tag mit einem tollen Mittagessen am Gardasee. Mehr passierte an dem Tag nicht. Dieser Mann war 20 Jahre älter als ich und hatte sehr gute Manieren. Allerdings trafen wir uns von da an öfter, allein und nicht mehr nur zum Dartspiel in dem Lokal. Das war der Beginn meiner ersten Affäre.

Meine Rückkehr nach Hause

Nach vier Jahren wurde Christian der Mietvertrag unserer Wohnung nicht mehr verlängert. Wir fanden auch nicht gleich etwas Passendes und so richteten wir uns als vorübergehende Lösung mein altes Schlafzimmer bei meinen Eltern ein. Ich dachte zu der Zeit schon häufiger an Trennung, und deshalb fand ich die Lösung gar nicht so schlecht.

Es dauerte auch nicht mehr allzu lange, bis die Geschichte zwischen mir und Christian eskalierte. Ich glaube, es war 1994, als die ersten

Mobiltelefone in unser Leben kamen. Christian hatte ein gebrauchtes Motorola-Handy, ich ein riesiges Ding von Nokia. Ich machte allabendlich noch einen Spaziergang mit Robby und nahm mein Handy mit, um noch kurz mit dem anderen Mann zu telefonieren. Christian ahnte, dass ein anderer mit im Spiel war, und rief mich an, sobald ich mit Robby unterwegs war. Da die Leitung besetzt war, wollte Christian von mir wissen, mit wem ich telefoniert hatte. Aber der Name, den ich genannt hatte, schien auf dem Display nicht auf, da ich den Anruf gelöscht hatte.

Zweifel waren gesät, und Christian fing an, mein Telefon regelmäßig zu kontrollieren. So dauerte es nicht lange, bis er seinen Beweis für meine Untreue gefunden hatte. Das gab einen riesigen Tumult mit dem Ergebnis, dass ich auszog und für ein paar Monate bei dem Ehepaar wohnte, bei dem ich arbeitete. Meine Mutti, eine erzkatholische Frau, war natürlich auf der Seite von Christian, denn die Schuldige – die Ehebrecherin – war in ihren Augen ich. Zu meiner Überraschung verhielt sich mein Vater neutral.

Ich kehrte lange nicht nach Hause zurück, so verletzt war ich vom Verhalten meiner Mutter. Der zweite Grund war, dass Christian immer noch bei meinen Eltern wohnte. Als ich irgendwann dringend etwas benötigte, was sich zu Hause befand, stieg ich mit gemischten Gefühlen aus dem Auto und die Treppe hoch. In der Küche saß mein Vater, allein. Ich sagte, ich würde nur ganz kurz etwas holen und wäre dann gleich wieder dahin, weil ich Mutti und Christian nicht begegnen wollte. Da sagte mein Vater zu mir: „Egal, was passiert ist, das hier ist und bleibt dein Zuhause und nicht das von Christian." Ich war so überwältigt von seinen unerwarteten Worten und den Gefühlen, die sie in mir auslösten, dass ich zu weinen anfing.

In diesem Moment war ich mir ganz sicher, der Mann vor mir empfand doch etwas für mich. Ich erzählte meinem Vater nun auch die Geschichte, die sich vor meiner Hochzeit zugetragen hatte und dass ich gar nicht mehr heiraten wollte, Mutti aber darauf bestanden hatte. Mein Vater schüttelte nur den Kopf und wiederholte, dass hier mein Elternhaus wäre und immer mein Zuhause bleiben würde.

Nach einigen Monaten zog Christian schließlich vom Haus meiner Eltern aus und bei seiner neuen Lebensgefährtin ein. Auch ich zog mit dem anderen Mann in eine gemeinsame Wohnung. Bald darauf kam es auch zur ersten gerichtlichen Trennung, vor einem Richter in Bozen.

Ein Hauch von Luxus

Mein neuer Freund behandelte mich als Frau und Mensch, besser als Christian, aber gutgetan hat mir auch diese Beziehung nicht. Ich arbeitete weiterhin bei dem alten Ehepaar, meistens bis 15 Uhr, und nachher wartete er oft schon in dem Lokal, wo wir uns kennengelernt hatten, auf mich. Ich war nun auch unter der Woche mehrmals betrunken oder zumindest angetrunken. Er regte sich nie auf, wenn ich irgendwo absackte oder alleine unterwegs war. Er war in der Hinsicht sehr tolerant, was ich so nicht kannte.

Bei uns zu Hause waren häufig Gäste, auch solche, die ich gar nicht kannte. Getrunken wurden nur edle Tropfen. Während er ein Faible für teure Weine hatte, verstand ich gar nichts davon. Mir ging es in erster Linie um die Wirkung, nicht um den Preis. Was mir allerdings gefiel, war das Drumherum: die schönen Gläser und das Gefühl, gepflegt zu trinken und nicht zu saufen. Obwohl bei mir das Ergebnis immer dasselbe war. Seine Gäste waren häufig Unternehmer, da er selbst eine Firma besaß. Mit der Zeit begriff ich, dass nicht selten Männer mit ihrer „Seitensprung-Frau“ bei uns zu Gast waren. Wenn ich nüchtern war, gingen mir diese „Stelldichein“ mächtig auf den Wecker, und ich verzog mich mit Robby dann meist ins Bett.

Eines Tages überraschte mich mein Freund mit der Mitteilung, er habe einen dreiwöchigen Urlaub in Thailand für uns gebucht. Ein wunderschönes Land, von dem ich die erste Woche nur Bars und die Hotelanlage sah. Am Tag war Siesta angesagt, am Abend und die halbe Nacht stand Party auf dem Programm. Wir waren zu viert losgeflogen. Zwei von seinen Freunden waren mit dabei. Diese beiden Herren, einer davon verheiratet und Familienvater, mieteten sich eine Thai-Frau, wie das die typischen Sextouristen eben machen.

Mich ekelte dieses widerwärtige Verhalten der beiden Männer an. Ich wollte es mir nicht länger mitansehen und verließ am zweiten oder dritten Abend plötzlich fluchtartig die Bar, in der wir alle zusammen feierten – aber nicht, ohne den beiden Freunden vorher ordentlich meine Meinung darüber mitzuteilen, was ich von ihnen und ihrem Verhalten diesen Frauen gegenüber hielt. Danach wollte ich einfach allein sein.

Vor unserm Bungalow gab es einen schön beleuchteten, einladenden Pool. Die Nacht war schwül und mein Inneres aufgewühlt, so beschloss ich, noch ein paar Runden zu schwimmen. Ich zog mir ein Badekostüm an und stellte mich an den Rand des Pools, als ein junger Mann mir etwas auf Thailändisch zu sagen versuchte. Ich verstand ihn nicht und sprang kopfüber ins kühle Nass. Sobald ich die Wasseroberfläche durchbrochen hatte, schepperte es mächtig in meinem Kopf. Ich war ganz benommen, als ich wieder an die Wasseroberfläche kam, und spürte nach und nach das Brennen im Gesicht. Der gesamte Pool war nur einen halben Meter tief. Der junge Student, der am Pool Nachtwache hielt, um betrunkene Gäste wie mich davon abzuhalten, nicht in das Becken zu springen, hatte mich warnen wollen.

Ich hatte Abschürfungen an der Nase, eine geschwollene Oberlippe und einen Brummschädel – wahrscheinlich mehr vom Alkohol als vom Sprung in den Pool. Am nächsten Morgen war mir mein Missgeschick mehr als peinlich.

In der zweiten Woche haben wir uns einiges im Landesinneren angesehen. Ich habe Bangkok besichtigt, einen schwimmenden Markt besucht, habe die berühmte Brücke am Kwai, ehemalige Verbindung zwischen Thailand und Burma, überquert, ich bin auf einem Elefanten geritten, habe alte und neue Tempel und Pagoden besichtigt, habe Krokodilsfarmen gesehen und Orchideengärten besucht, um nur einiges zu nennen. Ein farbenfrohes, prächtiges Land, wenn man nicht hinter die Kulissen blickt. Ein tolles Land, an das ich heute noch gerne denke. Die Erinnerungen an den vielen Alkohol und die jungen Mädchen, die sich Männer aus der ganzen Welt kaufen, würde ich lieber aus meinem Gedächtnis streichen. Es war damals mein erster Urlaub außerhalb Europas, und Sextourismus war mir bis dato völlig fremd.

Obwohl ich den Urlaub genossen hatte, merkte ich bald, dass mein Partner über seine Verhältnisse lebte. Er verwöhnte mich zwar mit teurem Wein und schönen Kleidern, doch mir bedeuteten die Sachen nicht viel. Mir war und ist es viel wichtiger, wie ich als Frau und Mensch behandelt werde und nicht wie viele materielle Dinge ich erhalte. Als er sich die Wohnung nicht mehr leisten konnte, in der wir wohnten, verlangte er von mir, dass ich meine Lebensversicherung auflösen und ihm das Geld zur Verfügung stellen sollte, was ich mich strikt weigerte.

Robby war die ganze Zeit über bei mir. Eines Abends brachte ihn mein Freund nach draußen, damit er noch sein Geschäft verrichten konnte. Das Haus, in dem wir wohnten, lag direkt an der Hauptstraße, wo Robby auf die Straße lief, von einem Auto erfasst wurde und auf der Stelle tot war. Wer ein Haustier besitzt, kann sicher nachvollziehen, wie es mir damals ging. Ich haderte mit dem Schicksal, ich haderte mit dem Mann, der nicht achtsam genug gegenüber Robby war, und ich haderte mit mir, dass ich meinen Hund jemand anderem anvertraut hatte.

Für die instabile Beziehung war es der berühmte Tropfen, der das Fass zum Überlaufen brachte. Ich zog damals zwar noch mit ihm in eine Ferienwohnung seiner Schwester, aber ich ging von da an meine eigenen Wege. Ich hatte mich in der Zwischenzeit mit meiner Mutter ausgesöhnt, und so dauerte es nicht lange, bis ich wieder mein altes Schlafzimmer bezog.

Reflexion

Aus heutiger Sicht war der Auszug aus meinem Elternhaus mit 17 Jahren zu früh. Damals jedoch konnte ich es nicht erwarten, von meinem Vater wegzukommen. Ich dachte tatsächlich, damit wären alle meine Probleme gelöst und mein Leben wäre nur noch eitler Sonnenschein.

Die neue Freiheit brachte auch neue Gewohnheiten mit sich. Wir hatten häufig Gäste. Meist gab es in der Nacht nach dem Feiern noch eine „Spaghettata" und einen Absacker bei uns. Christian brachte aber auch des Öfteren Arbeitskollegen mit nach Hause, nachdem sie schon einige Feierabendbierchen getrunken hatten, und ich trank dann meistens etwas mit.

Damals habe ich nicht einen Gedanken daran verschwendet, dass mein Alkoholkonsum auffällig sein könnte. Ganz im Gegenteil: Ich habe damit geprahlt, dass ich mit den Männern mithalten und ein Bier schneller trinken konnte als jeder andere. Langsam trinken und genießen, das konnte ich nicht. Ich habe die alkoholischen Getränke regelrecht in mich hineingeschüttet. Ich musste mich zusammenreißen, dass ich mein Bier nicht vor Christian fertig hatte, was trotzdem häufig der Fall war. Früher dachte ich, dass ich der Gesellschaft und der Geselligkeit wegen so gerne ausging. Heute weiß ich es besser: Es war mein Bedürfnis nach Alkohol.

Ein Zusammenhang zwischen dem Schicksal von Anka und meinem Trinkverhalten war mir damals wie durch Nebelschwaden hindurch bewusst, wenn ich es auch nicht wahrhaben wollte. Vielleicht wäre Christian, der auch getrunken hatte, nicht laut geworden, wenn ich nicht getrunken hätte? Vielleicht hätte mich Anka nicht verteidigen müssen, Christian hätte nicht zu diesen aggressiven Erziehungsmaßnahmen gegriffen und die Hündin wäre nicht aggressiv gegenüber Menschen geworden. Ohne mein Trinken hätte sie wahrscheinlich bei mir alt werden können.

Die Freundschaft zu Hedwig ist ein Paradebeispiel dafür, welchen Einfluss enge, freundschaftliche Verbindungen auf die persönliche Entwicklung haben können. Ich wollte so wie Hedwig sein und ahmte mehr und mehr ihr Verhalten nach. Wir bestärkten uns gegenseitig, dass wir, so wie wir waren, richtig waren und dass wir uns von niemandem verbiegen lassen würden, schon gar nicht von unseren Ehemännern.

Genauso verhielt es sich auch mit den Motorradtreffen, wo wir Stammgäste waren. Dieser Menschenschlag und das dazugehörige Milieu animierten uns, ebenfalls mitzumachen und mitzutrinken, um dazuzugehören. Heute würde ich sagen: ein indirekter Gruppenzwang oder ein Alibi, um sich zu betrinken.

Eifersucht, Trotz und Alkohol. Diese drei Komponenten spielten häufig eine tragende Rolle bei unseren Auseinandersetzungen. Wenn ich merkte, dass sich Christian über etwas ärgerte, wozu er in meinen Augen überhaupt keinen Grund hatte, reagierte ich unter Alkoholeinfluss in den meisten Fällen trotzig und machte genau das Gegenteil von dem, was von mir erwartet wurde. Nüchtern hätte ich wahrscheinlich ganz anders reagiert, genauso Christian.

Wann genau es mit den körperlichen Übergriffen begonnen hatte, kann ich heute nicht mehr sagen. Auf jeden Fall fing es ganz langsam an und wurde über die Jahre häufiger und vor allem heftiger, was wohl daran lag, dass durch die Wiederholungen die Hemmschwelle für körperliche Gewalt sinkt.

Die unnachgiebige Haltung meiner Mutter in Bezug auf die Hochzeit hat mich damals tief verletzt. Ich hätte mir mehr Empathie, mehr Verständnis, aber vor allem hätte ich mir ein sachdienliches, hilfreiches Gespräch gewünscht. Nicht einfach überfahren werden mit „Trink weniger, dann würden diese Sachen nicht passieren". Dass auch der Mann weniger trinken sollte und dass immer zwei zu einem Streit gehören, davon war nie die Rede.

Heute weiß ich, dass ich damals zu jung und wahrscheinlich auch zu unreif zum Heiraten war. Ich wollte einfach weg von zu Hause, unabhängig von meinen Eltern und erwachsen sein. Auf das Bauchgefühl ist Verlass, aber das weiß man oft erst im Nachhinein. Mein Bauchgefühl lief Amok an meinem Hochzeitstag. Ich habe es gemerkt und erfolgreich ignoriert. Mit meinen 20 Jahren hatte ich nicht den Mut, mich gegen meine Mutter durchzusetzen, und auch nicht den Mut, vor dem Pfarrer Nein zu sagen. Ich war einfach zu jung, um eine objektive Entscheidung, die ein Leben lang gelten soll, treffen zu können.

Mein Vater war sehr emotional bei meiner Hochzeit und während ich diese Zeilen schreibe, schießen mir Tränen in die Augen. Tränen um eine Liebe, die in seinem Inneren da war – davon bin ich heute überzeugt –, die er aber außerstande war zu zeigen. Mein Vater liebte mich auf seine Weise.

Es war für mich immer selbstverständlich, dass ich Mutter werden würde. Und ich wollte eine junge und vitale Mama sein. Ich hatte die ersten fünf, sechs Jahre nach meiner Diagnose sehr mit der Tatsache zu kämpfen, dass ich keine voll funktionsfähige Frau war. Irgendwann habe ich dann aufgehört, mir selbst Vorwürfe zu machen, und die Hoffnung begraben. Umso größer war die Überraschung und natürlich auch die Freude, als ich dann doch noch Mama wurde. Aber dazu später mehr.

In meinen Kinderaugen war meine Mutti alt, deshalb wollte ich immer eine „junge“ Mama sein. Aber es war ihr konservativer Kleidungsstil und ihre Dauerwellenfrisur, die sie älter wirken ließen, als sie war. Ich war am Ende gleich alt wie meine Mutti, als ich meine Kinder bekam. Die Tatsache, dass Mutti uns Kindern nicht so viel Zeit widmen konnte, lag daran, dass sie sehr viel arbeiten ging, um uns etwas Luxus zu ermöglichen. Heute sehe ich die Umstände und ihre Beweggründe aus einem ganz anderen Blickwinkel. Auch ich war als Mutter häufig abwesend. Anfangs durch den Alkohol und anschließend aus existenzsichernden Umständen.

Ich bin von Kindesbeinen an auf der Suche nach väterlicher und männlicher Liebe. Ich habe mich nach Aufmerksamkeit, Zuwendung und Anerkennung von meinem Vater gesehnt. Einige meiner späteren Partner sahen mich eher als ihren Besitz und als schmückendes Beiwerk, das so zu funktionieren hatte, wie sie es sich vorstellten, und nicht als gleichberechtigte und gleichwertige Partnerin. Mit den Jahren manifestierte sich, wenn auch schleichend, eine gravierende, depressive Grundstimmung in meiner Seele, und erst als der Leidensdruck in mir riesig wurde, bin ich aus der jeweiligen Lebenssituation und Partnerschaft ausgebrochen.

Aus heutiger Sicht kann ich sagen, sobald ich die Lebensumstände mit den damit verbundenen unglücklichen Partnerschaften hinter mir gelassen hatte, war mein Drang zu trinken nicht mehr so stark gegeben. Ich hatte Trost und Vergessen im Rausch gesucht, um meinen inneren Druck zu ertragen, auch wenn mir das damals noch nicht bewusst war.

Clara

Jemandem etwas vorzuhalten, obwohl man selbst mittendrin steckt, ist nicht fair. Es gibt leider viele Paare, die zusammen Alkohol konsumieren, wodurch Probleme und Auseinandersetzungen vorprogrammiert sind. Emotionen schaukeln sich viel schneller auf, die positiven, aber auch die negativen. Es werden Themen angesprochen, die nüchtern keine wären – ob aus Angst, Feigheit oder Mutlosigkeit lasse ich hier einmal dahingestellt. Durch den Hang zur Irrationalität, gepaart mit Selbstüberschätzung und Überheblichkeit, die Alkohol hervorruft, wird die Sicht auf die Dinge verzerrt, weshalb es häufig zu Missverständnissen und Tatsachenverdrehungen kommt. Negative Gefühle wie Eifersucht, Hass, Wut tragen maßgeblich dazu bei, dass es immer wieder zu heftigen Auseinandersetzungen zwischen Lebenspartnern kommt. Keiner nimmt mehr Rücksicht oder sich ein Blatt vor den Mund und häufig eskaliert die Situation. Es kommt zu verbalen Attacken und nicht selten zu Handgreiflichkeiten, die oft schlimm enden können.

Alkohol und physische sowie psychische Gewalt gehen sehr oft Hand in Hand. Dass Alkohol zu Kontrollverlust führt, müssen leider auch Partner oder Familienangehörige miterleben, die selbst nicht trinken. Sie erkennen ihren lieben Menschen nicht wieder und entwickeln Gefühle wie Angst, Ekel, Abscheu und manchmal Mitleid.

Es ist eine Tatsache, dass Frauen aufgrund ihres meist zarteren Körperbaues und niedrigerem Gewicht weniger vertragen als Männer.

Deshalb sind es auch meistens die Frauen, die schneller betrunken sind, aus ihrer Rolle fallen und Vorwürfe von ihren Männern ertragen müssen. Das veränderte Wesen, welches sich durch den Alkoholkonsum zeigt, hat nichts mehr mit der Person zu tun, die sie im nüchternen Zustand ist.

Wer sich hier eine Veränderung in der Partnerschaft wünscht, kann dieses Problem nur gemeinsam angehen. Dafür müssen es beide einsehen, beide einverstanden sein und zusammen am selben Strang ziehen. Es bringt der Beziehung, in der beide trinken, nichts, wenn nur ein Partner sich gegen den Alkohol entscheidet. Entweder wird dieser schnell rückfällig oder er erträgt sein Gegenüber nicht mehr und ist auch nicht mehr bereit, die Eskapaden des anderen zu ertragen. Früher oder später wird es zwangsläufig zur Trennung kommen. Genauso entwickelt sich eine Beziehung, in der nur ein Partner trinkt. Auch wenn Partner, die selbst nicht trinken, oft sehr leidensfähig sind und sich durch die sogenannte Co-Abhängigkeit schwertun, aus der Beziehung auszusteigen, wird es früher oder später zu einer Trennung kommen, wenn vom Betroffenen keine Einsicht gezeigt wird und er sein Problem nicht ernsthaft in Angriff nimmt.

Gebote, Verbote und Drohungen werden dich bei jemandem, der ein Alkoholproblem hat, nicht langfristig weiterbringen. Im Gegenteil: Aus vielen Erfahrungsberichten ist bekannt, dass Druck immer Gegendruck erzeugt. Versuche lieber herauszufinden, was dein Gegenüber beschäftigt, natürlich in nüchternem Zustand. Gibt es unerfüllte Wünsche, Sehnsüchte oder Träume, die gelebt werden möchten, aber aus irgendeinem Grund unterdrückt werden? Fühlt sich dein Partner unter Druck gesetzt, gibt es Probleme bei der Arbeit, oder nagen nicht aufgearbeitete Kindheitstraumata an der Seele. Nur Gespräche bringen euch wirklich weiter.

Für Eltern eines erwachsenen Betroffenen gilt dasselbe. Vorwürfe bringen dich als Elternteil nicht weiter. Damit lieferst du deinem erwachsenen Kind nur den nächsten Grund, sich zu betrinken. Tipps dazu findest du im vorherigen Kapitel. Suche lieber das Gespräch im nüchternen Zustand. Sei verständnisvoll, aber auch bestimmt. Versuche herauszufinden, ob dein Gegenüber Probleme hat, ob er sich dessen bewusst ist und welcher Art seine Probleme sind. Ansonsten beobachte genau, wann der oder die Betroffene zum Alkohol greift, sprich es an und versucht eventuell gemeinsam, eine andere Lösung als „Trinken" zu finden. Biete auf jeden Fall deine Hilfe an. Versichere deinem Kind, dass du da bist, wenn du gebraucht wirst, und dass du es liebst.

Als Eltern ist es oft schwierig, sich aus dem Leben und den Angelegenheiten der erwachsenen Kinder zu halten. Wir bleiben immer Eltern und unsere Kinder sind immer unsere Kinder. Aber als Erwachsene müssen sie ihre eigenen Erfahrungen und ihre eigenen Fehler machen, genauso wie sie ihre eigenen Entscheidungen treffen müssen.

Ganz wichtig: Holt euch Hilfe für euch selbst! Angehörige sind oft der Meinung, sie müssten alles alleine bewältigen, und sind peinlichst darauf bedacht, dass ja nichts aus den eigenen vier Wänden nach draußen dringt. Dabei fühlen sie sich oft hilflos und ohnmächtig. Es muss ja nicht immer gleich ein öffentlicher Dienst sein. Oft helfen auch offene Gespräche mit guten Freunden. Denn auch hier gilt: Reden befreit die Seele, und es werden oft neue Wege aufgezeigt, wenn die Dinge von Außenstehenden aus einem anderen Blickwinkel betrachtet werden.

Hausärzte wären aus medizinischer Sicht die erste Anlaufstelle. Leider sehen diese viel zu häufig weg und drücken geflissentlich beide Augen zu. Von einem Vertrauensarzt würde ich mir als Angehöriger Hilfe erwarten. Viele wollen die Problematiken ihrer Patienten allerdings nicht sehen, sind überfordert oder mit der Thematik nicht vertraut. Hierzulande sind es nun mal die Hausärzte, an die sich der Bürger in Gesundheitsfragen am Anfang wenden muss. Wird der Hilfesuchende beim ersten Gespräch jedoch mit ein paar ausweichenden Floskeln abgespeist, wie sollte er dann Vertrauen in das Gesundheitssystem eines Landes haben und sich um weitere Hilfe bemühen?

Tipps für Angehörige

- Wenn beide Partner trinken, solltet ihr euch auch für eine gemeinsame Abstinenz entscheiden. Einer allein hat selten eine Chance, an der Seite eines trinkenden Partners für immer nüchtern zu bleiben, außer er trennt sich emotional und räumlich und beginnt ein eigenständiges Leben.
- Wenn dein Partner trinkt, suche das Gespräch in einem lichten, nüchternen Moment. Erkläre ihm ruhig und sachlich, wie es dir mit seinem Trinkverhalten geht. Sprich immer von dir und deinen Gefühlen und vermeide Schuldzuweisungen.

- ↘ Biete deinem Partner Hilfe und Unterstützung an.
- ↘ Sei klar in deinen Aussagen: Wenn du Konsequenzen ankündigst, ist es sehr, sehr wichtig, diese auch durchzuziehen. Sprichst du immer nur leere Drohungen aus, ohne sie umzusetzen, wirst du unglaubwürdig, und dein Gegenüber hat keinen Grund, irgendetwas in seinem Leben zu verändern.
- ↘ Ich kann es nicht oft genug wiederholen: Hole dir Hilfe für dich selbst. Es gibt Beratungsstellen und Therapiegruppen für Angehörige von Alkoholikern.
- ↘ Du bist der wichtigste Mensch in deinem Leben, vergiss das nie! Pflege deine Freundschaften und deine Hobbys, notfalls ohne deine Partnerin oder deinen Partner.

Dasselbe gilt für Eltern von erwachsenen alkoholkranken Kindern und für Kinder, deren Eltern an einer Suchtproblematik erkrankt sind.

Viele Gesichter

Wenn man von alkoholkranken Menschen spricht, stellen sich viele Menschen einen ganz bestimmten Prototypen vor, meist jemanden, der durch sein verwahrlostes Erscheinungsbild und den sozialen Abstieg gekennzeichnet ist. Jemanden, der durch sein ständiges Betrunkensein unangenehm auffällt, der grölt und immerzu in Streit und Konflikten involviert ist. Wir stellen uns Menschen vor, die vor allem auffallen, weil sie sich von den sogenannten normalen Menschen unterscheiden. Es ist schon richtig, dass die Kriterien einer Alkoholabhängigkeit auch diese Erscheinungsbilder beschreiben, eine solch vereinfachte Etikettierung aber umfasst natürlich bei Weitem nicht die Bandbreite der vielen Gesichter alkoholkranker Menschen. Das vorliegende Buch trägt in einer sehr wertvollen Art und Weise dazu bei, die Spannbreite der Erscheinungsbilder des Alkoholismus aufzuzeigen. Denn sehr oft grenzen Betroffene sich ganz und gar nicht so einfach und klar von gesunden Menschen ab. Ich möchte in der Folge nur einige typische Erscheinungsbilder beschreiben.

Etwa jene Form des Alkoholismus, bei der Menschen über den ganzen Tag verteilt Alkohol zu sich nehmen, um den Alkoholspiegel, also den Alkoholanteil in ihrem Blut, nicht absinken zu lassen. Denn wenn dies geschieht – zum Beispiel in der Nacht während des Schlafens –, kommt es oft zu sogenannten körperlichen Entzugserscheinungen wie Schwitzen, Zittern, Erbrechen oder auch zu psychischen Entzugserscheinungen wie Unruhe, Gereiztheit, Angst. Die Symptome sind dementsprechend lediglich eine Alarmreaktion des Körpers und das Verlangen nach weiterem Alkohol. Dabei geht es gar nicht mehr um das zu erreichende Wohlgefühl, den Alkohol zuerst ausgelöst hat, sondern nur noch um das Bekämpfen und Vermeiden der unangenehmen Entzugserscheinungen. Menschen mit einem solchen Trinkverhalten fallen kaum auf, vor allem wenn sie geübt darin sind, den Konsum zu verheimlichen. Dies wiederum beansprucht viel Zeit, Energie und Kraft, lässt den abhängigen Menschen aber oft über Jahre unauffällig inmitten unserer sehr alkoholtoleranten Gesellschaft leben. Das Ausmaß des Konsums überschreitet nur selten den sozial verträglichen Rahmen, denn es wird nur so viel getrunken, wie viel nötig ist, die Entzugserscheinungen unter Kontrolle zu halten. Noch mal, es geht hier nicht um das Rauscherlebnis, sondern um den Erhalt des Alkoholspiegels im Blut.

Andere alkoholabhängige Menschen hingegen fallen durch ihren Kontrollverlust beim Konsum von Alkohol auf. Das Trinkverlangen gerät so weit außer Kontrolle, bis massive Rauschzustände auftreten, die dann nicht mehr zu verheimlichen sind. Diese Menschen stechen durch unkontrolliertes Verhalten aus der Menge hervor. Die jeweiligen Vergiftungserscheinungen zeigen ihre Spuren noch tags darauf. Und auch hier müssen die Entzugserscheinungen dann durch neuerliche Alkoholzufuhr abgefangen werden. Der Kreislauf zwischen Kontrollverlust und dem Versuch, die Entzugserscheinungen im Griff zu behalten, wird zur Achterbahn. Die tragische Erkenntnis aber, bereits jegliche Kontrolle über den eigenen Lebensstil verloren zu haben, führt oft zu einer Idealisierung des Erlebens dieser Achterbahn. Bis hin zum Prahlen. Dies scheint zunächst die naheliegendste Möglichkeit zu sein, mit den eigenen Schuldgefühlen umzugehen.

Ein ebenso typisches Muster alkoholkranker Menschen besteht im Versuch, durch den Konsum von Alkohol die Kontrolle über die Gefühlslage in bestimmten Lebenssituationen zu erlangen. Diese Dynamik scheint dann, auf den Plan zu treten, wenn andere Bewältigungsmöglichkeiten versagen oder aus welchen Gründen auch immer nicht möglich sind. Betroffene beschreiben den Alkohol hier tatsächlich als Seelentröster, wenn sie sich ängstlich, ohnmächtig und hilflos fühlen. Der Alkoholkonsum hängt also vom seelischen, emotionalen Befinden ab. Die Probleme, die diese Menschen entweder mit sich selbst oder mit anderen Menschen aus ihrem Umfeld haben, gehen häufig auf Konflikte im Laufe ihrer Lebensgeschichte zurück. Die Gefühle aus sehr belastenden Erlebnissen oder ganzer Lebensphasen tauchen immer wieder wie Geister aus der Vergangenheit auf und wiederholen sich in aktuellen Beziehungen. Alkohol wirkt beruhigend und angstlösend und ist so leider oft das Mittel der Wahl, wenn es darum geht, unangenehme Erinnerungen unter Kontrolle zu bringen.

Manche alkoholkranke Menschen schaffen es, oft über Wochen oder Monate ohne Alkohol auszukommen. Sie leben in diesen Phasen zwar abstinent, erfahren dann aber abwechselnd und wiederholt Phasen heftigen und unkontrollierten Alkoholkonsums mit unbezwingbarem Verlangen, sich zu betrinken – bis zum Kontrollverlust und sogenannten Filmriss oder Blackout. Sie leiden selten an körperlichen Entzugserscheinungen, der Körper ist in diesen Phasen massiven Konsums aber extrem belastet, sodass es zu erheblichen gesundheitlichen Probleme auf psychischer und körperlicher Ebene kommt. Die alkoholfreien Zeiten werden gerne als Erklärung, Rechtfertigung und Beweis ins Feld geführt, den Alkohol gut unter Kontrolle zu haben, wenn sie denn nur richtig wollten. Zumal sie die oft sehr belastenden Entzugserscheinungen beim Absetzen des Trinkens durch einen enormen Kraftaufwand stemmen, ist es für sie selbst häufig unerklärlich, wieso sie wieder anfangen. Obwohl es immer wieder zu Abstürzen kommt, führen die tatsächlich erreichten Abstinenzphasen dazu, sich die vorhandene Abhängigkeit von Alkohol nicht einzugestehen. Auch für Angehörige und Freunde ist es dadurch oft schwierig, die schwere Abhängigkeit zu erkennen.

Sichtschutzvorrichtungen

Dass eine junge, gut aussehende und gepflegte Frau wie Ruth Alkoholikerin ist, verblüfft und passt nicht so wirklich in die allgemeine Vorstellung, die wir über Süchtige haben. Unter einem alkoholkranken Menschen stellt man sich was ganz anderes vor. Und doch ist Ruth keine Ausnahme. Viele Frauen konsumieren Alkohol vor allem zu Hause in Abgeschiedenheit und seltener im öffentlichen Raum, wie es Bars, Restaurants, private oder öffentliche Feiern sind. Bis sie augenscheinlich schwer gezeichnet sind vom Alkohol und den Spuren, die er hinterlässt, vergeht viel Zeit. Bis der körperliche Abbau äußerlich deutlich ersichtlich ist, hat sich längst eine Abhängigkeit entwickelt. Eine körperliche wie auch seelische Abhängigkeit, hinter der makellosen Fassade, abseits der Blicke der Gesellschaft.

Vielen Betroffenen hilft sogar, die Tragik der Suchtentwicklung zu verschleiern und zu bagatellisieren; den Angehörigen hilft es, nicht hinschauen zu müssen. Aber äußere Unbeschadetheit hat auch die Kehrseite, dass die gegebene Erkrankung nicht ernst genommen und verharmlost wird. Selbst wenn Betroffene aus eigener Initiative ihr Suchttrinken ansprechen, heißt es bisweilen: „Übertreib mal nicht so!“

Ruth erzählt recht eindrücklich und kompromisslos über die erprobten Ausreden, Beschönigungen und Ablenkungsmanöver, durch die sie es geschafft hat, niemanden in ihr Inneres sehen zu lassen. So wurde sie zu einer regelrechten Spezialistin in puncto Abwehrmechanismen. Um so beeindruckender dann ihre Veränderungsbereitschaft, als sie beschlossen hat, die Sichtschutzvorrichtungen um sich herum zu lichten.

Schleichende Abhängigkeit

Allen Erscheinungsformen der Alkoholabhängigkeit ist aber eines gemeinsam. Die Sucht entwickelt sich schleichend, in vielen Fällen, ohne großes Aufsehen zu erregen und dennoch direkt vor unseren Augen. Leider kennt jeder von uns die Hemmung, Menschen, bei denen man einen problematischen oder abhängigen Umgang mit Alkohol vermutet oder sieht, darauf anzusprechen. Sehr oft vergeht sehr viel Zeit, ehe wir es schaffen, jemanden darauf aufmerksam zu machen. Häufig passiert dies, weil wir andere nicht beschämen, verletzen oder in Bedrängnis bringen möchten. Oft passiert es, weil wir Angst vor Auseinandersetzung und Konflikten haben. Oft ist es aber auch so, weil wir selbst einen großzügigen und problematischen Alkoholkonsum praktizieren. Dies führt in den meisten Fällen dazu, dass ein übermäßiger Alkoholkonsum schleichend in die Abhängigkeit mündet und sich ebenso schleichend fortsetzt, bis die Anzeichen körperlicher und psychischer Folgen des Trinkens so massiv sind, dass sie nicht mehr zu verleugnen sind. Da Frauen häufig daheim und unbeobachtet trinken, gelingt das Verdecken der Probleme noch länger als bei den Männern, die im Schnitt eher in Gesellschaft, also in der Öffentlichkeit trinken.

Alkohol als Belohnung

Prominente Persönlichkeiten, die im Mittelpunkt unseres Interesses stehen, sowie der Umgang mit Alkohol in Literatur und bildender Kunst stellen leider oft eine alkoholverherrlichende Atmosphäre dar. Die scheinbar positive Wirkung steht für lange Zeit des Konsums im Vordergrund. Der Effekt von Alkohol ist gesellschaftlich akzeptiert, gilt oft sogar als attraktiv. Die Kontrolle einmal abgeben zu können, sich aus engen Wertvorstellungen lösen zu können, gegen Alteingefahrenes zu rebellieren, zeugt in unseren Augen von Freiheit und Kreativität. Mit Alkohol reduzieren wir unsere Konzentrationsfähigkeit, das Gedächtnis, die Aufmerksamkeit, das Sehvermögen usw. Dadurch haben wir dann das Gefühl, vom Alltag abschalten zu können, und das fühlt sich gut an. Alkohol ist deshalb eines der effizientesten Belohnungsmittel, die wir kennen. Es ist also kein Wunder, dass die Substanz Alkohol ein äußerst großes Suchtpotenzial innehat. Sie wirkt schnell, ist stets verfügbar, gesellschaftlich akzeptiert und lässt sich anfangs sowie oft über einen langen Zeitraum relativ unbeobachtet konsumieren.

Alkoholabhängigkeit ist eine psychische Erkrankung

In unserer Gesellschaft ist Alkoholsucht bei Männern sogar die häufigste, bei Frauen die dritthäufigste psychische Erkrankung. Wir müssen davon ausgehen, dass etwa drei Prozent der über 18-Jährigen alkoholabhängig sind. Wir müssen aber auch damit rechnen, dass die effektive Zahl größer ist, da die Verleugnung der Problematik mit zum Störungsbild gehört und typisch für den Verlauf der Erkrankung ist. Dabei ist Alkoholabhängigkeit über alle gesellschaftlichen Schichten und über alle Altersklassen verteilt, wenngleich es im mittleren Lebensabschnitt eine relative Häufung der Erkrankung gibt. Männer scheinen doppelt so oft betroffen zu sein als Frauen.

Psychische Begleiterkrankungen

Abgesehen vom gemeinsamen Auftreten oder Vorhandensein von psychischen Erkrankungen leiden alkoholabhängige Menschen oft an verschiedenen sozialen Problemen wie Beziehungskonflikten in der Familie oder im Freundeskreis, Konflikten am Arbeitsplatz, Arbeitslosigkeit oder Schulden, Wohnungsnot und Einsamkeit. Dies sind belastende Faktoren, die in der Behandlung von Abhängigkeiten mitberücksichtigt werden müssen.

Grundsätzlich können Alkoholprobleme gemeinsam mit sämtlichen psychischen Erkrankungen auftreten. Entweder weil Menschen als Folge der unbewältigten psychischen Probleme trinken oder weil sie als Folge des Trinkens psychische Probleme entwickelt haben. Oder aber, weil beide Problembereiche unabhängig voneinander aufgetreten sind. Wenn es den Betroffenen gelingt, die eventuell hinter der Abhängigkeit liegenden psychischen Erkrankungen positiv zu beeinflussen oder zu heilen, heißt dies noch lange nicht, dass sie es schaffen, mit dem Trinken aufzuhören. Und umgekehrt. Hier gilt es, Behandlungspläne für die unterschiedlichen Erkrankungen zu verfolgen. Die Therapieansätze und die entsprechenden Behandlungstechniken unterscheiden sich bisweilen je nach Erkrankung. Eine Faustregel besagt, zuerst die Sucht zu bearbeiten, um sich dann mit klarem Kopf der Bearbeitung der anderen Erkrankungen widmen zu können.

Im klinischen Alltag beobachten wir also, dass alkoholkranke Menschen sehr oft an verschiedenen psychischen Erkrankungen leiden. Sehr häufig an sogenannten affektiven Erkrankungen, also Depressionen oder Angststörungen, wobei die Angst vor sozialen Situationen, also der Sozialphobie, eine der häufigsten ist. Aber auch die Kombination von verschiedenen Abhängigkeiten wie Alkohol und Nikotin sind häufig anzutreffen.

Rauchen und Trinken

Schätzungen zufolge rauchen etwa 80 Prozent der alkoholabhängigen Menschen. Beide Substanzen führen zu dramatischen Gesundheitsschäden. Insofern ist es klarerweise erstrebenswert, mit beidem aufzuhören. Das Argument vieler Patientinnen und Patienten, dass sie es sich nicht antun möchten, beides zugleich zu lassen, weil dies zu belastend sei und sie lieber zunächst eines der Probleme in den Griff bekommen möchten und dann das nächste, kann so nicht aufrechterhalten bleiben. Abgesehen davon, dass es aus gesundheitlichen Gründen sinnvoll ist, so bald wie möglich mit dem Trinken und dem Rauchen aufzuhören, steigt die Chance, alkoholabstinent zu bleiben, deutlich, wenn man auch das Rauchen lässt. Raucht man weiterhin, wird gewissermaßen das generelle Suchtverlangen befeuert.

Mischkonsum und Mehrfachabhängigkeiten

Ein hoch aktuelles Thema sei kurz angemerkt, auch wenn es die Lebensgeschichte von Ruth nicht direkt betrifft. Die Konsummuster der Jugendlichen und jungen Erwachsenen, aber auch in der Gruppe der älteren Konsumierenden haben sich in den letzten Jahren auffallend verändert. Viele Menschen praktizieren einen sogenannten Mischkonsum oder multiplen Substanzgebrauch. Gemeint ist damit eine Form des Drogenkonsums legaler als auch illegaler Suchtmittel, bei der zwei oder mehr psychotrope, also die Psyche und das Bewusstsein verändernde Substanzen chaotisch und wahllos eingenommen werden. Zum Beispiel chemische Substanzen aus verschiedenen pharmakologischen Gruppen wie etwa Alkohol und Kokain, aber auch in Kombination mit Cannabis.

Dass verschiedene Substanzen gleichzeitig konsumiert werden, deutet noch nicht unmittelbar auf eine Abhängigkeit hin. Wir sind bereits auf die Merkmale der Abhängigkeit eingegangen (siehe S. 39). Diese Suchtkriterien gelten auch an dieser Stelle und definieren den Unterschied zwischen Mischkonsum und Mehrfachabhängigkeit. Nicht jeder Mensch, der verschiedene Substanzen konsumiert, hat bereits eine Abhängigkeit entwickelt.

Cannabis und Alkohol sind die wahrscheinlich häufigste Form des Mischkonsums. Diese Substanzen verstärken sich gegenseitig dermaßen, dass es oft zu Schwindel, Übelkeit, Erbrechen und sogar zum Kreislaufkollaps kommen kann. Das Herz-Kreislauf-System wird stark belastet.

Bei der Kombination von Alkohol und Kokain wird die betäubende und ermüdende Wirkung des Alkohols nicht mehr wirklich wahrgenommen. Dies führt dazu, dass weiter Alkohol zugeführt wird, obwohl der Körper bereits massive Vergiftungserscheinungen hat. Neben Selbstüberschätzung, vermindertem Reaktionsvermögen und aggressivem Verhalten kommt es dann oft zu Alkoholvergiftungen,

Koma oder Atemstillstand. Ähnlich gefährlich ist das Mischen von sogenannten Partydrogen wie GHB, das umgangssprachlich als Liquid Ecstasy bezeichnet wird, und Alkohol.

Aktuell gibt es kaum konkrete Zahlen bezüglich Häufigkeit von Gebrauch und Abhängigkeiten. Hinsichtlich der Therapie ist die Prognose sehr ungünstig, da insgesamt viele Rückfälle zu verzeichnen sind. Die beobachtete Dynamik stellt damit eine enorme Herausforderung an die Therapieansätze der Zukunft dar. Königsweg bleibt die Abstinenz.

Der Verlauf: Experimentieren, Riskieren und langes Konsumieren

Je früher junge Menschen mit Alkohol in Kontakt kommen, umso größer wird die Gefahr, einen problematischen Konsum zu entwickeln. Vor allem innerhalb der Gruppen Gleichaltriger, den sogenannten Peergroups, hat das Herumexperimentieren mit alkoholischen Getränken eine große Anziehungskraft. Ausprobieren, Neues kennenlernen, etwas wagen, das sind zunächst Merkmale einer gesunden Entwicklung und Selbstfindung. *No risk, no fun!* Wo kein Risiko, da kein Spaß, lautet die Parole.

Unsere gesellschaftliche Einstellung gegenüber Alkohol bezeichnet Alkoholtrinken jedoch als normal. Viele Patienten berichten, dass sie irgendwie und automatisch in die Sucht geraten sind. Es sei wie von allein gegangen. Es war normal, Alkohol zu trinken. Wie eine Gewohnheit. Und Gewohnheiten führen dazu, dass alternative, andere Verhaltensweisen weniger oft eingesetzt werden. Etwas anderes zu trinken, wird dann zu etwas Ungewohntem; es kommt einem gar nicht mehr in den Sinn. „Es wäre mir gar nicht mehr eingefallen, etwas anderes zu trinken. Wieso auch?" Wenn unser Körper über eine längere Zeitspanne Alkohol zugeführt bekommt, gewöhnt er sich an diesen und verträgt ihn auch leichter. Dies wiederum verleitet dazu, mehr zu konsumieren. Dadurch entstehen wiederum mehr und längere Zeiträume, in denen Alkohol getrunken wird. Alkohol bekommt auf diese Art und Weise immer mehr Platz und eine größere Bedeutung im Alltag. Bis es allerdings zu auffälligen Komplikationen auf körperlicher Ebene oder im sozialen Alltag kommt, dauert diese schleichende Entwicklung oft sehr lange.

Auf einen Blick

Zu Beginn ist es der Alkohol selbst, der erste Folgeschäden des Trinkens scheinbar kaschiert. Alkohol als Sanitäter in der Not; Frostschutz für Körper und Seele. Klingt stark: Bekämpft, vermeidet und lindert Entzugserscheinungen wie Schwitzen, Unruhe, Gereiztheit und Zittern. Das sogenannte Suchtgedächtnis bringt Betroffene dann immer wieder dazu, dennoch Alkohol zu trinken, obwohl sie wissen, dass sie dadurch massiven Schaden erleiden. Dieses tragische Wissen lässt sich nur mit noch mehr Alkohol verdrängen oder darin ertränken. Der schleichende Spiraleffekt der Sucht!

EIN NEUER LEBENSABSCHNITT

Unverhofft kommt oft

Mittlerweile war ich beinahe 27 Jahre alt und eine wirkliche Perspektive sah ich nicht für mein zukünftiges Leben. Mit der Tatsache, dass ich nie Mutter sein würde, hatte ich mich mittlerweile abgefunden. Aber mein Leben als Haushaltshilfe zu fristen, damit wollte ich mich nicht zufriedengeben. So beschloss ich, mich mit Ende 20 noch mal in die Schulbank zu setzen, und meldete mich im Sommer 1997 an der Kunstschule in Gröden an. Mein Plan war, die erste, die dritte und die fünfte Klasse zu besuchen und dazwischen jeweils mithilfe einer Prüfung eine Klasse zu überspringen.

Bis es so weit war, arbeitete ich weiterhin bei dem Rentnerehepaar aus Deutschland. Im Sommer beteiligte ich mich bei einem Schauschnitzen in der Nähe, das einmal wöchentlich im Zuge eines Events an sechs Abenden ausgetragen wurde. Dort traf ich eines Abends Christian. Er kam an meinem Stand vorbei, wir plauderten ein wenig und verabredeten uns für später auf einen Drink. Dieser Mann hatte für mich über die Jahre nichts an Attraktivität verloren, deshalb war ich recht aufgeregt und gespannt auf unsere Verabredung.

Wir unterhielten uns ganz entspannt. Er erzählte mir von seiner neuen Beziehung, über der große, dunkle Wolken hingen. Da er aber erst kürzlich Vater einer Tochter geworden war, wollte er trotz widriger Umstände bei Mutter und Kind bleiben. Dennoch hörten wir uns von da an regelmäßig und näherten uns langsam wieder an.

Ab September war es dann so weit: Ich besuchte die Kunstschule in Gröden. Es machte mir Spaß zu lernen, und ich war bald eine gute Schülerin, außer in Mathematik. Es störte mich auch nicht im Geringsten, dass meine Schulkameraden alle zwischen 15 und 16 Jahre alt waren. Ich blieb unter der Woche in Gröden, wo ich mir ein Zimmer gemietet hatte, und an den Wochenenden kehrte ich nach Hause zu meinen Eltern zurück. Ich sah Christian wieder regelmäßig an den Wochenenden und hatte so etwas wie ein Verhältnis mit meinem „Noch-Ehemann".

Die Schulwochen in Gröden verliefen meist ohne Alkohol, aber wenn ich mich von einem Schüler der oberen Klassen überreden ließ, nach dem Unterricht in einem Lokal „schnell" etwas zu trinken, und es war etwas Alkoholisches, bin ich wie üblich abgestürzt.

Vor Weihnachten bekam ich ein Angebot einer österreichischen Firma, während eines Weihnachtsmarktes in Deutschland als Schauschnitzerin zu arbeiten. Ich nahm dieses Angebot an, weil es mir eine schöne Summe Geld einbrachte, was ich als Schülerin gut gebrauchen konnte. Die Firmenchefin war mit mir selbst vor Ort, und es entwickelte sich eine Art Freundschaft zwischen uns, da wir uns gut verstanden. Ich erzählte ihr einiges aus meinem Leben und ich fand in ihr eine verständnisvolle Zuhörerin.

Ich war in einem Gästehaus untergebracht. In meinem Zimmer gab es eine Kochnische, wo ich mir morgens ein Frühstück zubereiten konnte. Mittags und abends aßen wir meistens das typische Weihnachtsmarktessen. Mir bekam dieses Essen gar nicht, auch wenn ich damals nicht auf meine Ernährung geachtet habe. Mir war morgens oft noch übel davon, aber mittags kehrte mein Appetit wieder zurück. Constanze, so hieß die Firmenchefin, fiel meine blasse Gesichtsfarbe am Morgen auf und war anfangs besorgt, ob ich mir nicht eine Magen-Darm-Grippe eingefangen hatte. Aber dem schien nicht so. Als dieses Phänomen nach ein paar Tagen immer noch anhielt, meinte sie zu mir: „Kann es sein, dass du schwanger bist?" – „Natürlich kann das nicht sein", sagte ich und erzählte ihr von meiner Diagnose bezüglich des Kinderkriegens.

Nach ein paar Tagen drückte sie mir eine längliche Packung in die Hand und meinte mit einem Augenzwinkern: „Mach mal vorsichtshalber einen Test, unverhofft kommt oft."

Anfangs war ich noch ganz gelassen, denn es war all die Jahre ohne Verhütung nichts passiert. Warum sollte es gerade jetzt, wo ich mich dazu entschlossen hatte, mein Leben in neue Bahnen zu lenken, passieren? Abends betrachtete ich mich nackt vor dem Spiegel. Konnte es sein, dass sich meine Brust verändert hatte und größer geworden war? Ich tat diesen Gedanken als Hirngespinst ab. Zwei Ärzte hatten mir dieselbe Diagnose gestellt.

Am nächsten Morgen machte ich den Schwangerschaftstest. In einem tief verborgenen Winkel meines Herzens loderte ein kleines Flämmchen der Hoffnung, seit dem Moment, als Constanze mir den Test in die Hand gedrückt hatte. Aber meine Ratio, meine Vernunft, schalt mich insgeheim als Närrin, mir Hoffnung zu machen, wo es keine Hoffnung gab. Ich saß auf dem Klo und starrte auf den Test. Ich blinzelte mehrmals, um eine eventuelle Doppelsicht aus meinen Augen zu vertreiben, aber es waren zwei rotviolette Striche zu sehen, da bestand kein Zweifel. Das Ergebnis war eindeutig.

Als Constanze mich auf den Stand zukommen sah, kam sie mir entgegen und wollte natürlich sofort wissen, wie der Test ausgefallen war. Sie sah mir das Ergebnis an, und ich meinte dazu, dass ich noch einen zweiten Test machen wollte, um ganz sicherzugehen. Aber auch der zweite Test war positiv: Ich war schwanger! Ich durfte Mama werden! Für mich war es wie ein Weihnachtswunder!

Ich kaufte kleine Babyschuhe, die sollten mein Weihnachtsgeschenk für Christian sein. Diese Schuhe hingen später jahrelang am Rückspiegel von Christians Auto.

Unsere Tochter Elisa

Als Christian an Heiligabend sein Geschenk öffnete, verstand er nicht sofort. Erst langsam dämmerte es ihm, was die Babyschuhe bedeuteten. Meine Eltern bekamen es anfangs nicht mit, und als ich ihnen mitteilte, dass sie, wenn alles gut ginge, im August Großeltern werden würden, traten Mutti Freudentränen in die Augen, und sogar mein Vater freute sich.

Ich besuchte weiterhin die Kunstschule in Gröden, bekam aber Anfang Mai leichte Blutungen, und so riet mir mein Frauenarzt, die Schule abzusetzen und mir zu Hause Ruhe zu gönnen. Ich befolgte natürlich den Rat des Arztes, denn ich wollte dieses Kind unbedingt gesund und wohlbehalten zur Welt bringen.

Zwischenzeitlich waren Christian und ich wieder zusammen in eine Wohnung gezogen. Er hatte sich von der Mutter seiner ersten Tochter getrennt. Wenn Christian seine Tochter sehen wollte, kam er oft verärgert und enttäuscht zurück, denn ihre Mutter verweigerte ihm regelmäßig das Besuchsrecht oder es gab Streit. Dieser Zustand zog sich über viele Jahre hin.

Trotz meiner überschwänglichen Freude doch noch Mutter werden zu dürfen, war ich die ganzen neun Monate meiner ersten Schwangerschaft nicht bereit, das Rauchen aufzugeben. Den Alkoholkonsum habe ich allerdings fast zur Gänze reduziert, aber eben nur „fast".

Am 17. August 1998 war es dann so weit. Ich brachte ein gesundes Baby zur Welt. Ich weinte vor Glück, als man mir unsere Tochter Elisa in die Arme legte. In dem Moment gab es wohl keinen glücklicheren Menschen auf der Welt als mich.

Berufliche Entwicklung

Den Traum von einer Künstlerin und die Kunstschule in Gröden habe ich nach der Geburt von Elisa an den Nagel gehängt. Meine Tochter war mir wichtiger als meine Ausbildung. Ich hatte auch keine Idee, wie ich beides hätte unter einen Hut bringen können – die Schule in Gröden und meine Tochter in Bruneck.

Dafür meldete ich mich am Krankenhaus von Bruneck für die Ausbildung zur Pflegehelferin an, die im Oktober 1998 begann. Durch meine Arbeit bei dem Seniorenehepaar aus Deutschland, wo ich schon die eine und andere pflegerische Tätigkeit, beispielsweise die Hilfestellung beim Baden, geleistet hatte, wusste ich, dass mir die Arbeit mit alten und kranken Menschen liegt und gefällt. Mutti betreute währenddessen Elisa und brachte sie mir die ersten Monate am Ausbildungsort zum Stillen vorbei.

Solange ich mein Baby stillte, hatte der Engel in glänzender Rüstung mit langem Schwert das Kommando in meinem Kopf, und das kleine Teufelchen wurde von ihm ziemlich gut in Schach gehalten. Mit dem Abstillen jedoch erfuhr das Teufelchen eine rasante Entwicklung. Es wuchs mit unglaublicher Geschwindigkeit zu dem Teufel in alter Größe heran, mit der Macht, die er vor meiner Schwangerschaft innehatte. Dennoch hielten sich Engel und Teufel aufgrund meiner neuen und verantwortungsvollen Rolle als Mutter, der Ausbildung und später meines anspruchsvollen Jobs im Altersheim gegenseitig in Schach. Mal gewann der eine, mal der andere eine Schlacht. Der Krieg zwischen den beiden Kontrahenten in mir würde jedoch noch einige Jahre andauern, bis er endgültig zum Stillstand gebracht wurde.

Während der Ausbildung und den dazugehörigen Praktika im Krankenhaus gab es einige unschöne Erlebnisse und davon hatte mich eines besonders geprägt. Abends, wenn ich nach Dienstende nach Hause kam, erzählte ich Christian, meist bei Wein oder Bier, von meinen Erlebnissen. Zur Ausbildung gehörte unter anderem die Versorgung eines Verstorbenen. Was ich damals erlebt habe, hat sich tief in mein Gedächtnis eingeprägt. Der in meinen Augen respektlose, unwürdige und beschämende Umgang zweier Krankenpflegerinnen mit einem Leichnam hat mich betroffen und zutiefst traurig gemacht. Unter Tränen und bei einigen Flaschen Wein schilderte ich Christian nach Dienstende den menschenverachtenden Umgang mit diesem Verstorbenen. Christian hatte mich zwar nie getröstet, doch er hörte mir zu. Vielleicht war es gerade dieses Erlebnis, welches dazu führte, dass ich mich später sehr hingebungsvoll um Terminalpatienten gekümmert habe.

Nach Abschluss dieser einjährigen Ausbildung erhielt ich gleich eine Stelle als Pflegehelferin in einem Altersheim. Ich fühlte mich den alten und kranken Menschen vom ersten Moment an zugetan und liebte meine neue Arbeit. Um das traumatische Erlebnis mit meiner ersten Leiche besser verarbeiten zu können, habe ich mich damals um eine Zusatzqualifikation für Sterbebegleitung und Trauerarbeit beworben, die ich als Angestellte eines Altersheimes auch absolvieren durfte. Diese Weiterbildung brachte mir nicht nur neue berufliche Fachkenntnisse, sondern lehrte mich enorm viel über den Umgang mit Tod und Trauer im eigenen Leben.

Zweiter Versuch

Christian und ich hatten nach der Geburt unserer Tochter beschlossen, die gerichtliche Trennung annullieren zu lassen und den zweiten Versuch als Ehepaar zu wagen. Sehr erfolgreich waren wir dabei nicht. Wir hatten uns beide nicht wesentlich verändert, außer dass wir jetzt Eltern waren, Christian sogar in doppelter Hinsicht. Das ganze Thema rund um seine erste Tochter und deren Mutter war ein ständiger Streitpunkt. Konflikte zwischen uns waren an der Tagesordnung, die wir abends bei Wein oder Bier zu lösen versuchten, was natürlich nicht funktionierte.

Ich versuchte zu dem Zeitpunkt wieder, mir die Beziehung zu meinem Mann schön- und Konflikte wegzutrinken. Die anfänglich euphorische Stimmung, in die der Alkohol das menschliche Gehirn versetzt, gaukelt einem für kurze Zeit das Gefühl von heiler Welt vor. Und genauso verhält es sich mit den restlichen Problemen, die sich unter Alkohol und der damit verbundenen Selbstüberschätzung und Überheblichkeit fast augenblicklich in Luft auflösen. Gelöst wurde durch den Alkoholkonsum allerdings nicht eines der Probleme, ganz im Gegenteil. Es kamen fast immer einige dazu.

Dennoch wollte ich um diese Beziehung kämpfen. Wir hatten nun eine Tochter und wir waren eine Familie. In der Zeit, in der ich bei der Arbeit war, kümmerte sich meine Mutti um meine Tochter und war mir damit eine große Stütze. Doch Elisa war von Anfang an auf Christian fixiert. Wenn ihr Papa nach Hause kam, verlor sie jegliches Interesse an allen anderen Sachen und hatte nur mehr Augen für ihn. Sie vergötterte ihren Papa regelrecht. Auf der einen Seite konnte ich dadurch etwas durchatmen, auf der anderen Seite war ich enttäuscht und teilweise eifersüchtig auf Christian, den unsere Tochter mehr zu lieben schien als mich. Er war ihr Held!

Mein Alkoholkonsum von damals beschränkte sich auf die Abende, wenn ich am nächsten Tag dienstfrei hatte. Doch wenn ich getrunken habe, dann immer bis zum Rausch. Ich war einfach außerstande, nach zwei, drei Gläsern aufzuhören. Alleine getrunken habe ich in dieser Zeit nicht, soweit ich mich heute noch erinnern kann. Wenn ich getrunken habe, dann gemeinsam mit Christian.

Unser Sohn Philipp

Ich wünschte mir für Elisa ein Geschwisterchen und was einmal geklappt hatte, könnte doch auch ein zweites Mal funktionieren, und so war es dann auch. Ich war wieder schwanger. Auch diesmal war ich überglücklich, noch einmal Mama werden zu dürfen.

Als Ehefrau und Partnerin fühlte ich mich jedoch immer unglücklicher. Ich war wieder an demselben Punkt wie schon einige Jahre zuvor. Ich fühlte mich nicht geliebt, nicht als Frau wahrgenommen oder respektiert und zog mich deshalb mehr und mehr in mein Schneckenhaus zurück. Christian hingegen stürzte sich in seine Arbeit und an den Wochenenden machte er häufig Auslandsfahrten mit einem Lkw für eine Transportfirma.

Philipp erblickte im April 2000 das Licht der Welt. Ich war überglücklich und dankbar für mein zweites, gesundes Baby. Da ich keine Fixanstellung im Altersheim hatte und meiner Mutti die Aufsicht zweier Kleinkinder zu viel war, blieb ich bis zum Kindergartenalter meines Nachwuchses zu Hause.

Zwischen Christian und mir kam es vermehrt zu Konflikten. Es waren meist kleine, unbedeutende Ereignisse, die zu Streitereien und Meinungsverschiedenheiten führten, was für mich fast jedes Mal Grund genug war, mit meinem Mann mitzutrinken. Christian hat jeden Abend zu Hause Wein oder Bier zum Essen getrunken und noch ein, zwei Gläser hinterher. Es kam wieder vermehrt zu verbalen Attacken und Handgreiflichkeiten, die am folgenden Tag totgeschwiegen wurden: Wenn man nicht darüber spricht, ist es so, als wäre es nie passiert. Ich vertraute mich auch diesmal niemandem an – hätte auch nicht gewusst, an wen ich mich hätte wenden sollen. Es gab keine Freundin mehr in meinem Leben. Die Freundschaft mit Hedwig war im Sand verlaufen, sobald ich mich aufgrund meiner Mutterrolle nicht mehr mit ihr treffen konnte, und sonst war niemand da, dem ich meine Probleme anvertrauten hätte können.

Explosion im Ohr

Wir waren zu einer Familienfeier nach Deutschland eingeladen. Schon auf der Hinfahrt warnte mich Christian, dass ich mich gefälligst zu benehmen hätte und ihn mit meiner Trinkerei nicht unnötig blamieren sollte. Da es sich um meine Patentante und meinen Patenonkel handelte, bei denen wir eingeladen waren, war es auch in meinem Interesse, nicht unangenehm aufzufallen. Für Christian galt das natürlich nicht, er war ja ein Mann. Als ich zu später Stunde alleine zu unserem Quartier gehen wollte, wurde ich von Christian, der ziemlich angetrunken war, daran gehindert. Er bildete sich ein, ich hätte mich mit einem anderen Mann zu einem Stelldichein verabredet. Dabei wollte ich einfach nur ins Bett. Also wartete ich, bis Christian endlich so weit war, das Fest zu verlassen.

Am nächsten Morgen machte er mir erneut Vorwürfe und meinte, ich hätte gefälligst auf ihn zu warten und nicht irgendwelchen Männern nachzulaufen. In mir kochte eine Wut hoch, die ich so nicht kannte. Normalerweise ließ ich seine Vorwürfe ohne Widerspruch über mich ergehen, weil ich mich schuldig fühlte, wenn ich etwas getrunken hatte. Aber diesmal war das nicht der Fall und ich fühlte mich zu Unrecht beschuldigt. Deshalb fing ich an, mich zu verteidigen und Christian vorzuwerfen, dass er derjenige war, der am Vorabend betrunken gewesen war.

Ich drehte mich schließlich um, wollte einfach nur weg, raus aus dieser Situation. Als Christian mich am Arm packte und mich festhalten wollte, riss ich mich los. Augenblicke später krachte es auch schon in meinem Ohr, als ob direkt neben mir eine Bombe explodiert wäre. Ich hatte nie in meinem Leben ein so lautes Geräusch gehört. Christian gab mir von hinten eine Ohrfeige, die so heftig war, dass mein Trommelfell am rechten Ohr geplatzt war, wie sich nach ein paar Tagen im Krankenhaus herausstellte.

Erst nachdem ich das Gefühl hatte, ständig Zugluft in meinem Kopf zu spüren und nach dem Haarewaschen Wassergurgeln hinter dem Ohr im Kopfinneren hörte, wusste ich, dass etwas nicht mehr in Ordnung war. Der Arzt im Krankenhaus konnte zu dem Zeitpunkt nichts mehr für mich tun. Das Loch würde, wenn ich Glück hatte, von alleine zuwachsen, und bis dahin dürfte kein Wasser in das Ohr gelangen.

Auch nach diesem Vorfall nur Schweigen.

Das Leben am seidenen Faden

Da Elisa während ihrer gesamten Tauffeier wie am Spieß geschrien hatte, ließen wir uns mit der Taufe von Philipp Zeit bis zum Herbst im Jahr 2000. Wie immer bei Familienfeiern hatte ich meinen Alkoholkonsum relativ gut unter Kontrolle, solange „Familie" anwesend war. Deshalb wunderte es mich, dass ich am Morgen nach Philipps Tauffeier mit starken Bauchschmerzen aufwachte. Es handelte sich auch nicht um die üblichen „Durchfall-Bauchschmerzen", die ich nach zu viel Alkohol bekam, diese Schmerzen waren anders. Christian hatte sich den Tag nach der Taufe freigenommen und war zu Hause. Als die Schmerzen am späten Nachmittag immer heftiger wurden, brachten wir die Kinder zu Mutti und fuhren hinterher ins Krankenhaus.

Nach etwa zwei Stunden Wartezeit in der Ersten Hilfe wurde mir übel und mein Gesicht war weiß wie eine Wand. Christian wurde immer nervöser, und ich merkte, dass er sich Sorgen um mich machte. Mir war ebenfalls bewusst, dass mit mir etwas ganz und gar nicht stimmte, und deshalb war ich froh, als Christian zum nächsten Schalter ging und ungehalten Hilfe anforderte. Ein Krankenpfleger kam langsam hinter Christian dahergeschlendert, doch als er mich erblickte und sah, dass ich kurz vor dem Zusammenbruch war, kam Bewegung in den Mann. Er holte eine Liege, half mir dabei, mich hinzulegen, und brachte mich in ein Behandlungszimmer.

Mit einem Ultraschallgerät stellte man fest, dass sich in meinem gesamten Bauchraum Flüssigkeit angesammelt hatte. Man legte mir einen dreifachen Venenzugang, was mich vermuten ließ, dass man meinen Zustand als ernst einstufte. Als ich von der Ersten Hilfe in die gynäkologische Ambulanz gebracht wurde, untersuchte mich dort der diensthabende Arzt. Als ich von der Liege aufstehen wollte, wurde mir schwarz vor Augen und ich brach zusammen. Der Arzt half mir auf den Behandlungsstuhl und untersuchte mich seinerseits mit einem Ultraschallgerät. Er stellte eine sogenannte Eileiterschwangerschaft fest und dass der betroffene Eileiter zerrissen war. Dadurch hatte ich starke Einblutungen in den Bauchraum. Er ging zum Telefon und organisierte ein Notfall-OP-Team, denn mittlerweile war es Abend geworden, und der normale Krankenhausbetrieb war zu der Zeit nicht mehr aufrecht.

Der Anästhesist war einer der Ersten, der eintraf. Er sprach beruhigend auf mich ein, auch wenn ich mental ganz ruhig war. Physisch zitterte ich aufgrund meines Schockzustandes am ganzen Körper wie Espenlaub. Es dauerte einige Zeit, bis die Mannschaft vollzählig war und ich in Narkose versetzt wurde. Ich ahnte, dass mein Zustand kritisch war, trotzdem war ich die Ruhe selbst. Mein letzter Gedanke war: „Ob ich wohl nochmals aufwachen werde?“ Dann wurde es dunkel.

Als ich aufwachte, hingen Flaschen mit Schläuchen über mir, durch die Flüssigkeiten in mich hineinliefen, und eine Flasche hing unter mir, an meinem Bett, in die eine blutige Flüssigkeit über einen Schlauch aus mir herauslief. Ich hätte noch mal Glück gehabt, meinte der Arzt bei der morgendlichen Visite und teilte mir mit, dass ich nur noch einen funktionstüchtigen Eileiter hätte, da der andere durch den wachsenden Embryo komplett zerrissen worden war und verödet werden musste.

Beruhigt, Gevatter Tod entkommen zu sein, trauerte ich meinem Eileiter nicht im Geringsten nach. Ich hatte ja zwei gesunde Kinder. An die geistige Ruhe, die ich auf dem Operationstisch mit dem Wissen empfand, dass ich vielleicht gar nicht mehr aufwachen würde, kann ich mich heute noch erinnern. Ich empfand nicht die geringste Todesangst, nur innere Ruhe und Frieden. Ein Gefühl, das damals noch mitschwang, war Neugierde. Die Neugier darauf, ob und was mich danach erwarten würde.

Als ich wieder zu Hause war, strengte mich die Arbeit mit den Kindern und dem Haushalt an. Ich war durch den Blutverlust ziemlich kraftlos und mir war auch ständig übel. Wenn ich Philipp seinen Brei fütterte, hatte ich immer das Gefühl, ich müsste gleich erbrechen. Ich konnte in der Zeit Essen kaum riechen. Genauso ging es mir mit Alkohol. Ich konnte ihn zu der Zeit nicht riechen, und mir wurde sofort übel davon, was im Grunde positiv gewesen wäre.

Als dieser Zustand etwa zwei Monate angehalten hatte und ich nur mehr 49 Kilo wog, ging ich zu meinem Hausarzt, der mich gleich wieder ins Krankenhaus schickte. Es stellte sich heraus, dass sich immer noch etwas von dem embryonalen Gewebe in meinem Bauch befand und mir deshalb mein Körper signalisierte, dass ich schwanger sei. Diesem Umstand verdankte ich meine Dauerübelkeit. Ich verbrachte daraufhin weitere 24 Stunden im Krankenhaus, wo man mir eine intravenöse Flüssigkeit verabreichte, die das Gewebe ab- beziehungsweise auflösen sollte. Und so war es dann auch. Von da an ging es mir gut und ich erholte mich schnell.

Sobald es mir körperlich wieder besser ging, kam mein Appetit, aber auch das Verlangen nach Alkohol zurück. Ich achtete von nun an sehr darauf, dass mein Körpergewicht die 55 Kilogramm nicht überschritt. Wie viel Kilokalorien Alkohol hat, war mir damals nicht klar, zwar sparte ich Kalorien am Essen, nicht aber am Alkohol.

Annabell

Seit meiner Eileiterschwangerschaft waren knapp sechs Monate vergangen, als mir auffiel, dass meine Regelblutung ausblieb. Da man mir im Krankenhaus gesagt hatte, dass es relativ schwierig, jedoch nicht unmöglich wäre, mit nur einem funktionierenden Eileiter schwanger zu werden, habe ich mir um das Thema Verhütung nicht allzu viele Gedanken gemacht.

Ich rechnete nach, wann meine letzte Monatsblutung war, und hoffte inständig, dass es nur eine vorübergehende Verzögerung sei und ich nicht nochmals schwanger war. Meine Ehe war für mich zu diesem Zeitpunkt nur mehr eine Zweckgemeinschaft für die Kinder. Von einem liebevollen oder respektvollen Umgang unter Partnern konnte keine Rede sein. Es war ein Nebeneinanderherleben, und ich spielte mit dem Gedanken, Christian wieder zu verlassen. Allerdings fehlten mir damals die Perspektive, der Mut und das nötige Kleingeld, um mit Elisa und Philipp ins kalte Wasser zu springen. Ich wollte deshalb warten, bis die beiden im Kindergarten waren, um mir dann eine Arbeit und eine eigene Wohnung zu suchen. So hatte ich mir das in meinem Kopf zurechtgelegt.

Wieder holte ich mir in der Apotheke einen Schwangerschaftstest, um Sicherheit zu haben. Die zwei roten Streifen für „positiv" erschienen augenblicklich im kleinen Anzeigefenster. Diesmal lösten diese Streifen allerdings kein Gefühl der Freude in mir aus – ich war, gelinde ausgedrückt, verzweifelt. Ich sah nun überhaupt keine Möglichkeit mehr, meinen Mann zu verlassen, für den ich schon seit längerer Zeit keine zärtlichen und liebevollen Gefühle mehr empfand.

Ich fing an, mit meinem Schicksal zu hadern. Erst hieß es, ich könne keine Kinder bekommen, und jetzt war ich zum vierten Mal schwanger. Normalerweise sollte man sich als Frau darüber freuen, ich war am Boden zerstört. Aus purer Verzweiflung heraus griff ich zu einer Flasche Cognac und trank ungefähr drei Viertel davon, bis mir bewusst wurde, was ich da tat. Unbewusst wollte ich dieses Kind in mir wegtrinken, mich aus der Situation und aus der Verantwortung trinken, was natürlich nicht möglich war.

Als Christian nach Hause kam, merkte er sofort, dass etwas im Argen lag, und ich zeigte ihm den Test. Auch er war nicht begeistert von dem Umstand, ein viertes Mal Vater zu werden, deshalb klammerten wir uns beide an den Strohhalm Hoffnung, dass der Test vielleicht falsch ausgefallen war. Eine Ultraschalluntersuchung bei einer gynäkologischen Visite sollte Gewissheit bringen. Doch die Gewissheit hatte ich schon vorher. Die Signale meines Körpers waren eindeutig und der Ultraschall bestätigte sie: Ich war zum vierten Mal schwanger.

Mich plagten furchtbare Gewissensbisse gegenüber dem kleinen, unschuldigen Wesen in mir, das für seine Existenz nichts konnte und das ich einfach wegtrinken wollte. In stiller Zwiesprache habe ich mich bei meinem ungeborenen Kind tausendmal entschuldigt und nahm von da an keinen Alkohol mehr zu mir. Doch die Reue kam zu spät.

Bei einer Routine-Ultraschalluntersuchung, die verdächtig lange dauerte und während der der Arzt ein ziemlich ernstes Gesicht machte, hatte ich ein ungutes Gefühl. Der Gynäkologe sagte mir, ich solle mir keine Sorgen machen, in diesem frühen Stadium könne man noch nichts Genaues sagen. Ich spürte, dass etwas nicht stimmte, traute mich aber nicht, danach zu fragen – aus Angst vor der Wahrheit. Bei der nächsten Ultraschalluntersuchung dann die Gewissheit: Der Arzt teilte mir mit, dass der Kopfumfang meines Kindes zu klein war, aber er konnte mit diesem Gerät nichts Genaues erkennen. Deshalb stellte er mir eine Überweisung an ein anderes Krankenhaus aus, das über ein Gerät für eine 3-D-Ultraschalluntersuchung verfügte.

Die Berg- und Talfahrt zwischen Hoffen und Bangen waren eine Tortur. Dann kam der Tag der Untersuchung und damit das niederschmetternde Ergebnis: Der Kopf meines Babys war viel zu klein, von der Gehirnmasse war nur etwa ein Viertel der gesunden Menge vorhanden und das Gesichtchen war deformiert. Ich war wie gelähmt. Ich fuhr nach Hause und konnte an nichts anderes als an diese 3-D-Bilder meines Kindes denken. Meine Angst war riesig – die Angst davor, was da alles auf mich zukommen würde. Ich war in einer furchtbaren psychischen Verfassung. Irgendwie funktionierte ich, da ja meine beiden anderen Kinder mit zweieinhalb und einem Jahr zu versorgen waren, aber das geschah eher aus einem Automatismus heraus.

Ich weinte viel um dieses Baby, das ich anfangs nicht haben wollte, lernte es im Laufe der Wochen lieben, erzählte aber niemandem davon. Eines Tages, in der 24. Schwangerschaftswoche, bekam ich furchtbare Bauchschmerzen, und es setzten die Wehen ein. Ich rief meine Mutter an, damit sie sich um Elisa und Philipp kümmerte, und begab mich ins Krankenhaus.

Ich hatte wieder Angst. Es ist schwierig, das Wechselbad der Gefühle einer Mutter zu beschreiben, die ein Kind austrägt und um die schweren Schäden im Gehirn und im Gesicht weiß. Auf der einen Seite Hoffnung, dass die Natur gnädig ist und die Weiterentwicklung eines nicht überlebensfähigen Lebewesens einstellt, und gleichzeitig Verzweiflung, mein Baby beschützen zu wollen und in seinem sicheren Nest zu behalten, wo es mit allem versorgt werden würde, was es brauchte. Liebe, Nahrung und Wärme.

Der Zustand meines Kindes war ernst, und da unser Krankenhaus für Frühchen nicht ausgestattet war, schickte man mich in einem Rettungswagen nach Bozen, wo es eine Intensivstation für Frühgeborene gab.

Ich schaffte es jedoch nicht bis in den Kreißsaal, mein kleines Mädchen kam im Aufzug zur Welt. Ich stand völlig neben mir, weil man mir für die Fahrt etwas zur Beruhigung verabreicht hatte. Ich ließ alles apathisch und müde vom Weinen über mich ergehen. Und doch keimte gleichzeitig immer wieder Hoffnung in mir auf: Auf der einen Seite, dass vielleicht alles gar nicht so schlimm wäre und das Ultraschallgerät sich geirrt hatte, und auf der anderen Seite, dass die Natur schon wisse, was sie tue.

Ich lag alleine in einem sterilen, kalt wirkenden, halbdunklen Raum, gerade richtig für meine Stimmung, als sich die elektrische Schiebetür mit einem leisen Zischen öffnete und eine Ärztin einen Inkubator mit meinem kleinen Mädchen hereinschob. Sie stellte sich mir mit Namen vor und meinte ganz sachlich und pragmatisch, man hätte das Kind retten können und sein Zustand sei stabil, aber bei so kleinen Frühchen wisse man nie. Außerdem gäbe es heutzutage richtig gute Prothesen, um das Loch im Gesicht zu schließen. Diese Aussage war zu viel für mich: Trotz Beruhigungsmittel fing ich an zu schreien und zu weinen. Ich war verzweifelt und konnte meine kleine Tochter in diesem Moment nicht anschauen.

Die Ärztin verließ den Raum und nahm mein Mädchen mit. Ich wurde in ein Zimmer gebracht. Ein Geistlicher wurde zu mir geschickt, der mir irgendetwas von Gottes Liebe erzählte. Ich warf ihn wutentbrannt aus dem Zimmer. Genauso die Psychologin, die man mir anschließend schickte. Ich ließ niemanden an mich heran.

Am späten Vormittag kam eine Krankenpflegerin zu mir und fragte mich, ob ich mein Baby sehen wollte. Ich begleitete sie und sah SIE zum ersten Mal. Ich brach in den Armen der Krankenpflegerin zusammen und konnte für lange Zeit nicht aufhören zu weinen. Als die Tränen endlich versiegt waren und ich mich etwas gefangen hatte, schaffte ich es, meine Tochter genauer anzusehen. Es war ein ganz dunkler, winzigkleiner Körper von etwa 500 Gramm. Ein blonder Flaum überzog ihr Köpfchen und ein Tubus ragte aus ihrem Gesichtchen. Da, wo andere Kinder eine Nase und eine Oberlippe haben, war bei meinem Baby ein Loch. Ich ließ mich wieder auf mein Zimmer bringen, wo ich mit meinem Gedankenkarussell allein war.

Am frühen Nachmittag kam eine Schwester in mein Zimmer und meinte, ich solle schnell mitkommen. Dem Baby ginge es sehr schlecht und wenn ich das wollte, würden sie eine Nottaufe vornehmen. Der Name stand für mich seit dem Vormittag fest: „Anna" wie meine Oma und „bell", weil meine Tochter für mich, trotz ihrer Deformierung, wunderschön war. So wurde Annabell getauft, die Rolle der Patin übernahm eine Krankenschwester, an deren Namen ich mich leider nicht erinnere. Nach der Taufe stabilisierte sich der Zustand von Annabell etwas und ich bat um ein Gespräch mit einem Arzt. Das Gespräch verlief sehr sachlich, da ich ihn gebeten hatte, mit mir ganz offen über den Zustand meiner Tochter zu sprechen. Meine Tochter war schwerstbehindert. Wahrscheinlich, wenn sie überhaupt überleben würde, wäre sie ein Leben lang auf Maschinen angewiesen, die sie beatmen und ernähren würden, denn Annabell würde nie selbstständig schlucken können. Der Arzt wollte sich aber nicht hundertprozentig festlegen und noch die Meinung von Kollegen einholen. Ich fragte den Arzt geradeheraus, warum sie dieses arme kleine Menschlein dann um jeden Preis am Leben erhalten wollten. Er sah mich an und sagte: „Wir Ärzte sind dazu da, Leben zu erhalten." – „Welches Leben denn?", fragte ich zurück.

Ich bedankte mich für das Gespräch und ging zu Annabell. Es dauerte nicht lange, da wurde ich noch einmal ins Ärztezimmer gerufen. Dieses Mal saß ich drei Herren gegenüber. Man hätte sich die Röntgenbilder und Befunde von Annabell nochmals genau angesehen und sei einstimmig zu der Ansicht gekommen, dass meine Tochter nur mithilfe von Apparaturen lebensfähig wäre. Ohne Maschinen hätte sie keine Chance, und wenn es mein Wunsch wäre, würde man die Intensivtherapie abbrechen, was bedeutete, dass das Kind innerhalb von ein paar Minuten sterben würde. Die Entscheidung läge bei mir.

Ich bat um Bedenkzeit, da ich mich von der neuen Situation völlig überrumpelt fühlte. Annabells Vater war mit der Situation so überfordert, dass er zu diesem Zeitpunkt nicht ins Krankenhaus kam und die Entscheidung mir überließ. Ich versuchte, mir ein Leben mit Annabell vorzustellen: ein 24-Stunden-Pflegefall, zeitaufwendig, intensiv. Elisa und Philipp würden auf viel verzichten müssen. Aber in erster Linie ging es um Annabell: Würde das ein lebenswertes Leben für sie sein? Hatte ich das Recht, diese Entscheidung zu treffen? Am Ende half mir wahrscheinlich die Vernunft.

Die Wehen hatten eingesetzt, die Natur hatte ihren Lauf genommen und dieses Baby hätte ohne die moderne Medizin seine Geburt nicht überlebt. Ich entschied mich für das „Loslassen". Ich wartete ab, bis Christian am Abend nach der Arbeit zu mir kam. Annabell wurde, sobald ich mich bereit dafür fühlte, von all ihren Schläuchen befreit. Ich bekam eine Decke und durfte mein Baby für kurze Zeit halten. Annabell verstarb nach wenigen Augenblicken in meinen Armen. Christian fuhr nach Hause und kam am nächsten Morgen wieder, um mich abzuholen.

Eine schöne Gelegenheit, mich von meinem Baby zu verabschieden, bekam ich am nächsten Morgen. Ein Arzt kam zu mir und bat mich um Erlaubnis, bei Annabell zu Forschungszwecken eine Obduktion durchzuführen. Ich war damit einverstanden. Als ich darum bat, meine Tochter noch einmal sehen zu dürfen, wurde ich zu ihr gebracht. Sie lag in eine Decke gehüllt auf einem Wickeltisch. Die Krankenpflegerin hatte ein Kleidchen hergerichtet; wenn ich mein Kind zum Abschied anziehen wollte, dürfe ich das ruhig tun. Ich war ihr sehr dankbar für dieses Ritual. Es war ein sehr trauriger, aber schöner Moment. Ich konnte von Annabell in aller Ruhe Abschied nehmen, sie um Verzeihung bitten und meinen kleinen Engel mit dem Gefühl zurücklassen, die richtige Entscheidung für alle Beteiligten getroffen zu haben.

Annabell wurde obduziert und zehn Tage später bei meinen Großeltern im Grab beigesetzt. Ich habe meine Entscheidung nie infrage gestellt – bis heute nicht. Trotzdem bin ich mit der Situation damals nicht fertiggeworden. Meinen Kummer und meine Selbstvorwürfe habe ich regelrecht im Alkohol ertränkt und meine Kinder Elisa und Philipp irgendwie, mit Unterstützung von Mutti, versorgt. Von Christian habe ich mich komplett zurückgezogen.

Einige Wochen später bekam ich einen Anruf von dem Arzt, der mich um die Obduktion gebeten hatte. Er fragte mich, ob ich bereit wäre, einige Untersuchungen zu machen, um besser zu verstehen, wie es zu der Deformation von Annabells Gesichtsknochen gekommen war. Ich erklärte mich dazu bereit. Es wurden unter anderem eine Magnetresonanztomografie von meinem Kopf gemacht und mir eine Menge Fragen zu meiner Familie gestellt. Als man mich fragte, ob ich während der Schwangerschaft Alkohol konsumiert hätte, verneinte ich vehement. Ich hatte mich geschämt.

Irgendwie habe ich es geschafft, dieses Thema acht bis neun lange Jahre, in denen ich meine Therapie machte und mich schließlich auch von Christian getrennt hatte, mehr oder weniger erfolgreich zu verdrängen. Bis zu dem Tag im Jahr 2008, als während des Lernmoduls „Menschen mit Beeinträchtigung“ in meinem zweiten Ausbildungsjahr zur Sozialbetreuerin das Thema „Fetales Alkohol-Syndrom“, kurz FAS, Thema wurde. Natürlich konnte sich damals niemandem in der Klasse erklären, warum ich plötzlich zu weinen anfing und mich eine Weile nicht mehr beruhigen konnte. Die unerbittliche Erkenntnis von Schuld, Scham, Reue, Schmerz und Trauer schlugen wie mächtige Wogen über mir zusammen und rissen mich einfach mit. Als ich mich wieder einigermaßen beruhigt hatte, erzählte ich von Annabell.

Ortswechsel

Während meiner Schwangerschaft mit Annabell waren wir umgezogen, da der Mietvertrag der alten Wohnung nicht mehr verlängert wurde. Die neue Wohnung war eher klein, dafür hatte sie aber einen großen Garten, in dem sich die Kinder frei bewegen durften.

Mit der Beerdigung von Annabell begannen die schlimmsten vier Jahre meines Lebens. Wenn ich vorher an zwei bis drei Tagen pro Woche getrunken hatte, waren es jetzt durchschnittlich vier bis fünf Tage. Und es ging bei meinem Trinken nie um Genuss, es ging immer um die Wirkung. Wenn ich beispielsweise mit meinen Kindern zum Schwimmen fuhr, bekamen sie ein Eis, ich ein Bier. Und wenn ich ein Bier getrunken hatte, gab es noch ein zweites und ein drittes, und als ich nach Hause kam, machte ich mir dort wieder eine Flasche Bier auf.

Als Elisa den Kindergarten besuchte, machte ich mit Philipp oft schon am Vormittag eine Runde und hatte meine drei, vier Lokale, in denen ich jeweils einen Prosecco trank. Später, als beide Kinder im Kindergarten waren, war ich am Nachmittag schon zu betrunken, um sie dort abzuholen. Wenn ich dann meine Mutti anrief und ihr irgendwelche Lügen auftischte, dass mir etwas dazwischengekommen wäre und ob sie die Kinder vom Kindergarten abholen würde, war ich jedes Mal erleichtert, wenn sie meiner Stimme nichts anmerkte. Insgeheim beglückwünschte ich mich sogar dafür, wie gut ich mittlerweile darin war, die anderen hinters Licht zu führen. Ein schlechtes Gewissen hatte ich dabei nicht, denn wichtig war mir in dem Moment nur, dass ich in Ruhe trinken konnte.

Wenn man sich als junge Frau allein in einem Lokal mit einem alkoholischen Getränk aufhält, dauert es nicht lange, bis man von Männern angesprochen wird oder selbst welche anspricht. Aufgrund der fast regelmäßigen Touren durch immer dieselben Lokale wusste man untereinander, wo man wen treffen konnte, und es entstanden oberflächliche Trinkfreundschaften. Wie üblich zwischen solchen Freunden wurde das Trinkverhalten, wenn es Thema wurde, verharmlost, genauso wie die daraus entstehenden Probleme zu Hause. Schuld waren immer die anderen.

Und Konflikte gab es mehr als genug. Christian, der zwar selbst regelmäßig trank, aber in seinen Augen kein Problem hatte, war es leid, mit einer Trinkerin verheiratet zu sein. Abends kam es zu handfesten Streitigkeiten. Wenn ich früher dazu geneigt hatte, still zu sein und nichts zu sagen, war jetzt das Gegenteil der Fall. Ich ließ mir nicht mehr alles gefallen, schimpfte zurück, provozierte Christian regelrecht und gab ihm sogar einmal eine Ohrfeige. An den Grund dafür kann ich mich nicht mehr erinnern, aber an das, was kurz danach passierte: Ich bekam ein paar so heftige Ohrfeigen zurück, dass ich mich nachher nie mehr getraut habe, meine Hand gegen Christian zu erheben.

Halluzinationen

Seit frühester Jugend war ich eine Leseratte. Das hat sich bis heute nicht geändert. Geändert hat sich nur der Lesestoff: Als junge Erwachsene waren es vorzugsweise Liebesromane, in deren Handlung ich eintauchte und mich darin total verlieren konnte. Es ist mir sogar einige Male passiert, dass ich im betrunkenen Zustand der Meinung war, eine Figur aus dem Buch zu sein, das ich gerade las. Ich konnte Realität und Fantasiewelt nicht mehr unterscheiden. Als ich Christian sogar mit falschem Namen anredete, dachte er, ich hätte einen Liebhaber, mit dem ich ihn verwechselte, und somit war das nächste Problem geboren.

Christian fing an, mich telefonisch am Festnetzanschluss zu kontrollieren, ob ich zu Hause war. Er hatte mir nämlich verboten, alleine in ein Lokal zu gehen. Er kam untertags auch stichprobenartig vorbei, um nachzusehen, ob ich seine Anweisungen auch befolgte. Schließlich drohte er mir sogar damit, mir meine Brieftasche abzunehmen, damit ich kein Geld mehr zur Verfügung hatte. Das hatte jedoch nur zur Folge, dass ich begann, vermehrt zu Hause zu trinken. Ich versteckte sogar meine Brieftasche, damit Christian sie mir nicht wegnehmen konnte, was zur Folge hatte, dass ich sie selbst nicht mehr fand. Wie oft habe ich stunden- oder tagelang meine Brieftasche gesucht.

An eine Begebenheit erinnere ich mich deshalb, weil ich so etwas vorher und nachher in der Form nicht mehr erlebt habe. Es war spät in der Nacht, und ich kam plötzlich zu mir. Das heißt, ich war von einem Moment auf den anderen wieder halbwegs klar bei Verstand. Christian schimpfte gerade mit mir und meinte, da wäre außer ihm niemand, ich sollte doch aufhören zu fantasieren und Leute bewirten zu wollen, die gar nicht anwesend waren. Mir war, als wäre ich aus einem Traum erwacht. Wissend, jetzt in der Realität zu sein, sich aber noch wie durch Schleier an den Traum erinnern zu können. Ich war in meinem Rauschzustand tatsächlich der Meinung gewesen, wir hätten Besuch, und habe deshalb angefangen, für die vermeintlichen Gäste eine „Brettljause“ herzurichten. Ich schämte mich in diesem Moment in Grund und Boden und gelobte zum x-ten Mal Besserung. Das funktionierte aber immer nur ein paar Tage, ganz nach dem Motto: Vergangener Schmerz ist vergessener Schmerz.

Ich habe während meiner Halluzinationen nie die berühmt-berüchtigten weißen Mäuse gesehen. Bei mir waren es Menschen und Figuren aus Romanen oder auch Filmen.

Haare lassen

Es war in der Weihnachtszeit, an das Jahr kann ich mich nicht mehr genau erinnern. Christian nahm mich mit zu seiner Firmenweihnachtsfeier, zu der auch die Partner der Angestellten eingeladen waren. Und wie meist bei solchen Anlässen hielt ich mich mit dem Trinken eher zurück, da ich genau wusste, wie schnell mir die Kontrolle entglitt.

Nach dem Essen stand man üblicherweise am Tresen und trank dort einen Verdauungsschnaps. Ich stand beim Firmeninhaber, Christians Chef, und unterhielt mich angeregt mit ihm. Christian kam nach einer Weile zu uns, hörte einige Augenblicke zu und meinte dann: „Hör doch auf, so eine Scheiße zu reden." Wenn ich mich richtig erinnere, haben wir uns über Erich van Däniken und seine Theorien über außerirdische Lebensformen bei den alten indigenen Völkern der Mayas, Inkas und Azteken unterhalten. Sein Chef meinte zu Christian, er solle sich beruhigen, wir würden uns doch nur unterhalten. Aber das war zu viel. Christian packte mich am Arm und sagte: „Hol deinen Mantel, wir gehen nach Hause."

Das war eine der Situationen, wo alles in mir rebellierte. Auf der einen Seite hatte ich Angst vor Christian, aber auf der anderen Seite wollte ich so nicht behandelt werden und hätte mich gern geweigert, seinem Befehl Folge zu leisten. Aber dazu fehlte mir der Mut.

Auf dem Nachhauseweg gab es weiter Streit. Christian warf mir vor, mich regelrecht an seinen Chef rangeworfen zu haben und dass ich ihn mit meinem hochgestochenen Geschwafel ziemlich blöd hätte dastehen lassen. Ich sei wohl der Meinung, etwas Besseres zu sein. Als wir zu Hause ankamen, uferte der Streit aus. Christian war so in Rage geraten, dass er mich an den Haaren in der Wohnung herumzog. Immer wieder riss ich mich los, doch er packte mich erneut an den Haaren und attackierte mich dabei verbal aufs Übelste. In solchen Momenten war ich froh, dass die Kinder bei Mutti waren und von dem ganzen Tumult nichts mitbekamen.

Am nächsten Morgen waren so viele Haare in der ganzen Wohnung verteilt, dass ich befürchtete, riesige, kahle Stellen auf meinem Kopf vorzufinden. Dank meines wirklich dichten Haares war dem nicht so. Trotzdem wollte ich Christian dieses Verhalten nicht einfach so durchgehen lassen und räumte nicht auf, damit er sah, was er angerichtet hatte. Als er aufstand und die ganzen Haare in der Wohnung sah, fragte er mich, was ich gemacht hätte? Ich sagte ihm dann, dass er das gewesen wäre. Dazu meinte er nur, dann musste ich ihn wohl ganz schön provoziert haben, dass er sich zu so was hätte hinreißen lassen. Ich schwieg dazu. Für mich war dieser Vorfall ein weiteres Mosaiksteinchen im Gesamtbild des Mannes, mit dem ich nicht alt werden wollte.

Eigenheim

Die kleine Wohnung, in der wir zur Miete waren, war für ihre Größe ziemlich teuer und so kam das Thema Eigenheim immer öfter zur

Sprache. Auch bei diesem Thema hatte ich zwiespältige Gefühle. Da war der Wunsch danach anzukommen, nach Sicherheit, nach einem eigenen Zuhause. Aber da waren auch die Krise in der Beziehung, mein Wunsch nach Trennung, mein ungutes Bauchgefühl und meine Zukunftsangst.

Und wie so oft siegte die Vernunft. Alleinerziehend mit zwei Kindern sah ich mich außerstande, die Zukunft zu meistern. Wir fingen an, uns zu informieren. Wir suchten weitere Interessierte, die ebenfalls an einem Eigenheim interessiert waren, und tatsächlich wurde nach einiger Zeit in meinem Heimatdorf eine neue Wohnbauzone ausgeschrieben.

Mittlerweile waren beide Kinder im Kindergarten und ich sah mich nach einem Halbtagsjob um. Ich hörte Hedwig manchmal wieder telefonisch, und ab und an trafen wir uns, seitdem ich wieder in ihrer Nähe wohnte. Bei ihr lernte ich eine Frau kennen, die als Putzfrau beim italienischen Heer in einer der Militärkasernen in Bruneck arbeitete. Von ihr erfuhr ich, dass dort dringend jemand gesucht wurde, und stellte mich kurzerhand vor. Ich bekam die Arbeit umgehend. Es war nicht gerade mein Traumjob, aber ich verdiente mein eigenes Geld.

Als Frau hatte ich keine Ahnung, wie so ein Kasernenareal aufgebaut war und welche Gepflogenheiten sich dort abspielten. Aber ich lernte schnell. Und aufgrund der jahrelangen Erfahrung meiner Arbeitskollegin kannte ich bald die Vorgänge und Abläufe, die Herren und ihre Ränge, wusste, vor wem ich mich in Acht nehmen musste und wer wo das Sagen hatte. Meine Arbeitskollegin und ich trafen uns oft mit der Ausrede der Arbeitskoordination im Barbereich, der den Offizieren mit höheren Rängen vorbehalten war. Dort tranken wir ein bis zwei Gläser Prosecco, was natürlich heimlich vonstattengehen musste. Nachher machten wir uns wieder an die Arbeit. Später trafen wir uns dann in der Bar, die für die Männer mit den niederen Rängen vorgesehen war, wo wir zum Abschluss wieder Prosecco tranken.

Es kam auch vor, dass wir selbst ein bis zwei Flaschen mitbrachten, die wir auf unseren Putzwagen versteckten, und immer wieder ein Glas leerten. Irgendwie haben wir es geschafft, unsere Arbeit trotz Alkoholkonsum halbwegs korrekt zu verrichten.

Einer der Offiziere zeigte deutliches Interesse an mir und in meiner unglücklichen Situation war ich sehr empfänglich für Aufmerksamkeiten und Komplimente. Ich genoss es regelrecht zu beobachten, wie der Mann immer dort etwas zu tun oder zu kontrollieren hatte, wo ich mich gerade aufhielt. Und so kam es, wie es kommen musste, ich verliebte mich Hals über Kopf in ihn und er sich auch in mich.

Es war eine heimliche, doch sehr romantische Geschichte. Er schrieb Gedichte für mich und steckte sie mir oft im Vorbeigehen zu oder platzierte sie auf meinem Putzwagen so, dass ich sie gleich finden konnte. Wir tauschten heimlich Küsse und waren sehr darauf bedacht, dass keiner etwas in der Kaserne und draußen mitbekam, außer meiner Arbeitskollegin.

Sommerferien

Dank meiner Eltern verbrachten unsere beiden Kinder recht angenehme Sommerferien. Meine Mutti fuhr mit ihren Enkeln regelmäßig ans Meer und verbrachte auch einige Wochen mit ihnen bei meinem Vater, der sich seit seiner Frühpensionierung immer als Senner auf einer Alm verdingte. Während sie auf der Alm waren, besuchten Christian und ich sie an den Wochenenden. Wenn ich frei hatte, fuhr ich unter der Woche auch alleine zu ihnen.

Immer wenn Christian an den Wochenenden für die Transportfirma Auslandsfahrten unternahm, war ich ganz locker und entspannt. Ich hatte an jenen Tagen, an denen ich mit den Kindern alleine war, auch nie das Bedürfnis zu trinken.

Mein Vater hatte zu seinen Enkeln ein recht gutes Verhältnis, vor allem Elisa hatte es ihm angetan. Schon als sie noch ein Baby war, fuhr er ohne zu murren und mit einem gewissen Stolz mit dem Kinderwagen durch unser kleines Dorf, was ihm mit mir niemals in den Sinn gekommen wäre. Da wären ihm als Mann einige Zacken aus der Krone gebrochen. Ich erinnere mich noch gut daran, dass ich damals auf meine kleine Tochter eifersüchtig war. Sie bekam die Aufmerksamkeit und Liebe, die ich mir von meinem Vater gewünscht hätte.

Meine Kinder waren für mich der Schlüssel zu seinem Herzen. Wenn ich allein, ohne Christian, auf die Alm gefahren bin, hatte ich eigentlich immer gute Gespräche mit meinem Vater, solange er nichts getrunken hatte. Hingegen war es zwecklos, ein Gespräch anzufangen, sobald Rotwein im Spiel war.

Wie bereits geschildert, war mein Vater ein sehr introvertierter, in sich gekehrter Mann, der nüchtern nie viel sprach. Er war aber ein exzellenter Beobachter, wenn es um die ihm anvertrauten Tiere, die Natur und sein Umfeld ging. Er machte sich auch häufig tiefgehende Gedanken über die Veränderungen in der Welt, die verschiedenen Kriege weltweit, um die Wirtschaft und die Inflation oder über die Weiten des Weltalls, um nur einige Themen zu nennen. Das waren

Momente, wo mir klar wurde, wie ähnlich wir uns eigentlich waren, im Wesen und im Sein. Auch ich genieße es, allein zu sein und dabei meine Gedanken auf Reisen zu schicken, um sie dann irgendwann mit jemanden mit Tiefgang zu erörtern.

An einem dieser Wochenenden auf der Alm, als wir alleine waren, habe ich allen Mut zusammengenommen und meinen Vater gefragt, ob er Christian und mich finanziell bei dem Hausbau unterstützen würde.

Ich bekam damals kein klares Ja und kein klares Nein. Seine nonverbalen, stummen Reaktionen waren mir bekannt und ich konnte sie auch lesen. Ich beobachtete seine Mimik ganz genau und lauschte der Tonlage seiner Brummlaute. Nach einer Weile sagte er dann: „Jetzt fangt einmal an zu bauen, dann sehen wir weiter."

Eigene Wohnung

Wer selbst schon ein Haus gebaut hat, weiß, wie lange sich so etwas hinziehen kann. Wir tappten im Dunkeln, wann und wie alles weitergehen sollte, denn die Beschlüsse der Gemeinde wurden immer wieder vertagt und hinausgeschoben und damit wurde unsere Geduld auf eine harte Probe gestellt.

Es kam der Tag, als ich zu Christian sagte, ich würde mich jetzt nach einem passenden Objekt umsehen, das wir kaufen und beziehen könnten. Da er einverstanden war, informierte ich mich bei Immobilienmaklern, und es dauerte nicht lange, bis ich die ersten Vorschläge auf dem Papier präsentiert bekam. Die Option mit dem eigenen Bau begruben wir. Als ich ein passendes Objekt gefunden hatte, nahm ich zuerst meinen Vater mit zur Besichtigung. Schließlich war er für mich die Schlüsselfigur zur Verwirklichung des Eigenheimes. Wie immer war dieser recht einsilbig und meinte nach der Besichtigung zu mir, wenn mir die Wohnung gefalle, würde er mich unterstützen, unter einer Bedingung: Ich sollte als alleinige Besitzerin im Grundbuch eingetragen werden.

Mein Vater sagte in etwa: „Dein Mann hat eine Tochter, die mich nichts angeht. Sollte ihm etwas passieren, ist dieses Kind genauso erbberechtigt wie deine eigenen. Dafür gebe ich mein Harterspartes nicht her." Heute bin ich überzeugt, dass dies nicht der einzige Grund war für die Bedingung, die mein Vater damals gestellt hatte. Ich bin sicher, er wusste, dass es zwischen mir und Christian nicht zum Besten stand.

Um Christian die Bedingung meines Vaters beizubringen, brauchte ich viel Mut, den ich mir wie üblich mit Alkohol antrank. Wie nicht anders zu erwarten, reagierte mein Mann wütend. Er war der Meinung, mein Vater und ich wollten ihn über den Tisch ziehen. Er legte sich sogar verbal mit meinem Vater an, der ihm ganz pragmatisch antwortete: „Deine ledige Tochter geht mich nichts an." Da fehlten Christian natürlich die Argumente, und er musste, wenn wir das ansehnliche Startkapital meines Vaters haben wollten, in den sauren Apfel beißen und zustimmen.

Die Formalitäten für den Wohnungskauf waren relativ schnell erledigt und im Februar 2004 zogen wir in meine eigene Wohnung.

Reflexion

„Könnte ich mein Leben mit der Erfahrung von heute nochmals von vorn beginnen, würde ich vieles anders machen." Wer hat diesen Satz nicht schon einmal gesagt oder gedacht?

Vor allem in den Schwangerschaften würde ich mich anders verhalten. Ich wusste, Rauchen war nicht gut für das Baby, aber es war auch eine weit verbreitete Meinung, dass der Entzug dem Baby mehr schaden würde als ein moderates Weiterrauchen der Mutter. Natürlich habe ich mich als Raucherin an die zweite Variante geklammert. Heute weiß ich, dass in einer Zigarette über 4000 giftige Substanzen enthalten sind, die zum großen Teil über die Plazenta an das Ungeborene weitergegeben werden.

Alkoholkonsum in der Schwangerschaft kann bereits in geringen Mengen die körperliche und geistige Entwicklung des Kindes empfindlich stören. In den ersten drei Monaten besteht eine große Gefahr für körperliche Fehlbildungen, denn durch den Alkohol werden die Zellvermehrung und die Zellteilung ungünstig beeinflusst. Das Gehirn des Embryos ist dabei besonders gefährdet, denn das Wachstum der Gehirnzellen wird durch das Nervengift Ethanol gestört und zerstört. Das Gehirn bleibt in der Entwicklung zurück und ist deutlich kleiner als bei normal entwickelten Kindern.

Über den Blutkreislauf der Mutter erreicht der Alkohol innerhalb weniger Minuten das Kind, das dadurch denselben Alkoholspiegel hat wie die trinkende Mutter. Ich habe erst nach Annabell begriffen, wie viel Glück ich bei den ersten beiden Schwangerschaften hatte. Auch wenn ich dort nie betrunken war, hatte ich doch einige wenige Male etwas getrunken.

Es gab nichts in meinem Leben, was ich mir so oft gewünscht habe, rückgängig machen zu können wie diese Kurzschlusshandlung des „Wegtrinkenwollens“ meiner vierten Schwangerschaft. Auch heute noch, nach fast 22 Jahren, bereue ich diese Tat. Während ich über Annabell schreibe, überkommt mich eine tiefe Traurigkeit, begleitet von vielen Tränen.

Ob ich meine Tendenz, Alkohol als Mittel zum Lösen von Problemen einzusetzen, von meinem Vater übernommen habe, weil ich dieses Verhalten bei ihm schon in meiner Kindheit beobachtet hatte, oder ob ich mir diese Angewohnheit selbst antrainiert habe, kann ich nicht sagen. Alkohol erleichterte es mir, gewisse Sachen anzusprechen, die ich mich nüchtern nie getraut hätte zu thematisieren. Es hatte und hat mit Angst zu tun, wenn ich mich heute noch scheue, in meinen Partnerschaften mit Männern manche Themen anzusprechen. Angst vor Zurechtweisung, Angst vor Kritik, aber vor allem Angst, nicht richtig zu sein, so wie ich bin.

Auch die Probleme mit meinem Mann habe ich häufig mithilfe von Alkohol zu lösen versucht. Ich wurde zu Beginn des Konsums in eine euphorische Stimmung versetzt, die aber jedes Mal ins Gegenteil umschlug.

Wenn zu Hause abends getrunken wurde, dann immer gemeinsam. Häufig war es auch Christian, der mich fragte, ob ich etwas mittrinken möchte. Meine guten Vorsätze, nichts zu trinken, die ich mir durchaus gemacht hatte, waren in solchen Momenten schnell vergessen. Der Teufel in mir war sofort zur Stelle, dem Engel, der augenblicklich zu einem winzigen Engelchen mutierte, das Ruder aus der Hand zu nehmen und damit dem Trinkverlangen erleichtert nachzugeben.

Christian ist in meinen Augen das typische Beispiel für einen Südtiroler Mann, der regelmäßig trinkt, auch regelmäßig zu viel trinkt, aber überzeugt ist, kein Alkoholproblem zu haben. Wenn ich ihn darum gebeten habe, mit mir zusammen auf Alkohol zu verzichten, hatte er dafür kein Verständnis. Im Gegenteil: Er hat nicht eingesehen, dass er auf etwas verzichten sollte, mit dem jemand anderer nicht umgehen kann. Mir dämmerte es zu der Zeit nämlich allmählich, dass mein Trinkverhalten zum Problem wurde.

Die geregelten Arbeitszeiten im Altersheim und beim Ehepaar halfen mir, mein Trinken auf die Abende zu beschränken, wenn ich am nächsten Morgen dienstfrei hatte. Ebenso war die Abgeschiedenheit unseres Wohnortes von damals hilfreich, denn dadurch fehlten mir die Gelegenheiten. Dort gab es keine Lokale und keine Bekannten.

Wenn wir zu Feierlichkeiten eingeladen waren, konnte ich mich meist beherrschen. Nur ganz selten gab es bei Anlässen peinliche Szenen, und die sind mir heute noch unangenehm, wenn mich Zeugen von damals daran erinnern und mich damit aufziehen. „Was würden die Leute sagen!?" Dieser typische Ausdruck begleitete mich, seit ich denken kann, und ich wurde gut geschult, nach außen den Schein zu wahren. Deshalb hat aus meinem näheren Umfeld auch niemand geahnt, wie tief ich schon in die Sucht abgerutscht war.

Als ich bei meiner Eileiterschwangerschaft auf dem Operationstisch dem Tod aus der Nähe ins Auge geblickt hatte, empfand ich nicht die geringste Angst. Es war eher ein Gefühl, mich dem Schicksal zu ergeben und zur Ruhe zu kommen.

Für meine psychische Gesundheit war das ständige Wechselbad der Gefühle eine Tortur: Selbstvorwürfe, beginnender Selbsthass, mich ungerecht behandelt und zu Unrecht beschuldigt zu fühlen, ein schlechtes Gewissen gegenüber den Kindern zu haben, das Gefühl, keine gute Mutter zu sein, das Wissen, keine funktionierende und liebende Partnerin zu sein, mir die eigene Schwäche einzugestehen, nicht gegen den Alkohol ankämpfen zu können, mein Unglücklichsein in der Ehe ... Da es keinen Menschen in meinem Leben gab, dem ich mich damals anvertrauen hätte können, fraß ich alles in mich hinein, zog mich immer mehr in mein Innerstes zurück und verschloss mich mehr und mehr.

Nach unserem Umzug änderte sich diese Situation. Ich hatte wieder Möglichkeiten, soziale Kontakte zu knüpfen. Leider beschränkten sich diese Kontakte bald nur mehr auf Menschen, mit denen ich trinken konnte.

Über meine Kinder entstand allmählich ein anderes Verhältnis zu meinem Vater. Da ich bis zu seinem Tod nie den Mut aufgebracht hatte, ihn direkt auf den „übrigen Fresser" anzusprechen, bin ich heute darüber froh, dass wir bis zum Schluss doch noch eine entspannte Beziehung zueinander hatten. Heute sehe ich mehr denn je die vielen Parallelen und charakterlichen Ähnlichkeiten zu meinem Vater. Eine davon, die ich als überaus positiv empfinde, ist die Introvertiertheit. Mein Vater galt als Eigenbrötler, der die Abgeschiedenheit, die Entschleunigung, die Stille und die Ruhe der Almen dem lauten Leben der Zivilisation vorzog. Ein lang gehegter Traum von mir ist es, einen Winter lang allein, mit einem Hund oder einer Katze, auf einer Alm zu verbringen und die Ruhe und Abgeschiedenheit zu erleben und zu genießen. Ich kann sehr gut mit mir alleine sein, ohne mich einsam zu fühlen, und das empfinde ich in dieser schnelllebigen, oberflächlichen Zeit als riesengroßes Geschenk.

Die Beerdigung von Annabell war der definitive Startschuss des Endspurts meiner Reise bis vor das Höllentor. Ich gab meinem Verlangen nach Alkohol vermehrt nach, war immer öfters untertags betrunken und log teilweise, dass sich die Balken bogen. Ich habe mein Umfeld, aber vor allem mich selbst belogen. Da mein Verhalten nicht zu meinem Selbstbild passte, fantasierte ich mir ein Hirngespinst zusammen, mit dem ich leben konnte. Mein Engel protestierte morgens zwar dagegen, aber der erste Prosecco brachte ihn augenblicklich zum Schweigen.

Das notorische Lügen, das mit meinem vermehrten Alkoholkonsum begann, hatte nichts mit Charakterschwäche zu tun. Es entstand aus Angst und dem Wissen über die Folgen heraus. Die Angst, verlassen zu werden, verstoßen zu werden, als Alkoholikerin gebrandmarkt zu sein, nicht akzeptiert zu werden, nicht richtig zu sein. Ich log aber auch aus dem Wissen heraus, dass das eigene Verhalten nicht richtig ist. Man beginnt, sich den Alkoholkonsum im Kopf zu verharmlosen und schönzureden, damit man das eigene Fehlverhalten besser erträgt und vor allem damit man weiterhin trinken kann. Mit der Zeit glaubt man tatsächlich an die eigenen Lügen. Vernunft und Verstand sind in dem Moment außer Kraft gesetzt und ich war vom Verlangen nach mehr Alkohol wie ferngesteuert. Der einzige Lebenszweck schien mir das „Sein im Rauschzustand". Am nächsten Morgen überwog die Reue, der Engel in glänzender Rüstung, aber bald bekam der Teufel, das Verlangen, wieder überhand.

Parallel zu meinem Alkoholkonsum stieg auch Christians Gewaltbereitschaft. Heute, nach all den Jahren, kann ich sagen, dass es einmal im Monat zu körperlichen Übergriffen kam, und zwar indem er mich ohrfeigte, an den Haaren zog, schubste oder stieß. Die psychischen Übergriffe in Form von verbalen Attacken und Beleidigungen waren allerdings viel häufiger und für mich viel verletzender als die physischen Angriffe.

Clara

Es gibt viele sogenannte „Problemtrinker“, die in jedem Problem einen Grund dafür sehen, einen Schluck zu trinken, ein Glas zu heben oder eine Flasche aufzumachen. Allerdings: Mit Alkohol löst man keine Probleme. Damit löst man höchstens Familien, Beziehungen, Freundschaften und Lebensgrundlagen auf. Probleme werden durch Alkohol oft noch verstärkt und es kommen nicht selten neue dazu.

Junge Menschen gewöhnen sich besonders schnell an den regelmäßigen „Problemlöser Alkohol“ und vertun sich somit frühzeitig die Chance, den richtigen Umgang mit Problemen zu lernen. Wenn Kummer und Sorgen bereits in jungen Jahren im Rausch betäubt werden, wird es für die Betroffenen immer schwieriger, ein zukunftsorientiertes Leben ohne Alkohol zu führen.

Alkohol wird jedoch nicht nur als Problemlöser missbraucht. Jeder Mensch, der regelmäßig sein sogenanntes Feierabendbier, allabendlich ein Glas Wein zur Entspannung oder einen Aperitif mit einer Freundin schon am Vormittag trinkt, ist gefährdet, eine Abhängigkeit zu entwickeln, da sich der Körper durch diese Regelmäßigkeit an den Alkohol gewöhnt. In diesem Fall darf jeder sein Trinkverhalten hinterfragen und sich überlegen, was der eigentliche Grund für diesen Alkoholkonsum ist.

Wenn es wirklich um die bewusstseinsverändernde Wirkung, also den Rausch geht, wird Alkohol missbraucht – und nicht mehr genossen. Es setzt allerdings sehr viel Ehrlichkeit sich selbst gegenüber voraus, diese Frage zu beantworten. Eine fehlende Einsicht kann bereits ein Indiz für eine Abhängigkeit sein. Wenn dir beispielsweise bei deinem Partner ein solches Verhalten auffällt und der Betroffene dazu neigt, es zu bagatellisieren, sollten deine Alarmglocken läuten. Sprich deinen Partner darauf an, und lasse ihn wissen, dass du dir Sorgen wegen seines Trinkverhaltens machst. Sollte daraufhin nicht eine wesentliche Veränderung eintreten, ist meist schon eine Problematik vorhanden.

Häufig entwickeln Angehörige im engen Zusammenleben mit uneinsichtigen Suchtkranken eine sogenannte Co-Abhängigkeit. Dabei übernimmt der Angehörige oder auch die ganze Familie die Verantwortung für alles, was der Betroffene suchtbedingt selbst nicht mehr hinbekommt. Dies geschieht aus dem festen Glauben heraus, dem Suchtkranken unbedingt helfen zu wollen. Partner, aber auch Kinder suchtkranker Eltern, genauso wie Eltern suchtkranker Kinder geraten in den Sog der Sucht, entwickeln selbst psychische Störungen und leiden an emotionaler Abhängigkeit.

Ich würde es als schleichenden Prozess bezeichnen, den Angehörige selbst nicht wahrnehmen. Je weiter die Krankheit fortschreitet, desto mehr steigern Angehörige ihre Hilfsanstrengungen und erleben dabei eine ständige Berg- und Talfahrt zwischen Hoffnung und Enttäuschung. In der Hoffnungsphase bemühen sich co-abhängige Ehepartner, Eltern, Geschwister oder Kinder und strengen sich an, in der Enttäuschungsphase brechen sie zusammen und fühlen sich allein und hilflos. Rückzug, Aggression und Vorwürfe sind dann oft die Folgen und lösen wiederum Reaktionen wie Schuld-, Angst- und Versagensgefühle aus. Das treibt die Angehörigen wiederum an, sich noch mehr anzustrengen und zu bemühen. Aus diesem Teufelskreis der Co-Abhängigkeit zu entkommen, ist ohne professionelle Hilfe fast unmöglich.

Der Ehemann einer suchterkrankten Frau schildert seine Situation wie folgt: „Ich dachte immer, ich bekomme das alles alleine hin. Ich brauchte niemanden und wollte auch nicht, dass jemand vom Problem meiner Frau erfährt. Das war unser internes Familienproblem und nichts durfte davon nach außen dringen. Meist ging es ein paar Tage gut, meine Frau gelobte Besserung und versprach hoch und heilig, die Finger vom Alkohol zu lassen. Ich schöpfte jedes Mal neue Hoffnung, aber ich wurde jedes Mal bitter enttäuscht. Meine Frau wusste mit der Zeit, dass sie sich auf mich verlassen konnte und dass ich ihr all ihre Gemeinheiten verzieh, all ihre Verunreinigungen beseitigte, all ihre Ausfälle bei der Arbeit entschuldigte. Sie wusste einfach, dass ich ihr den Rücken freihielt, und verschaffte ihr somit die Möglichkeit, ohne weiterreichende Konsequenzen zu trinken. Heute weiß ich, dass ich viel früher den Mut aufbringen hätte müssen, mir selbst mentale und emotionale Unterstützung zu suchen und anzunehmen, um der Hilflosigkeit und der Vernachlässigung meines eigenen Lebens zu entfliehen."

Als Angehöriger musst du unbedingt lernen, dich wieder auf dich und dein Leben zu konzentrieren. Damit entwickelst du nach und nach mehr Unabhängigkeit. Hör einfach damit auf zu kontrollieren, zu verstecken, zuzudecken, zu vertuschen und unternimm nichts mehr, um den übermäßigen Alkoholkonsum und dessen Folgen des Betroffenen zu verheimlichen. Du wirst sehen, dass dieses Loslassen und Entlassen in die Eigenverantwortung wirkungsvoller ist als alles Bitten und Betteln in den Jahren zuvor.

Tipps für Angehörige

Sei ein Vorbild für deine Familie – dies kann nicht oft genug wiederholt werden. Lebe vor, dass man Probleme ohne Zuhilfenahme von Alkohol viel besser lösen kann als unter Alkoholeinfluss.

Wenn du in deiner Familie bei jemandem regelmäßigen Alkoholkonsum beobachtest, habe den Mut, es anzusprechen. Versuche herauszufinden, warum getrunken wird und ob sich das Trinkverhalten nach dem Gespräch ändert.

Versucht der Betroffene, seinen regelmäßigen Konsum zu verharmlosen, besteht die Wahrscheinlichkeit, dass sich schon eine Problematik entwickelt hat. Ist er uneinsichtig, sich beraten zu lassen, suche selbst das Gespräch mit Experten oder vertraue dich einer guten Freundin oder einem guten Freund an.

Hat jemand aus deiner Familie bereits ein Alkoholproblem und übernimmst du Verantwortung, die der Betroffene selbst zu tragen hätte? Hol dir professionelle Hilfe, damit du dich so schnell wie möglich wieder aus der Co-Abhängigkeit befreist.

Wenn Angehörige sich helfen lassen, tun sich Betroffene manchmal selbst leichter, ihre Skepsis zu überwinden und ebenfalls professionelle Hilfe in Anspruch zu nehmen.

Vertusche nichts mehr! Dadurch bekommt der Suchtkranke die Möglichkeit, das gesamte Ausmaß des Problems zu sehen.

Denk wieder vermehrt an dich selbst, damit dein Leben wieder mehr an Qualität und Lebensfreude gewinnt. Dadurch entsteht bei deinem Gegenüber oft die Angst oder Unsicherheit, dich zu verlieren und eines Tages alleine dazustehen, was wiederum ein Umdenken bewirken könnte.

Wenn der Lösungsversuch selbst zum Problem wird

Ruth ist offenbar so weit in der Spirale aus Betäubung, Flucht und Gewalt gefangen, dass sie kaum noch fähig ist, ihre zugespitzte Situation zu überblicken. Sie scheint, nur noch auf die jeweiligen und mit Regelmäßigkeit aufeinanderfolgenden Katastrophen zu reagieren. Wie eine Ertrinkende schlägt sie wild um sich, möchte Schaden minimieren, gerät aber immer tiefer in den Strudel nach unten. Da für sie seit jeher sehr wichtig war, wenigstens ein Mindestmaß der Kontrolle über ihre Gefühle und ihr Verhalten zu haben, erfährt sie durch die wahnhafte Episode wohl den Tiefpunkt ihrer Abhängigkeit. Die halluzinatorischen Realitätsverkennungen lassen keinen Spielraum mehr zu, die Illusion, die Sache noch im Griff zu haben, aufrechtzuerhalten und den Kontrollverlust abwenden zu können. Der ein oder andere alkoholbedingte Filmriss war für sie noch zu händeln. Die Erfahrung machen zu müssen, dass genau jenes Organ, auf das sie sich meist verlassen konnte, ihr Gehirn, jetzt Aussetzer hatte und Trugwahrnehmungen produzierte, war sicher erschreckend.

Ruth hat im Verlauf ihrer Alkoholerkrankung viele sehr typische Phasen der symptomatischen Krankheitsentwicklung erfahren. Auch diese von ihr beschriebene pathologische Alkoholreaktion der fortgeschrittenen Erkrankung wie Realitätsverlust, Wahnvorstellungen, heftige Erregungszustände und Störungen im Ich-Erleben gehören dazu. Hierbei handelt es sich um ganz besonders schambesetzte Themen, die sehr viel Mut zum Outing benötigen.

Zu diesem Zeitpunkt betreibt Ruth kein Problemtrinken mehr, sondern das Trinken selbst ist längst zum zentralen Problem geworden. Sie hat offenbar auch selbst erkannt, dass die Gründe des Trinkens mittlerweile nicht mehr im Umfeld und in den unglücklichen Beziehungen liegen, sondern dass sich das Trinkverhalten längst verselbstständigt und eine klinisch hoch auffällige Eigendynamik bekommen hat. Wenn das Trinken ursprünglich das Mittel der Wahl war, um problematischen Lebenssituationen, Konflikten oder unglücklichen Erfahrungen zu entfliehen, so hat der Konsum jetzt genügend negative Kraft aufgenommen, um sich selbst am tragischen Laufen zu halten.

Es scheint, als ob sich innerhalb der Welt der trinkenden Ruth nun weitere Welten mit verhängnisvoller Abfolge von Negativereignissen ausbilden würden.

Alkohol fördert Gewalt

Problematischer Alkoholkonsum erhöht generell das Risiko für Gewalt. Wo Alkohol im Spiel ist, steigt die Gewaltbereitschaft. Und zwar auf verschiedenen Ebenen. In vielen Fällen beim Konsumierenden selbst (verbalaggressives Verhalten, Provozieren bis hin zu körperlicher Gewalt wie Schlägereien), aber sehr oft auch im Umfeld, und hier im Besonderen zwischen Partnern. In der psychotherapeutischen Arbeit wird dann auch auf innerpsychische Prozesse fokussiert.

Ruth beschreibt sich nicht nur als Opfer der Aggressionen, sondern erkennt sehr wohl auch ihr eigenes Aggressionspotenzial. Sie hat im Laufe ihrer therapeutischen Arbeit gelernt, innere Anteile zu identifizieren, die bisweilen sehr gegensätzlich auftreten, entgegengesetzte Kräfte entfalten, innerpsychische Spannung aufbauen und auch durchaus zerstörerisch wirken können. Dabei ist nicht immer eindeutig zu bestimmen, wer Aggressor und wer Verteidiger, wer wohlwollend und wer bestrafend ist. Oft verschwimmen die verschiedenen Impulse, was jedoch niemals Gewalt entschuldigen kann. Weder körperliche noch psychische Gewalt, niemals Gewalt durch andere, aber auch nicht Gewalt und Verletzung sich selbst gegenüber. Ruth war leider in vielen Lebenslagen auch sich selbst gegenüber aggressiv und bestrafend.

Alkohol in der Schwangerschaft

Wie bereits erklärt, wird Alkohol bereits im Mund und dann im restlichen Verdauungstrakt in den Blutkreislauf aufgenommen. So gelangt er auch in den Kreislauf des ungeborenen Kindes, in die Plazenta und ebenso in die Muttermilch. Alkoholkonsum in der Schwangerschaft kann beim ungeborenen Kind das fetale Alkoholsyndrom auslösen und das Kind lebenslang durch Wachstumsretardierungen, Gesichtsveränderungen und Auffälligkeiten des zentralen Nervensystems schädigen. Deshalb ist es nicht angemessen, über einen eventuellen toxischen Schwellenwert, ab dem ein Kind nachweislich durch Alkohol geschädigt wird, zu diskutieren. Es steht fest, dass Alkohol das ungeborene Kind in jedem Stadium der Entwicklung schädigen kann. Werdende Mütter sollten daher sowohl in der Schwangerschaft als auch in der Stillzeit vollständig auf Alkohol verzichten, da dieser auch in die Muttermilch übergeht. Die Partner und werdenden Väter müssen dafür sensibilisiert werden und sind angehalten, gemeinsam mit ihren Partnerinnen eine alkoholabstinente Phase einzuhalten.

Das Trinken kontrollieren oder doch Abstinenz?

Viele Menschen haben schon einmal darüber nachgedacht, weniger Alkohol zu trinken. Meist am Morgen nach einem feuchtfröhlichen Abend. Die Vorsätze verflüchtigen sich dann, mal eher, mal später. Es bleibt aber der Wunsch, die Häufigkeit, die Menge an Alkohol oder die Situationen unter Kontrolle zu halten. Abgesehen davon, dass darüber nachzudenken, bereits ein Hinweis auf einen problematischen Anstieg des Alkoholkonsums ist, stellt sich die Frage im Prinzip auch ganz ähnlich, wenn man bereits eine Abhängigkeit entwickelt hat: Könnte ich es schaffen, gelegentlich und jeweils nur geringe Mengen Alkohol zu konsumieren, ohne gänzlich die Kontrolle über die Menge und Häufigkeit zu verlieren? Grundsätzlich ja. Die Erfahrungen der Suchttherapeuten haben gezeigt, dass ein solcher bewusster Umgang mit Alkohol in bestimmten Situationen möglich ist. Mit den betreffenden Patienten werden klare Verhaltensweisen vereinbart, und man arbeitet darauf hin, die Selbstverantwortung zu übernehmen. Dabei spricht man von „kontrolliertem Trinken“. Die meisten alkoholkranken Menschen nehmen sich zunächst eine solche Vorgehensweise vor. Leider sehr häufig auch nach einer Entgiftung und einer Entwöhnungstherapie. Die Vorstellung, gänzlich abstinent von Alkohol zu leben, also ganz und gar auf jeglichen Konsum zu verzichten und dies auch noch ein ganzes Leben lang, ist für viele unvorstellbar. Weit leichter nachvollziehbar, für die Betroffenen sogar logischer ist es, Alkohol zukünftig so zu konsumieren, wie dies ein Großteil unserer Gesellschaft macht, also gelegentlich und in Maßen. Sie berücksichtigen dabei jedoch nicht, dass es ein Unterschied ist, ob man bereits abhängig ist oder nicht.

Bei alkoholkranken Menschen treten auch beim Konsum von geringen Mengen an Alkohol recht rasch wieder Entzugssymptome auf, wie sie vor der Entgiftung, also vor dem körperlichen Entzug vorhanden waren. Der Körper springt äußerst schnell auf die Substanz Alkohol an und reagiert sehr schnell wieder mit Unruhe, Gereiztheit, Schwitzen und Zittern, wenn er nicht weiter mit Alkohol versorgt wird. Betroffene müssen diesem Verlangen des Körpers dann nachkommen, wenn sie die belastenden und unangenehmen Symptome kurzfristig abschalten wollen. Hier schließt sich dann wieder der Kreislauf, und der Alkoholspiegel im Blut muss aufrechterhalten werden, um die Entzugssymptome zu meiden.

In diesem Zusammenhang spricht man von Suchtgedächtnis. Wenn also das sogenannte Belohnungszentrum in unserem Gehirn von der phasenweise anregenden und folglich wieder beruhigenden Substanz bedient wird. Da sich dieser Ablauf bei alkoholabhängigen Menschen über eine sehr lange Zeit so abgespielt und das Suchtgedächtnis dahin gehend eingeschliffen hat, löst es schon bei bereits kleinsten Mengen Alkohol ein enormes Verlangen nach weiterer Zufuhr der Substanz aus. Das Trinkverlangen wird dermaßen groß, dass von der Vernunft eingeforderte Kontrollvorhaben kaum eine Chance dagegen haben.

Alkoholkranke Menschen haben zudem meist eine sehr große Trinktoleranz entwickelt. Sie sind gewissermaßen nicht nur geübt darin, mit den Alkoholeffekten umzugehen, sondern ihr Körper hat sich auch an die schnellere Verarbeitung des Alkohols angepasst. Dadurch sind sie viel leichter zum Konsum von mehreren Getränken zu verleiten, was den Kontrollverlust fördert.

Mit dem Therapiekonzept des kontrollierten Trinkens versucht man, jene Personen zu erreichen, die kein Abstinenzziel verfolgen, aber eine Reduktion des Alkoholkonsums anstreben. Am ehesten ist dies wohl möglich, wenn die Betroffenen nicht allzu tief in die Abhängigkeit hineingeraten sind. Aber hier spießt es sich schon. Ein „bisschen abhängig, aber noch nicht so schlimm“ ist schwer zu definieren. Vor allem bagatellisieren zunächst alle süchtigen Menschen ihr Problem. Sie reden es schön.

Dies bedeutet, dass die Abstinenz von Alkohol das Therapieziel Nummer eins bleibt. Das riskante Spielen mit dem Wunsch nach kontrolliertem Trinken führt viele Menschen in den Rückfall.

Offenheit und Ehrlichkeit

Die Unterstützung, die Menschen auf dem Weg aus dem Alkoholproblem erfahren, kann recht unterschiedlich sein. Manchen hilft die Teilnahme an Selbsthilfegruppen, anderen eine ambulante Therapie, wieder andere nehmen eine stationäre Therapie in Anspruch, manche schaffen es mit der Unterstützung von Freunden oder der Familie.

Immer braucht es aber ein großes Ausmaß an Offenheit und Ehrlichkeit vonseiten der Betroffenen selbst. Ausreden, Erklärungen, wieso man trinken muss, Notlügen, Versprechungen und Anlässe zum Trinken gibt es mehr als genug. Ehrlich mit sich selbst sein und sich die schwierige Situation einzugestehen, ist wohl die wichtigste Voraussetzung für eine Veränderung. Ehrlich und offen mit sich selbst, aber auch gegenüber jenen Menschen, die uns umgeben. Je größer die Offenheit, umso kleiner werden die Hintertürchen, durch die man wieder entwischen kann.

Ruth hat mit ihrem Outing die Entscheidung getroffen, sich jener frühkindlichen Angst, abgelehnt zu werden, zu stellen. Sie hat damit genau das gemacht, was sie über viele Jahre verzweifelt versucht hat zu vermeiden. Sie riskiert, genau jene verletzliche Stelle ihrer Seele zu offenbaren. Ich bin sicher, es hat viele Situationen gegeben, in denen sie diese Entscheidung infrage gestellt hat, und gehe davon aus, dass sie für den Mut zur Offenheit nicht immer nur Anerkennung geerntet hat. Sie hat sich in den Mittelpunkt der öffentlichen Aufmerksamkeit gestellt. Das alleine wird schon misstrauisch beäugt und bringt ihr den Ruf der Selbstdarstellung ein. Vor allem im Zusammenhang mit Alkoholkonsum ist schnell der Ratschlag zur Stelle: „Musst halt aufhören zu trinken, das hast du dir ja selbst zuzuschreiben." Auch Ratschläge sind Schläge, die wehtun. Aber den Mutigen gehört die Welt. Für sich einstehen, sich nicht schämen und den eigenen Weg gehen, das sind Werte, denen Ruth sich verschrieben hat. Eine Haltung der Selbstfürsorge, die im Nachhinein dem kleinen Mädchen von damals mehr als guttut.

Gut zu wissen

Man muss verstehen, dass die Erkrankung selbst keinerlei Interesse an Offenheit und Transparenz hat. Sie ist daran interessiert, möglichst unberechenbar bleiben zu können. Keine

Bevormundung, keine Einschränkung der eigenen Freiheit, keine Verpflichtungen, keine Besserwisserei. Je offener aber die gesunde Seite im Menschen wird, umso kleiner wird die Macht der Sucht. Sie wird zuerst zwar rebellieren, zur Hochform auflaufen, alle Argumente abschmettern und beleidigt sein. Dann wird sie wohl nachgeben müssen, sich aus vielen Bereichen des Verhaltens, Denkens und Fühlens des Menschen zurückziehen, auf eine Rückkehr lauern – meist, wenn man es am wenigsten erwartet und sich allzu sicher fühlt.

Abhängigkeit als Beziehungsmuster

Wenn man die Substanz Alkohol personifizieren möchte, ihr also menschliche Eigenschaften zuschreibt, ihr auf symbolischer Ebene die Gestalt einer handelnden und interagierenden Person verleiht, dann bietet es sich an, ihre Beziehungsmuster zu hinterleuchten. Alkohol kann so oft als Partner- oder Freundschaftersatz gesehen werden. Bezeichnend in diesem Vergleich ist, dass sich tatsächlich sehr oft grundlegende Beziehungsmuster nachvollziehen lassen. Für Ruth selbst war es nicht zu übersehen, dass sie ihre Beziehungen ähnlich dependent, also abhängig geführt hat, wie sie es mit dem Alkohol gemacht hat.

Jeder Außenstehende wird verblüfft innehalten und sich bestürzt fragen, wie man das mit sich machen lassen kann. Wieso kann sie aus den sich ständig wiederholenden Vorfällen nicht lernen? Wieso kann sie nicht aussteigen und sich aus schwer verletzenden und demütigenden Beziehungen befreien? Offensichtlich, dass sich bei der Abhängigkeit vom „Freund-Feind Alkohol“ sehr viele Dynamiken ihrer Abhängigkeit in Beziehungen widerspiegeln. Ihre Tendenz zu abhängig machenden Beziehungen hat Ruth ja schon sehr früh beschrieben. Die Bereitschaft, weit über ihre Belastungsgrenzen hinauszugehen, konnte sie wohl erst zu einem späteren Zeitpunkt erkennen und hoffentlich immer öfter meiden.

Ob ihr hoher Leistungsanspruch an sich selbst dahintersteckt, ob das ungestillte Bedürfnis nach wohlwollender Nähe und Akzeptanz oder die unbewusste Überzeugung, ganz einfach nichts Besseres zu verdienen? Vermutlich ist es ein Zusammenspiel all dieser und vieler weiterer Beweggründe. Gut nachvollziehbar wird an dieser Stelle, dass es mit dem Absetzen des Alkoholkonsums alleine nicht getan ist, sondern dass dann ein nächster, sehr wichtiger Schritt zu machen ist. Nämlich jener, die Beziehung zum Alkohol, die Beziehungen zu anderen Menschen und im Besonderen die Beziehung zu sich selbst zu hinterfragen. Das Erkennen der dependenten Muster ist dabei nicht einmal das Schwierigste. Es ist das Ändern derselben, an dem sich viele Menschen die Zähne ausbeißen.

MEIN HILFESCHREI

Überforderung

Es machte mir Spaß und Freude, die neue Wohnung einzurichten und den relativ großen Garten zu gestalten. Da es eine Menge Arbeit war, halfen manchmal Freunde und Bekannte bei der Gestaltung des Gartens mit, was immer wieder die Gelegenheit bot, „ein Bier“ aufzumachen. Genauso wenn Freunde zu Besuch kamen, um unser neues Heim zu begutachten.

Ein Bier, und der Teufelskreis begann wieder von vorn. Ich konnte wie üblich nicht mehr mit dem Trinken aufhören, bevor ich nicht richtig besoffen war. Als es so weit war, waren die Bekannten und Freunde allerdings schon gegangen, nur mehr Christian, unsere Kinder und ich waren noch da. Solche Tage klangen meist mit unschönen Szenen, verbalen Attacken und den üblichen Handgreiflichkeiten aus. Am nächsten Tag Schweigen. Regelmäßige Blackouts wurden zur Routine. An den genauen Ausgang dieser Abende konnte ich mich fast nie erinnern und traute mich aus Angst davor, was ich zu hören bekommen könnte, auch nicht danach zu fragen. Deshalb war auch für mich Schweigen die einfachste und bequemste Option.

Sicher drei- bis viermal die Woche brachte ich unsere Kinder verkatert in den Kindergarten und quälte mich anschließend zur Arbeit in die Militärkaserne. Meine Arbeitskollegin meinte dann: „Komm, wir trinken einen Prosecco im ‚Spaccio‘, dann geht es dir gleich besser.“ Dem war dann auch so, doch blieb es häufig nicht bei dem einen, und ich kam zu Mittag wieder angetrunken nach Hause.

Meine Arbeitskollegin wohnte im selben Ort wie ich, und deshalb besuchten wir uns häufig am Nachmittag. Unsere beiden Töchter verstanden sich gut und wir Frauen tranken. Wir trafen uns abwechselnd bei ihr und bei mir, und wenn bei der einen die Getränke ausgingen, fuhren wir eben in die Wohnung der anderen und tranken dort weiter. Es kam auch vor, dass jede von uns bei sich zu Hause hockte: mit dem Telefon in der einen Hand, in der anderen eine Zigarette und vor sich ein Bier oder eine Flasche Prosecco. Dabei telefonierten wir oft stundenlang.

Mein Körper mochte Alkohol nie, er rebellierte regelrecht dagegen. Nach meinen häufigen Rauschzuständen war mir am nächsten Morgen speiübel. Es gab Tage, da konnte ich den ganzen Tag nichts essen, erbrach ein grün-gelbes Sekret aus Magen- und Gallensaft im 20-Minuten-Takt und wünschte mir, vor lauter Übelkeit einfach nur zu sterben. Wenn ich gegen Abend dann doch etwas Appetit bekam, ernährte ich mich meist von Salami, Essiggurken und sauren Peperoni lombardi. Ich missbrauchte meine Alkoholexzesse auch zur Gewichtskontrolle, denn wenn ich trank, aß ich nicht.

Dabei sollte ich doch funktionieren. Ich hatte einen Job, wenn auch nicht einen sehr anspruchsvollen, aber vor allem hatte ich zwei wunderbare Kinder. Mein Trinken beeinflusste, beschnitt und behinderte meine Rolle als Mutter. Ich war damals keine gute Mutter. Mein Fokus war auf das Trinken ausgerichtet und mein Motto war: „Seid brav und beschäftigt euch alleine, damit ich in Ruhe trinken kann!"

Meine Kinder wussten damals schon genau, wenn sie mir ein Bier aus dem Kühlschrank brachten, war ich mit demselben beschäftigt, und sie hatten ihre Ruhe und „Narrenfreiheit" in ihrem Tun. Wenn ich trank, war ich zwar physisch anwesend, aber größtenteils mit meinem Telefon, den Zigaretten und dem Alkohol beschäftigt. Wenn ich auch viel Streit mit Christian hatte, mit den Kindern war ich Gott sei Dank nie aggressiv oder gewalttätig. Aber geistig abwesend.

Den Haushalt, Einkäufe, Bankgänge und Ähnliches erledigte ich an Tagen, an denen ich nicht trank. Wenn ich einen wichtigen Termin hatte, trank ich am Vortag nicht.

Verhältnisse

Mein heimliches Verhältnis zu dem Offizier aus dem italienischen Heer ließ sich bei meinem Lebenswandel nicht lange geheim halten. Ich war zu oft zu betrunken, um Mitteilungen und Telefonate vollständig zu löschen, und für Christian war es ein Leichtes, mein Telefon zu kontrollieren, sobald ich in einen komaähnlichen Schlaf gefallen war. Damit war das nächste Donnerwetter vorprogrammiert. Die Übergriffe zwischen mir und Christian wurden immer gewalttätiger – mit Schlägen und Fußtritten, wenn ich am Boden lag. Danach war mein Körper mit einer Vielzahl an Blutergüssen überzogen. In diesem Sommer trug ich oft Langarm-Shirts und selten kurze Hosen, um meine blauen Flecken zu verbergen.

Mein Offizier hatte mich oft aufgefordert, eine Anzeige gegen Christian wegen häuslicher Gewalt bei den Carabinieri zu machen, aber dazu fehlte mir der Mut. Scham, Schuldgefühle, mein schlechtes Gewissen und Angst hielten mich davon ab. Vor allem aber die Unsicherheit, wie ich mit der Wohnung und den Kindern alleine zurechtkommen sollte.

Aber nicht nur wegen Christians Übergriffen machte sich mein Offizier Sorgen. Er war auch sehr besorgt um mich und meine Gesundheit. Er war der Erste, der meinen offensichtlich problematischen Alkoholkonsum ganz offen ansprach. Von da an war es auch mir nicht mehr möglich, mein Konsumverhalten schönzureden oder zu bagatellisieren.

Zu dieser Zeit war Christian an den Wochenenden meist mit einem Lkw in Deutschland unterwegs. Durch ein paar Bilder auf unserem Fotoapparat erfuhr ich, dass er schon länger ein Verhältnis mit einer Bekannten von mir hatte. Deshalb hielt sich mein schlechtes Gewissen ihm gegenüber in Grenzen, aber eines brachte mich zur Weißglut: Er nahm unsere Kinder regelmäßig mit zu ihr.

Mein Mann und ich wohnten nach wie vor zusammen, und wenn er am Abend nach Hause kam, war ich jetzt fast täglich angetrunken. Auch wenn ich meinem Offizier immer wieder versprach, mir Hilfe zu holen, schaffte ich diesen Schritt noch nicht. Der Umstand, dass Christian jetzt auch jemand anderen hatte, mit dem sich auch unsere Kinder gut verstanden, bohrte den Stachel der Eifersucht tief in mein kaum noch vorhandenes Selbstbewusstsein. Ich fühlte mich als Versagerin in meiner Rolle als Mutter und Frau. Meine Emotionen fuhren Achterbahn. Es ging von himmelhochjauchzend, wo ich Christian und mir unser neues Glück vergönnte und daran glaubte, dass wir die veränderten Lebensumstände respektvoll leben könnten, bis hin zu Tode betrübt, wo ich ihn samt seiner Neuen und meinem Offizier zur Hölle wünschte, weil mich keiner von ihnen verstand. Zumindest war dies die vorherrschende Meinung in meiner durch den Alkohol eingeschränkten Wahrnehmung.

Wenn mir untertags der Alkohol ausging und ich schon ziemlich angetrunken war, sodass ich selbst nichts mehr holen konnte, rief ich Christian an. War dieser gerade in der Nähe, brachte er mir Nachschub nach Hause, damit ich die Wohnung nicht verlassen musste. Es wäre ihm zu peinlich gewesen, wenn man mich in meinem Zustand im Dorf gesehen hätte.

Gelegenheiten zum Trinken schuf ich mir fast täglich selbst. Ob es sich dabei um ein winziges Problem handelte, ich mich für etwas belohnte, oder ganz einfach, weil beispielsweise Mittwoch war. Es gab immer einen Anlass zu trinken. In meinem „Negativmodus", in dem ich mich befand, suchte ich am Abend regelrecht Streit und sparte nicht mit unschönen Kraftausdrücken. Christian konterte natürlich und wie immer zog ich den Kürzeren. Ich fing damals an, Christian zu provozieren, was mir nicht schwerfiel, vor allem weil er abends selbst meist angetrunken war.

Meine vom Alkohol beeinflussten Gedanken wünschten sich, dass Christian für seine Art und für sein Handeln bestraft wird. Ich fühlte mich ungerecht behandelt, ungeliebt, schuldig, am falschen Ort und im falschen Leben. Wenn Gedankensplitter auftauchten, dass ich durch mein Verhalten selbst auch meine Anteile an diesen Gefühlen hatte, wurden diese vom Teufel in meinem Kopf sofort eliminiert und zum Schweigen gebracht.

Häusliche Gewalt war mittlerweile an der Tagesordnung. Nach einem besonders heftigen Streit verlangte Christian am nächsten Morgen von mir, mich vor ihm hinzuknien und ihn um Verzeihung zu bitten, weil ich ihn so weit gebracht hatte, mich wieder zu schlagen. Nach diesem entwürdigenden Akt, dem ich voller Schuldgefühle nachkam, erreichten meine Würde und mein kaum mehr vorhandener Selbstwert wohl ihren Tiefpunkt. Dazu kam, dass Christian mir regelmäßig gebetsmühlenartig eintrichterte: „Du bist nichts, du hast nicht und du kannst nichts. Uns würde es allen bessergehen, wenn es dich nicht gäbe!"

Mein Spiegelbild von damals ist bis heute in meiner Erinnerung verankert. Es blickten mich leere Augen ohne Glanz, ohne Funkeln, ohne Lebensfreude aus dem Spiegel an, und wenn der Tag und die Nacht vorher ganz arg waren, empfand ich nur noch Ekel, Selbsthass und Groll mir selbst gegenüber. Und immer öfter schlichen sich die Gedanken in meinen Kopf, ob es nicht tatsächlich allen bessergehen würde, wenn es mich nicht mehr gäbe.

Eines Abends, als die Situation wieder einmal eskalierte, nahm mir Christian nach ein paar Ohrfeigen meine Brieftasche und mein Handy ab und sperrte mich in das Schlafzimmer. Meine Wohnung liegt ebenerdig, und ich bin vor Angst nur in T-Shirt und Unterhose bekleidet über die Terrasse geflüchtet und Richtung Kirche gelaufen, weil dort noch eine Telefonzelle stand und ich wusste, dass Notrufe kostenlos abgesetzt werden konnten. Ich wurde mit den Carabinieri verbunden, und man versprach mir, dass gleich eine Streife vorbeikommen würde und ich bei der Telefonzelle warten sollte. Als ich mit den Carabinieri um 22.45 Uhr zu Hause ankam, öffnete Christian die Haustür, so als ob nichts gewesen wäre, bat uns herein und kehrte auf die Couch zurück, wo beide Kinder saßen, eines links und eines rechts von ihm. Die Szene bot ein vollkommen harmonisches Bild. Auf die Fragen der Carabinieri, was vorgefallen war, stellte er sich vollkommen ahnungslos. Auch darauf, warum er meinte, dass ich so dürftig bekleidet und barfuß zur Telefonzelle gelaufen sei, um einen Notruf abzusetzen, erklärte er, dass ich zu viel trinken und dann nicht mehr wissen würde, was ich tue.

Ich schämte mich in Grund und Boden, da ich den Eindruck hatte, die Carabinieri schenkten Christian mehr Glauben als mir, und ich fing an zu schreien. Ich drehte fast durch vor Wut und das spielte Christian in die Karten. Er fing an, beruhigend auf mich einzureden, und tat so, als wollte er das Beste für mich. Die Carabinieri glaubten wohl meinem Mann und verabschiedeten sich, nachdem sie mir aufgetragen hatten, am nächsten Tag zum Protokoll in die Kaserne zu kommen. Ich kam mir verraten vor, denn als sich die Haustür hinter den Carabinieri geschlossen hatte, sagte Christian zu mir: „So ein blödes Kalb, so ein besoffenes! Schau, dass du ins Bett kommst! Uns würde es echt ohne dich bessergehen!"

Am nächsten Tag ging ich zu den Carabinieri und gab, so gut ich konnte, alles zu Protokoll, was die letzten vier Jahre vorgefallen war, und es wurde Anzeige erstattet.

Einige Monate später stand in der Ausgabe der Südtiroler Tageszeitung „Dolomiten" vom 14. Dezember 2004 in einem Artikel mit der Überschrift „Durch Ohrfeige Trommelfell verletzt" zu lesen, dass Christian einem gerichtlichen Vergleich über eine bedingte Haftstrafe von einem Jahr, die zur Bewährung ausgesetzt wurde, zugestimmt hatte, weil er mich über einen längeren Zeitraum mehrmals geschlagen, getreten, mich ins Schlafzimmer gesperrt hatte und mich einmal so heftig geohrfeigt hatte, dass mein Trommelfell verletzt worden war.

Außerirdische Besucher

Einige Erlebnisse nach oder während verschiedener Ausnüchterungsnächte sind mir besonders eindrücklich in Erinnerung geblieben. Einmal war mir, als ob ich von zwei außerirdischen Wesen Besuch bekam. Es waren zwei weißgraue magere Gestalten mit lang gezogenen Köpfen, großen dunklen Augen, dünnen Armen und sehr langen Fingern. Sie schwebten in meinem Schlafzimmer vor meinem Bett und schienen sich über mich zu unterhalten und zu beratschlagen, was sie machen sollten. Das Nächste, an das ich mich erinnern konnte, war, wie mich die beiden behutsam in mein Bett zurücklegten, mich sorgsam zudeckten und unmittelbar verschwunden waren. Ich setzte mich im Bett auf und mir dröhnte der Kopf. Das eben Erlebte hatte ich als so real empfunden, dass ich bis heute nicht mit Sicherheit sagen kann, ob es sich dabei um Halluzinationen oder einen Traum gehandelt hatte. Oder ob es nicht doch Wirklichkeit war.

Zu dieser Zeit hatte ich eines Morgens einige körperliche Aussetzer, die mir richtig Angst machten. Ich schleppte mich wie so oft ins Badezimmer und erbrach mich. An die gelbe, etwas bitter schmeckende Gallenflüssigkeit hatte ich mich lange schon gewöhnt. Was mir allerdings neu war: Ich konnte auf dem Rückweg ins Schlafzimmer meine Beine, speziell Unterschenkel und Füße, kaum noch fühlen. Ich konnte nicht unterscheiden, ob diese den Boden berührten oder nicht. Gleichzeitig wurde einen Moment lang alles schwarz um mich, so als ob man den Fernseher aus- und nach zwei Sekunden wieder anmacht. Nachher war mir, als ob sich der Boden unter mir auftat und mich etwas nach unten zog. In diesem Moment hatte ich keine Kontrolle mehr über meinen Körper und ich brach einfach zusammen. Ich fiel auf mein Bett, blieb lange regungslos liegen und rechnete damit, dass ich jetzt sterben würde. Als nichts weiter passierte, begann ich, bitterlich zu weinen. Ich weinte aus Verzweiflung, weil mir mein Alkoholproblem mittlerweile schmerzhaft bewusst war, wenn auch noch nicht im gesamten Ausmaß. Ich weinte aus Selbstmitleid, weil ich mich zu schwach und zu mutlos fühlte, um etwas an meiner Situation zu ändern, und ich weinte – wie so oft – um Annabell. Irgendwann hörte ich durch mein Schluchzen hindurch eine Kinderstimme. Sie kam von einer engelsgleichen Gestalt, die riesengroß und gleichzeitig klein wie ein Baby war und mir zuflüsterte: „Sei nicht traurig, Mama, mir geht es gut. Meine Seele wollte diese Erfahrung machen und hat dich dafür ausgewählt, weil auch deine Seele genau diese Erfahrung machen wollte. Ich bin immer bei dir, und du wirst sehen, es wird alles wieder gut werden." Ob es sich dabei um einen Traum, um eine Halluzination oder um Wunschdenken handelte, kann ich heute nicht mehr sagen. Eines wurde mir damals jedoch bewusst: So konnte es nicht weitergehen.

Geburtstagsfeier

Zu meinem 34. Geburtstag lud ich am Nachmittag einige wenige Bekannte ein. Als Christian am Abend nach Hause kam, waren nur mehr meine Arbeitskollegin und eine Bekannte anwesend. Christian polterte sofort und machte uns Vorwürfe, weil wir uns schon wieder betrinken würden. Dem war aber nicht so. Ich war überraschenderweise nüchtern, denn es waren ja neben meiner Arbeitskollegin noch andere Gäste anwesend gewesen und da wollte ich den Schein wahren. Nachdem Christian keine Anstalten machte, mit seinen lautstarken Vorwürfen aufzuhören, auch nicht nachdem meine Arbeitskollegin ihm versichert hatte, dass wir fast nichts getrunken hatten, platzte mir endgültig der Kragen. Ich war es leid und schämte mich, dass er mich vor meinen Bekannten zur Schnecke machte.

Mutig genug, dank der Anwesenheit meiner beiden Gäste, forderte ich Christian auf, endlich still zu sein. Ich sagte geradeheraus, dass es einfach nur peinlich sei, wie er sich gerade benahm und dass er seine Sachen packen und sich etwas anderes suchen könne, wenn er nur zu schimpfen und zu meckern hatte. Daraufhin packte er fluchend ein paar Sachen zusammen und verließ die Wohnung. Er kam für ein paar Wochen in einer Kleinwohnung unter, die einem seiner Freunde gehörte.

Führerscheinentzug

Auch wenn mir klar war, dass sich in meinem Leben etwas ändern musste, war das Umsetzen ein ganz anderes Thema. Ich erkundigte mich im Internet, was man im Falle eines Alkoholproblems machen konnte. Ich machte Online-Tests, die ein eindeutiges Ergebnis brachten, und ich las Berichte über gesundheitliche Schäden, die durch Alkoholmissbrauch im menschlichen Körper entstehen konnten. Und wie üblich hatte ich am Morgen immer die besten Vorsätze, die sich am späten Nachmittag langsam, aber sicher auflösten.

So auch am Dienstag, dem 23. Dezember 2003. Es war der letzte Arbeitstag vor Weihnachten, und meine Arbeitskollegin und ich waren offiziell im „Spaccio" eingeladen, mit einem Prosecco auf Weihnachten anzustoßen. Und natürlich, wie sollte es auch anders sein, blieb es nicht bei dem einen Glas – da halfen die besten Vorsätze nichts. Mit dem ersten Schluck Alkohol waren alle Schwüre und Versprechungen in meinem Kopf wie gelöscht, einfach nicht mehr vorhanden. Jetzt zählte nur mehr die Wirkung, die die legale Droge auf meinen Körper hatte, und der wollte immer mehr davon.

An diesem Nachmittag verabredete ich mich natürlich auch noch mit meiner Arbeitskollegin, um bei ihr zu Hause auf die Feiertage anzustoßen. Es wurde ein Limoncello, Marke Eigenbau aus Sizilien, serviert, dem ich reichlich zusprach. Irgendwann am späten Nachmittag, es war schon dunkel, verabschiedete ich mich, denn ich wollte in Bruneck noch etwas besorgen. Ich fuhr mit meinem kleinen Sohn, der auf der Rückbank in seinem Kindersitz saß, durch Bruneck, als plötzlich die Polizei mit Blaulicht an mir vorbeifuhr und mir signalisierte, ich solle in eine Seitenstraße fahren und anhalten.

„Patente e Libretto", kam die Aufforderung durch das geöffnete Seitenfenster. Während ich im Handschuhfach nach Führerschein und Fahrzeugpapieren suchte, meinte der Polizist zu mir: „Haben Sie etwas getrunken? Wir sind auf Ihren auffälligen Fahrstil aufmerksam geworden." Ich gestand, eine Kleinigkeit getrunken zu haben, weshalb ein Alkoholtest durchgeführt wurde. Mein Ergebnis war 3,11 Promille Alkohol im Blut. Einer der Beamten forderte mich auf, mit meinem Sohn im Heck des Polizeiautos einzusteigen, um sie in die Kaserne zu begleiten, wo man meine Personalien aufnehmen würde. Der andere Beamte setzte sich an das Steuer meines Wagens und brachte mein Auto ebenfalls zur Kaserne, wo mein Führerschein für drei Monate eingezogen und mir ein Strafbescheid in Höhe 1750 Euro ausgestellt wurde. Anschließend brachte mich ein Bekannter, der selbst bei der Polizei war, mit meinem kleinen Sohn nach Hause.

Als ich am nächsten Morgen erwachte, hoffte ich, nur schlecht geträumt zu haben, aber dem war nicht so. Mein Führerschein war weg und das Bußgeld würde auch mächtig schmerzen, und so nach und nach dämmerte mir, wie viel ich Glück gehabt hatte, dass niemand zu Schaden gekommen war. Als ich mich betrunken hinter das Steuer gesetzt hatte, hatte ich nicht im Geringsten daran gezweifelt, dass ich noch fahrtüchtig war. Ein typisches Beispiel der Selbstüberschätzung unter Alkoholeinfluss.

Dieser Heiligabend war wohl der Schlimmste in meinem Leben. Meine Eltern kamen, um mit uns Weihnachten zu feiern, aber ich war alles andere als in Feierlaune. Schlimmer als ausgesprochene Vorwürfe gewesen wären, waren die stummen Vorwürfe, die ich hinter den Blicken von meiner Mutter und meinem Vater zu erkennen glaubte. Christian war auch da. Er wohnte seit Kurzem wieder bei uns, weil sein Bekannter die Wohnung anderweitig brauchte. Ihm war am wichtigsten, dass das Auto keinen Kratzer abbekommen hatte.

Gute Vorsätze

Es vergingen noch einige Tage, an denen mein Engel und mein Teufel furchtbare Schlachten in mir ausfochten, ehe ich den Schritt wagte und mich an den Dienst für Abhängigkeitserkrankungen wandte, um den ich durch den Führerscheinentzug nicht mehr herumkam. Ich nahm den Termin mit gemischten Gefühlen wahr. Auf der einen Seite war ich voller Hoffnung, dass ich endlich Hilfe bekommen würde, aber auf der anderen Seite schämte ich mich zutiefst dafür, eine Säuferin zu sein, und ich hatte Angst: Angst, dass man mir nicht helfen konnte; Angst vor dem, was auf mich zukommen würde; Angst, etwas zu verlieren, das mich so viele Jahre begleitet hatte, und vor allem Angst, eine Alkoholikerin zu sein. Gebrandmarkt für immer.

Das Gespräch habe ich in guter Erinnerung. Mir wurde das Medikament „Antabuse“ ans Herz gelegt. Die Ärztin, mit der ich dieses Gespräch führte, erklärte mir das Medikament so, dass man aller Wahrscheinlichkeit nach einen Kreislaufkollaps bekommt, wenn man morgens eine Tablette eingenommen hat und später Alkohol trinkt. Ich erklärte mich bereit, dieses Medikament zum Selbstschutz zu Hause eigenständig jeden Morgen einzunehmen, weil ich felsenfest davon überzeugt war, dass ich das hinbekam. Und so war es auch – zwei bis drei Wochen lang.

In dieser Zeit entspannte sich die Situation zu Hause, weil ich funktionierte und es deshalb nichts an mir auszusetzen gab. Christian trank am Abend trotzdem seinen Wein oder sein Bier zum Essen und nachher noch ein bis zwei Whiskys oder Cognacs. Ich traute mich nicht, irgendein alkoholisches Getränk zu mir zu nehmen, da ich zu viel Respekt vor der Reaktion meines Körpers auf die Mischung „Antabuse“ und Alkohol hatte.

Am Wochenende wollten Christian und ich nach Innsbruck fahren, und während wir den Ausflug planten, kamen wir auch auf das Thema Alkohol zu sprechen. Ich kann mich noch erinnern, dass ich sagte: „Zum Essen würde ich schon mal gern ein Weißbier trinken.“ Christian meinte dann: „Du kannst doch das Medikament vorher absetzen und ab Montag wieder einnehmen.“ Die Freude über diesen Vorschlag überwog das schlechte Gewissen in mir um ein Vielfaches. Von da an sehnte ich mich regelrecht nach diesem Weißbier, trank beim Mittagessen gleich zwei und am Abend zu Hause noch einige.

Von diesem Tag an hatte der „Teufel-Anteil“ wieder die Kontrolle über mein Denken, Handeln und Tun übernommen, und das Medikament, das mich vor meinem Alkoholmissbrauch schützen sollte, verschwand im Badezimmerschrank. Ich stürzte noch tiefer ab und kam sinnbildlich gesprochen bis vor das Höllentor. Irgendwie hatte ich mich selbst aufgegeben und suhlte mich in einem fast unerträglichen Selbstmitleid. Alkohol bestimmte meine Gedanken und mein Leben. Es gab kaum noch Tage, an denen ich nüchtern war. Ich fing schon morgens an zu trinken, damit sich mein lädierter Magen wieder halbwegs beruhigte und ich den Tag irgendwie beginnen konnte. Mit Christian gab es nun täglich Streit, der mit verbalen Attacken anfing und fast immer mit Schubsen, Schlägen, Fußtritten und Ähnlichem endete. Was fast noch unerträglicher war: Manchmal ignorierte er mich komplett.

An einem dieser unzähligen Abende, voll von Alkohol gepaart mit Aggression oder Ignoranz, brachte irgendetwas – was es genau war, kann ich heute nicht mehr sagen – das Fass zum Überlaufen. Ich wollte und konnte so nicht mehr weitermachen. Mittlerweile war ich überzeugt, dass Christian recht hatte und es allen bessergehen würde, wenn es mich nicht mehr gäbe. So holte ich mir einen Einmalrasierer aus dem Badezimmerschrank und ging damit ins Schlafzimmer. Ich setzte mich auf das Bett und setzte den Rasierer, ohne zu zögern, hinter dem linken Handgelenk an den Pulsadern an. Als ich ihn mit Druck über meine Haut zog, passierte aber nichts bis auf einen Kratzer. Ich wiederholte den Versuch ein paarmal, musste aber einsehen, dass ich das falsche Werkzeug gewählt hatte. Ich ging in die Küche, ergriff das beste Küchenmesser, das ich finden konnte, und wollte damit ins Schlafzimmer. Christian sah dies, trat auf mich zu, sah die schwach blutenden Kratzer am Handgelenk und nahm mir das Messer aus der Hand. „Spinnst du jetzt komplett!?“ Ich kann mich erinnern, wie enttäuscht ich damals war: Nicht einmal dazu war ich imstande! „Du bist nichts, du hast nichts, du kannst nichts …“, mit diesen Worten von Christian im Hinterkopf, weinte ich mich in den Schlaf.

Zwei Tage später – wie üblich war ich angetrunken – unternahm ich den zweiten Versuch, nachdem ich die Sticheleien und die verbalen Übergriffe meines Mannes nicht mehr ertragen konnte. Ich ging ins Badezimmer, sperrte die Tür hinter mir zu, nahm die „Antabuse“ aus dem Medikamentenschrank und schluckte alle Tabletten, die sich noch in dem Behälter befanden, hintereinander hinunter. Dann setzte ich mich auf den Boden in eine Ecke, wartete und hoffte auf ein schnelles Ende.

Es dauerte nicht lange, bis Christian an die Badezimmertür klopfte. Als ich nicht antwortete, entsperrte er sie von außen mit einer Münze. Als er mich mit dem leeren Behälter in der Hand am Boden sitzen sah, begriff er sofort und rief einen Rettungswagen, der mich ins Krankenhaus brachte. Nachdem man mich untersucht und stabilisiert hatte, brachte man mich zur Beobachtung auf die psychiatrische Abteilung.

Meine Psychiatrieerfahrung

Ich bekam ein Bett in einem Zweibettzimmer. Meine Mitbewohnerin schlief, bei mir wollte sich jedoch kein Schlaf einstellen. Neben meinen kreisenden Gedanken waren es vor allem die lauten Schreie, die aus einem der Nebenzimmer drangen, die mich wachhielten.

Am nächsten Morgen hatte ich das erste Gespräch mit der damaligen Primarin des Dienstes für Abhängigkeitserkrankungen. Es war dieselbe Ärztin, die mir das Medikament „Antabuse" empfohlen hatte. Sie erklärte mir, dass das Medikament nur wirke, wenn man es vor dem Alkoholkonsum einnahm, es aber nicht geeignet wäre, sich das Leben zu nehmen. Schlucke man es, nachdem man getrunken hat, hätte es so gut wie keine Wirkung mehr.

Die Gespräche mit der Ärztin taten mir gut. Sie erzählte mir vom Therapiezentrum Bad Bachgart, der „Fanta-Farm", wie sie abwertend von all jenen bezeichnet wird, die sie selbst am notwendigsten hätten, und von der Möglichkeit, dort eine achtwöchige Therapie zu machen. Ich fand das Angebot sehr ansprechend, aber ich wüsste nicht, wer sich in der Zeit um die Kinder kümmern sollte. Da bekam ich zur Antwort: „Frau Niederkofler, Sie wollten sich das Leben nehmen, wer hätte sich dann um Ihre Kinder gekümmert? Hier handelt es sich doch nur um zwei Monate und nicht für immer."

Wo sie recht hatte, hatte sie recht, die Frau Doktor! Ich muss wohl während dieser Gespräche mental recht stabil gewirkt haben, denn meine ablehnende Haltung gegenüber den mir angebotenen Medikamenten wurde überraschenderweise akzeptiert, und ich wurde nie zu einem der zahlreichen Psychopharmaka gedrängt. Genauso wenig hatte ich auffällige körperliche Symptome wie Schweißausbrüche, Zittern, Brechreiz, Unruhe oder Herzrasen, die eine medikamentöse Therapie erforderlich gemacht hätten. Ich litt an keiner körperlichen, sehr wohl aber an einer psychischen Abhängigkeit.

Nach drei Tagen bat ich um meine Entlassung, die man mir nach einem abschließenden Gespräch gewährte. Ich nahm das Angebot, nach Bad Bachgart zu gehen, dankend an, versicherte der Ärztin, bis dahin nüchtern zu bleiben, und war einfach nur erleichtert, diesen

Ort mit all seinen ungewohnten menschlichen Lauten wieder verlassen zu dürfen.

25. April

Zu Hause nach der Entlassung aus der Psychiatrie fühlte ich mich jedoch elend. Ich kämpfte mit Scham und Reue, wenn ich in die Augen meiner Kinder sah, und ich kämpfte gegen das verführerische Flüstern des Teufels in mir, endlich meinem Verlangen nachzugeben und meine negativen Gefühle mit Alkohol zum Schweigen zu bringen.

Heute kann ich nicht mehr genau sagen, ob und wenn ja, wie oft ich in den drei Wochen, bis ich meine Therapie antreten konnte, getrunken habe. Auf jeden Fall erinnere ich mich noch gut an den 25. April 2005. Es war ein Montag, Staatsfeiertag in Italien, der Namenstag meines Bruders und bis heute der Tag, an dem ich meinen letzten Tropfen Alkohol getrunken habe.

Da am nächsten Tag meine Therapie im Therapiezentrum Bad Bachgart beginnen sollte und ich nachher nicht mehr trinken würde, wollte ich ein allerletztes Mal anstoßen und auch aus diesem „Anstoßen" wurde ein Totalabsturz. Der Koffer für meinen Therapieaufenthalt stand bereit, die Kinder waren im Kindergarten und in der Schule, und mir war kotzübel. Ich wollte nicht mehr zur Therapie, ich wollte zu Hause bleiben und meinen Kater pflegen, wollte einfach nur in Ruhe gelassen werden. Aber Christian gab nicht nach und redete mir gut zu – dafür bin ich ihm dankbar –, bis ich endlich nachgab und mich nach Bad Bachgart bringen ließ.

Reflexion

Für jemanden, der nicht an einer Suchterkrankung leidet, ist es kaum nachvollziehbar, wie stark und mächtig der Drang nach Alkohol ist, wenn man davon abhängig ist. Dabei geht es gar nicht darum, dass diese Getränke schmackhaft sind – es geht einzig und allein um die Wirkung. Nach dem ersten Glas wurde in meinem Kopf ein Schalter umgelegt, wodurch ich nur mehr weitertrinken wollte. Ich habe, wenn nötig, Himmel und Hölle in Bewegung gesetzt, um mir nicht nur das nächste Glas zu sichern, sondern auch das übernächste und die vielen darauffolgenden. Ich habe kalkuliert, wie viel Alkohol noch vorrätig war, und schneller getrunken als Christian, um an mein Quantum zu kommen. Regelmäßig habe ich bei meiner Arbeitskollegin vorgefühlt, ob ich bei ihr vorbeikommen konnte, wenn meine Vorräte fertig waren. Ich hörte mit dem Trinken erst auf, wenn mein Magen nicht mehr konnte, wenn alles ausgetrunken war oder Christian mich ins Bett zwang und ich einschlief.

Heute denke ich noch oft an meinen ungesunden Lebensstil, den ich geführt habe, und bin erstaunt, wie viel ein menschlicher Körper einem verzeiht, wenn man es schafft, das Ruder rechtzeitig herumzureißen. Ich weiß nun, dass ein gesundes Leben sich um ein Vielfaches besser anfühlt und sich die Seele in einem gesunden und fitten Körper sehr viel wohler fühlt als in einem, der durch die legale Droge Alkohol malträtiert wird.

Die emotionalen Berg- und Talfahrten, die ich durch den Alkohol erlebte, waren nicht nur anstrengend, sondern auch irreführend. Wenn ich nüchtern einer bestimmten Sache eher verhalten und vorsichtig gegenüberstand, so änderte sich meine Sichtweise darüber mit zunehmender Trunkenheit. Plötzlich wurde alles locker und leicht und es gab keine Probleme mehr.

Natürlich konnte auch das Gegenteil passieren. Am nächsten Tag herrschte dann Chaos in meinem Kopf. Ich ärgerte mich über mich selbst und war meist mit Schadensbegrenzung und Richtigstellungen beschäftigt, was mir peinlich war.

Unangenehm und peinlich waren auch die Mitteilungen am Telefon, die ich in meinen Rauschzuständen versendete und zurückbekam. Auch wenn ich mir nüchtern noch so oft vornahm, niemandem mehr zu schreiben, wenn ich getrunken hatte, konnte es mein benebelter Verstand nicht lassen. Er musste allen möglichen Menschen mitteilen, was er gerade über sie dachte, und das waren nicht selten unschöne Ansichten. Ich traute mich am Morgen oft nicht, auf mein Telefon zu sehen – aus Angst, was ich entdecken würde. Ich schämte mich natürlich und rang mir jedes Mal Entschuldigungen ab, um halbwegs rehabilitiert dazustehen.

Ganz untypisch für mein nüchternes Ich waren die Provokationen, die mein betrunkenes Ich umso mehr auslebte. Ich legte es regelrecht darauf an, Christian zu provozieren, damit er mich verletzte und dadurch irgendwann zur Rechenschaft gezogen wird. Heute sehe ich dieses Verhalten aus einer anderen, nüchternen und glasklaren Perspektive. Die selbstzerstörerische Denk- und Lebensweise von damals rührte daher, dass ich mich selbst am meisten hasste und verachtete. Indirekt suchte ich deshalb nach Bestrafung.

An klaren Tagen oder Tagesabschnitten lehnte ich mein provozierendes Verhalten ab. Es war mir klar, dass Trinken nicht die Lösung war. Ich wurde meiner Mutterrolle nicht gerecht, da ich meine Kinder vor allem emotional vernachlässigte, und war keine gute Partnerin für meinen Ehemann. Die indirekte Bestrafung durch psychische und physische Gewalt katapultierte mich direkt in die Opferrolle und lieferte mir wiederum einen Grund zum Selbstmitleid, das ich im Alkohol ertränken konnte. Ein Teufelskreis, der zu durchschauen für mich damals unmöglich war, genauso wenig wie der Ausstieg davon.

Auch wenn ich mir heute eine Teilschuld an der erlebten Gewaltsituation in meiner Ehe eingestehe, verurteile und verabscheue ich häusliche Gewalt aufs Äußerste. Gewalt ist nie eine Lösung, und Druck erzeugt Gegendruck, das ist ein unumstößliches physikalisches Gesetz. Ich kann nur jeder Frau und jedem Mann raten – ja, auch Männer werden von ihren Frauen geschlagen und verbal attackiert –, bei vermehrt auftretender psychischer Gewalt und schon bei der ersten Ohrfeige hellhörig zu werden und sich den nötigen Respekt zu verschaffen. Sonst läuft man Gefahr, dass die Hemmschwelle des Partners immer weiter sinkt und es zu immer häufigeren Übergriffen kommt.

Wie viel Alkohol, diese von der Mehrheit der Gesellschaft verharmloste Substanz, Schaden in den Gehirnen anrichtet, zeigt unter anderem meine Begegnung mit den Außerirdischen. Das Gehirn wird in einen Zustand versetzt, wo es Realität und Scheinwelt nicht mehr auseinanderhalten kann. Mit jedem Rauschzustand werden unzählige Gehirnzellen zerstört und gehen für immer verloren. Trinker haben dadurch ein um ein Vielfaches höheres Risiko, im Alter an Alzheimer zu erkranken.

Eines der wohl häufigsten Phänomene der Selbstüberschätzung unter Alkoholeinfluss ist die Annahme, dass man betrunken genauso fahrtüchtig ist wie nüchtern, wenn nicht sogar noch besser. Dass dem nicht so ist, zeigen die unzähligen, schweren Verkehrsunfälle mit Todesfolge. Ein Gesetz der null Promille am Steuer wäre in meinen Augen richtig, weil meist unbeteiligte Personen zu Schaden kommen, die zur falschen Zeit am falschen Ort waren.

In meinen vielen Gesprächen mit Angehörigen wurde ich immer wieder gefragt, warum sich Betroffene nicht helfen lassen und wann denn endlich Hilfe möglich sei. Meine Antwort war immer dieselbe: Die meisten Trinker müssen ganz tief abrutschen und direkt vor dem Höllentor landen, damit Hilfe möglich ist. Solange das Leben einer alkoholabhängigen Person noch halbwegs in normalen Bahnen verläuft, hat diese keinen Grund, etwas zu ändern. Solange es noch nüchterne Tage oder vielleicht sogar Wochen gibt, ist in den meisten Köpfen noch gar nicht angekommen, dass man überhaupt ein Problem hat. Deshalb muss man meist sehr tief sinken, und es bedarf vieler Probleme und Unannehmlichkeiten, vor denen man die Augen nicht mehr verschließen kann, ehe Hilfe möglich ist. Leider kommt es zu dieser Einsicht nicht bei jedem. Viele schaffen den Ausstieg nie und trinken sich regelrecht zu Tode.

Ich persönlich wollte nicht warten, bis ich mich zu Tode trinken würde. Ich wollte auch nicht länger die Beleidigungen und Attacken meines Mannes ertragen, aber vor allem – und davon bin ich heute felsenfest überzeugt – wollte mein geschundener, kranker, vernebelter Geist einfach zur Ruhe und in die Stille kommen. Ich wollte durch meine halbherzigen Suizidversuche aus dem Leben fliehen. Einem Leben, mit dem ich nicht zurechtkam, das in meinen Augen nicht lebenswert war und in dem ich mich nie richtig willkommen gefühlt hatte.

Mein Körper und meine Seele mussten in meinem Leben zahlreiche demütigende, entwürdigende und verachtenswerte Situationen und Handlungen mitmachen, über die ich mit keinem Menschen gesprochen habe und nie sprechen werde. Ich war zwar nicht nur Opfer, sondern selbst „Täterin", ich bin aber nicht alleine schuld. Eine Mischung aus meinen Genen, Kindheitserfahrungen, Traumata, Nachahmung und positiven Erfahrungen im betrunkenen Zustand haben mich in diese Erkrankung getrieben, aber trotzdem trage ich Verantwortung für mein Handeln und Tun. Und gerade, weil ich diese Erfahrungen gemacht habe, möchte ich Menschen, die selbst durch die Hölle gehen, Mut machen, dass man sehr wohl fliehen kann und es hinterher möglich ist, ein glückliches und erfülltes Leben zu führen. Dazu bedarf es allerdings einer großen Portion Selbstdisziplin und des Willens, kontinuierlich an sich zu arbeiten.

Mir persönlich war es sehr wichtig, meinen Absprung und meinen Genesungsprozess ohne chemisch synthetische Hilfsmittel, sprich Medikamente durchzuziehen. Ich wollte die Gefühle der Trauer, der Wut, der Enttäuschung, der Verletzung und des Hasses bewusst fühlen, durchleben und aufarbeiten, um damit irgendwann zu leben oder mit meiner Vergangenheit in Frieden abzuschließen.

Eines möchte ich hier noch erwähnen: Trotz meines holprigen Lebensweges, meiner schwierigen Ehe mit vielen Hindernissen und Stolpersteinen, trotz Missbrauchs, körperlicher Übergriffe und psychischer Gewalt war ich nicht nur Opfer, sondern auch Täterin. Ich habe viele negative Erfahrungen gemacht, doch auch mein Umfeld hatte an meinen Handlungen und an meinem Wirken zu leiden. Durch viele dieser Erfahrungen bin ich gereift und gewachsen und kann sie heute mir selbst und anderen Menschen zunutze machen.

Die größten Geschenke dieser Zeit sind jedoch meine beiden wundervollen Kinder, die aus dieser Verbindung hervorgegangen sind und für die ich meinem Ex-Mann dankbar bin.

Menschen, denen das auffällige Trinkverhalten von Freunden nicht entgeht, fühlen sich unsicher, wie sie damit umgehen sollen. Dabei ist auf jeden Fall etwas Fingerspitzengefühl gefragt. Am besten, am ehrlichsten und am mutigsten ist es natürlich, wenn man die Beobachtungen offen anspricht. Man sollte dabei natürlich nie ausfallend, respektlos oder beleidigend werden. Einfach das, was man beobachtet hat und was einem aufgefallen ist, ruhig ansprechen und Hilfe anbieten. Man darf auch sagen, dass man sich Sorgen macht und für den anderen da ist, wenn er das möchte. Nichts sagen und wegschauen ist die schlimmere Option und vor allem kein Freundschaftsdienst.

Dasselbe gilt für Familienangehörige. Auch hier sollte das Problem offen angesprochen werden. Obwohl es unter Familienangehörigen oft sehr viel schwieriger ist und der Betroffene Schwierigkeiten hat, das Thematisieren als das zu sehen, was es im Grunde ist: ein Hilfsangebot. Eine verärgerte Reaktion ist ganz normal, denn niemand wird gern mit einem unangenehmen Thema konfrontiert. Betroffene Angehörige fühlen sich meist zu Unrecht verdächtigt und reagieren eher trotzig, ungehalten oder aggressiv. Vor allem wenn Eltern ihre erwachsenen Kinder auf eine Alkoholproblematik ansprechen. Am besten funktioniert es immer noch, wenn Kinder ihre Eltern konfrontieren. Häufig braucht es zudem Zeit, bis der Betroffene bereit ist, sich sein Alkoholproblem einzugestehen.

Wenn du eine Angehörige oder einen Angehörigen mit Alkoholproblemen hast, ist eines besonders wichtig: Achte auf dich selbst. Sei realistisch, was du leisten und an Unterstützung anbieten kannst. Achte zuerst auf deine Gesundheit und dein Wohlbefinden. Wenn du merkst, dass dir alles zu viel wird, nimm auch mal Abstand oder gönn dir eine Auszeit.

Bevor du das Gespräch suchst, ist es wichtig, dich selbst gedanklich darauf vorzubereiten. Die meisten suchtkranken Menschen schämen sich für ihren Alkoholkonsum. Ein geschützter Rahmen, in dem niemand mithören kann, ist daher eine wichtige Voraussetzung für ein Gespräch. Genauso wesentlich ist es, dass dein Gesprächspartner nüchtern ist und ihr beide in einem entspannten Gemütszustand seid. Damit das Gespräch ruhig verläuft, müssen die eigenen Gefühle und Emotionen möglichst zurückgehalten werden, auch wenn das schwerfällt. Lass dich auf keinen Fall entmutigen, wenn du zunächst auf Ablehnung und Gegenwehr stößt. Du kannst stolz auf dich, deinen Mut und dein Engagement sein. Eines solltest du dir immer wieder klarmachen: Du bist nicht für das Verhalten einer anderen Person verantwortlich und auch nicht für die Entscheidung, die sie trifft.

Die Entscheidung, mit dem Trinken aufzuhören und sich Hilfe zu holen, muss jeder Betroffene für sich allein treffen. Dazu muss man sich das Problem aber erst eingestehen und das fällt den meisten sehr schwer. Als Angehöriger brauchst du hier sehr viel Geduld: Es braucht häufig mehrere Anläufe, um ein Trinkverhalten dauerhaft zu ändern.

Trinken hat oft eine Funktion – zu beruhigen, Probleme in den Hintergrund treten zu lassen, mutiger zu werden usw. –, weshalb Willenskraft allein für eine Verhaltensänderung nicht ausreicht. Die Probleme oder die Gründe des Trinkens sollten angegangen werden, und das kann viel anstrengender sein, als alles beim Alten zu belassen. Trinkt ein Partner regelmäßig nach dem Feierabend als Entspannung oder als Belohnung, kann man sich gemeinsame Alternativen überlegen, die Freude bereiten und Spaß machen, so zum Beispiel ein gemeinsames Hobby wie Tanzen.

Regelmäßiger Alkoholkonsum kann körperlich und mental abhängig machen. Dabei handelt es sich nicht, wie vielfach noch in den Köpfen der Gesellschaft verankert, um eine Willensfrage oder um eine Moral- oder Charakterschwäche: Sucht ist eine Erkrankung.

Wenn jemand bereits eine Abhängigkeit entwickelt hat, wird ein Ausstieg ohne professionelle Hilfe fast unmöglich. Als Erstes ist jedoch jeder Betroffene selbst dafür verantwortlich, Unterstützung anzunehmen und zu nutzen, auch wenn du ihm diese Entscheidung gern abnehmen würdest. Gelingt es dem Betroffenen noch nicht, den entscheidenden Schritt zu machen, musst du das hinnehmen. Es ist jedoch dein gutes Recht klarzustellen, welchen Lebenswandel und welches Verhalten du akzeptierst und was nicht. Dabei musst du lernen, Grenzen zu setzen, auf deren Einhaltung zu achten und vor allem die angekündigten Konsequenzen umzusetzen.

Beziehungen, in denen es zu Gewaltausübung kommt, liegt meist eine Eigendynamik zugrunde, die einem bestimmten Muster folgt. Dabei ist es ganz typisch, dass sich die Situation zunächst immer wieder beruhigt und der Gewaltausübende Reue zeigt und sich entschuldigt. Es dauert jedoch nicht lange, bis es zu weiteren Übergriffen kommt. Mit der Zeit werden die Abstände zwischen den einzelnen

Gewaltausbrüchen kürzer und die Heftigkeit nimmt zu. Bei häuslicher Gewalt handelt es sich um Wiederholungstaten.

Wenn schon nicht für dich selbst, so muss häusliche Gewalt aus Liebe zu deinem Kind sofort gestoppt werden. Kinder aus Familien, die Gewalt als Konfliktlösungsmethode kennenlernen, neigen später oft dazu, selbst gewalttätig oder Opfer häuslicher Gewalt zu werden.

Häusliche Gewalt hat viele Gesichter. Dabei kann es sich um Erscheinungsformen wie Demütigungen, Beleidigungen und Einschüchterungen, Bedrohung sowie psychische, physische und sexuelle Misshandlungen, Freiheitsberaubung bis hin zu Vergewaltigungen oder gar versuchten oder vollendeten Tötungen handeln. Häusliche Gewalt ist in allen Gesellschaftsschichten, Religionen, Altersgruppen und Kulturen zu finden und muss unbedingt zur Anzeige gebracht werden.

Tipps für Angehörige

- ↘ Frag dein Gegenüber ganz offen, wie es ihm mit dem Alkoholkonsum geht oder ob es sich schon einmal Gedanken darüber gemacht hat.
- ↘ Verwende immer „Ich-Botschaften", um das, was dich beschäftigt, anzubringen, zum Beispiel: „Ich mache mir Sorgen darüber, wie viel du in letzter Zeit trinkst."
- ↘ Höre gut zu und unterbrich den anderen nicht.

- ↘ Bring deine Beobachtungen und Sorgen der letzten Zeit an, zum Beispiel: „Ich habe festgestellt, dass wir kaum noch etwas zusammen unternehmen.“
- ↘ Verwende nicht den Begriff „Alkoholiker“ und halte dich zurück mit Ausdrücken wie „Abhängigkeit“ und „Sucht“.
- ↘ Vermeide, dein Gegenüber zu belehren oder erziehen zu wollen, und halte dich mit Vorwürfen zurück, dies führt zwangsläufig zu Abwehrreaktionen.
- ↘ Es bringt dir gar nichts, wenn du die betroffene Person mit Bestechung, Nörgeln, Weinen oder Drohungen zu kontrollieren versuchst. Es wird alles nur noch schlimmer machen.
- ↘ Problematisches Verhalten darf offen und ehrlich angesprochen werden, zum Beispiel: „Mir ist aufgefallen, dass du dich öfter mit X streitest, wenn du trinkst“, aber kritisiere nie die Person selbst.
- ↘ Motiviere dein Gegenüber zu einem analkoholischen Getränk und nicht zu Alkohol.
- ↘ Trinke aus Respekt und zur Unterstützung nicht zusammen mit dem Betroffenen oder in seiner Gegenwart.
- ↘ Übernimm keine Aufgaben, für die dein Gegenüber selbst verantwortlich ist, außer es besteht dadurch eine ernst zu nehmende Gefahr für ihn, dich und für andere.
- ↘ Besorge keinen Alkohol für ihn.
- ↘ Unterstütze dein Gegenüber nicht, sein Trinkverhalten zu verharmlosen oder gar zu verheimlichen.
- ↘ Suche keine Ausreden und Entschuldigungen für die Folgen des Trinkverhaltens des Betroffenen.

- Bei akuter Bedrohung durch häusliche Gewalt wähle die Notrufnummer 112, damit Hilfsmaßnahmen eingeleitet werden können.
- Mache unbedingt eine Strafanzeige.
- Lasse deine Blutergüsse und Verletzungen von deinem Vertrauensarzt dokumentieren.
- Organisationen wie „Frauen helfen Frauen“ und „Frauenhäuser“ bieten Hilfe und Schutz an.
- Mit dem Codewort „Erika“ kann man sich in jedem Krankenhaus in Südtirol unauffällig als Opfer häuslicher Gewalt zu erkennen geben und auf sich aufmerksam machen, wenn man Hilfe benötigt.
- Informiere dich, wie das Codewort lautet, wenn du außerhalb von Südtirol wohnst.

Lebenserwartung

Langjähriger Alkoholkonsum, auch wenn er in relativ geringen Mengen zu sich genommen wird, bringt ein erhebliches Krankheitsrisiko mit sich. Die Folgeschäden sind vielfältig und die Lebenserwartung ist vor allem bei süchtigem Konsum verkürzt. Alkoholabhängige Menschen sterben im Durchschnitt 20 Jahre früher als Menschen ohne Sucht. Wenn es darum geht, den Alkoholkonsum schönzureden, von den Folgeerkrankungen des Konsums abzulenken oder Rechtfertigungen für den eigenen Konsum ins Feld zu führen, werden gerne sehr alte Menschen zitiert, die einen täglichen Schnaps als ihr persönliches Lebenselixier erklären. Ähnlich die Argumentation, dass Rotwein Inhaltsstoffe habe, der Herzerkrankungen vorbeugen könne, sich insgesamt positiv auf die Herz-Kreislauf-Gesundheit auswirke und damit gesund sei. Nein, die Substanz Alkohol ist ein Zellgift und damit nie gesund für unseren Körper. Die in diesem Zusammenhang angeführten, aber längst widerlegten Studien erfüllen die wissenschaftlichen Kriterien nicht. Wollte man den als Argument ins Feld geführten Inhaltsstoff Resveratrol, der sich in Weintrauben, Erdnüssen und Pflaumen befindet, tatsächlich durch den Konsum von Wein positiv nutzen, müssten wir Unmengen an Rotwein zu uns nehmen. Die Substanz Alkohol hingegen, die wir mit dem Wein aufnehmen würden, wäre dermaßen groß und gesundheitsschädlich, dass das Verhältnis niemals für den Konsum spricht oder medizinisch vertretbar ist. Den oben erwähnten einzelnen bei guter Gesundheit alt gewordenen Menschen, die in ihrem Leben geringe Mengen Alkohol konsumiert haben, stehen 2,5 Prozent der Frauen und 7,5 Prozent der Männer, also im Schnitt fünf Prozent alkoholabhängige Menschen der Gesamtbevölkerung gegenüber, die schwerste gesundheitliche Schäden davontragen. Man bedenke, dass 15.000 bis 26.000 Südtiroler alkoholabhängig sind. Wir müssen davon ausgehen, dass die Dunkelziffer von Menschen, die ein krankheitswertiges Alkoholproblem haben, sicher über dieser Schätzung liegt. Die gesundheitliche Beeinträchtigung der Angehörigen noch nicht einmal eingerechnet.

Wenn es nicht mehr geht

Bezüglich Lebenserwartung gilt es, noch ein Thema zu besprechen: 15 Prozent der Alkoholkranken sterben an Suizid. Menschen neigen zu riskantem Verhalten oder Selbstverletzungen, wenn sie unter Alkoholeinfluss stehen. Und Menschen begehen Suizid, aufgrund der Folgen der Abhängigkeit wie schwere körperliche Folgeerkrankungen, zerbrochene Beziehungen, finanzielle oder rechtliche Probleme.

Wenn jemand mit Suizid droht, dann rufe ein Krisentelefon oder den medizinischen Notrufdienst. Hole dir Hilfe und lasse die Person nicht allein. Versuche mit der Person, darüber zu reden. Das Darüberreden macht es nicht wahrscheinlicher, dass die Person sich umbringt, sondern lässt sie wissen, dass sich jemand um sie kümmert. Entferne Gegenstände, die zur Selbstverletzung verwendet werden können. Ermutige die Person, eine Behandlung in Anspruch zu nehmen.

Wichtig!

Denkst du selbst an Suizid und befindest dich in unmittelbarer Gefahr, rufe ein Krisentelefon oder den medizinischen Notrufdienst an oder suche das Krankenhaus auf. Vertraue dich jemandem an! Hole dir Hilfe. Wenn du nicht unmittelbar in Gefahr bist, nimm diesbezügliche Sorgen dennoch ernst und wende dich an eine vertraute Person aus dem Familien- oder Freundeskreis oder aus dem ärztlich-medizinischen Umfeld. Suche eine Alkoholberatungsstelle auf, und versuche, die Probleme mit einer Alkoholbehandlung anzugehen.

Angst und Schrecken

Ruth war wiederholt in suizidale Krisen geraten, hatte abgewogen, ob es nicht einfacher und erträglicher wäre, alles hinter sich zu lassen. Erst später hat sie sich mit jenem inneren Anteil in ihr auseinandergesetzt, der sie in ihrem Leben immer wieder dazu gebracht hatte, sich selbst zu bestrafen und sich selbst Schaden zuzufügen. Es ist schon beeindruckend, welch komplexe Dynamiken in uns ablaufen. Auch jene Stelle, an der sie reflektiert, dass es einem richtig schlecht gehen und man gewissermaßen am Boden liegen muss, bevor man die Entscheidung trifft, sich helfen zu lassen, ist bezeichnend hierfür. Es wirkt ein wenig, als ob sie sehr lange nicht daran geglaubt hätte, es verdient zu haben, dass es ihr in ihrem Leben gut geht.

Selbst als dann keiner mehr da ist, der sie verletzt, übernimmt sie in einer selbstzerstörerischen Art und Weise selbst die Aufgabe der Bestrafung. Damit folgte sie wohl einer tief in ihr verankerten Überzeugung: Du musst zunächst schwer leiden, bevor du dich um dich kümmern darfst. Es scheint, als ob sie sich damit abgefunden hätte zu leiden. Nachdem es immer so war, würde es schon so sein müssen. Zu dem Zeitpunkt all der geschilderten Demütigungen und Niederlagen kann sie sich eine Ruth in anderer Verfassung offenbar gar nicht vorstellen. Veränderung scheint ihr befremdlich, ist eine zu große Hürde und macht deshalb Angst. Stattdessen bleibt sie wie festgefahren in der Sackgasse stecken und rennt immer wieder aufs Neue gegen das Ende der Straße an. Zu gerne möchte man ihr von außen zurufen: „Dreh doch um, komm da heraus, um dem bizarren und grausamen Ablauf die Macht zu nehmen." Als ob sie in einem Tunnel wäre, kann sie es nicht hören.

Später, in der therapeutischen Arbeit, wenn es darum geht, vorsichtig, aber doch mutig und entschlossen hinzuschauen und den Film vor dem inneren Auge abzuspielen, macht sich eine immense Betroffenheit bemerkbar und die Verwunderung darüber, mit wie viel zerstörerischer Kraft die teilweise aggressiven Verhaltensweisen am Werk sind. Wie Ruth aufrichtig und ehrlicherweise anerkennt und einräumt: ganz gewiss auch eigene aggressive Verhaltensweisen.

MEIN EINSTIEG IN DEN AUSSTIEG

Bad Bachgart

Ich erinnere mich heute noch oft und gern daran, wie ich zum ersten Mal das Gebäude von Bad Bachgart inmitten einer zauberhaften Lichtung, eingerahmt von dichten Wäldern, erblickte. Das ganze Ensemble strahlte Ruhe, Frieden und Harmonie aus, und mich überkam ein Gefühl, endlich angekommen zu sein. Es war damals ein Gefühl, das man schwer in Worte fassen kann. Wie sehr mich der Zauber dieses Augenblicks gefangen genommen hatte, zeigt mir die Gänsehaut, die heute noch meinen gesamten Körper überzieht, wenn ich dran denke.

Mein Aufnahmegespräch führte ich mit der Psychiaterin der Einrichtung. Nach dem Gespräch war ich erleichtert und froh, dass ich diesen Schritt gemacht hatte, und zudem fest entschlossen, diese Therapiemöglichkeit bestmöglich für mich zu nutzen.

Ich bekam ein schönes Einzelzimmer zugewiesen, was für mich ein Glücksfall war und ich als puren Luxus empfand. In einem Zweibettzimmer hätte ich aufgrund meiner Introvertiertheit und meines Hangs, mich zurückzuziehen, wahrscheinlich sehr gelitten. Außerdem hatte ich mir in meiner Schnitzschulzeit eine chronische Darmträgheit mit Verstopfung antrainiert, physisch wie psychisch, die sich unverzüglich einstellt, sobald ich eine Toilette mit jemandem teilen muss.

Dienstag und Donnerstag waren die Tage, an denen die neuen Patienten ihre Therapie antraten und die, die ihre Therapie abgeschlossen hatten, die Einrichtung wieder verließen. Am ersten Tag bekam ich eine Patin zugeteilt, die mir die Einrichtung zeigte, mich herumführte und mir die Abläufe erklärte. Jeder Patient bekam neben seinem persönlichen Therapieplan auch bestimmte Arbeitsaufgaben zugeteilt. Dazu gehörten beispielsweise Tischdienst, Bardienst, Stalldienst oder Telefondienst. Es wurden verschiedene Ergotherapien wie Tischlern, Töpfern oder unterschiedliche Maltechniken angeboten. Außerdem gab es unter anderem Reittherapie, Bewegungstherapie mit Sport, Yoga und Tanz oder Entspannungstherapien.

Regelmäßig besuchte ich Einzelgespräche mit einem persönlichen Psychotherapeuten und Gruppengespräche, bei denen immer ein Therapeut anwesend war und die Patienten untereinander Erfahrungen und Erlebnisse austauschten.

Ich lernte im Therapiezentrum täglich wiederkehrende Rituale kennen, schätzen und lieben, von denen ich beispielsweise die allmorgendliche Bewegung an der frischen Luft bis heute beibehalten habe. Es dauerte nicht lange und ich fühlte mich richtig wohl in Bad Bachgart. Sobald man mir erlaubte, mir meine Sachen zum Schnitzen bringen zu lassen, war ich in jeder freien Minute an einem Relief mit dem Thema „Mutter mit Kind" beschäftigt. Tag für Tag kamen Mitpatienten und Therapeuten vorbei, um den Fortschritt des Werkes zu begutachten.

Da es in meiner Ehe mächtig kriselte, wurde ein Paargespräch mit Christian angedacht. Die Meinung meines Mannes, die er von Psychologen hatte, war mir gut bekannt, und ich war überzeugt, dass er gegenüber einer weiblichen Therapeutin wenig Respekt zeigen würde, deswegen erklärte sich der damalige Direktor Dr. Helmut Zingerle bereit, dieses Gespräch mit Christian und mir zu führen. In meinen Augen war Dr. Zingerle aufgrund seiner mächtigen Erscheinung regelrecht für dieses Gespräch prädestiniert.

Im Vorfeld hatte ich mit Dr. Zingerle abgeklärt, dass es gut wäre, wenn Christian ebenfalls eine Therapie in Bad Bachgart machen würde und dass er meinen Mann dazu bringen sollte, einer solchen zuzustimmen. Es würde mir nämlich nicht viel bringen, wenn ich nach Hause komme und Alkohol ständig verfügbar wäre.

Christian erschien pünktlich und Dr. Zingerle eröffnete das Gespräch. Je weiter es fortschritt, umso flauer wurde mir im Magen. Ich bekam regelrecht Panik, wenn ich mir vorstellte, dass ich noch weiterhin mit diesem Mann zusammenleben sollte. Ich hatte die vorhergehenden Wochen genützt, mit nüchternem und klarem Verstand meine Lebenssituation zu analysieren, mir überlegt, wie ich mir meine Zukunft vorstellte und welche Ziele ich mir setzte. Ich war bis dato noch zu keinem klaren Ergebnis gekommen, aber eines wurde mir in dem Moment schlagartig klar: Ich wollte und konnte mein Leben nicht an der Seite dieses Mannes fortsetzten. Wenn ja, würde ich den Absprung nicht schaffen.

Für meine beiden Gesprächspartner kam die Mitteilung, mit der ich sie überrumpelte, völlig unerwartet: „Ich möchte die Scheidung!" Christian reagierte sehr gekränkt und wütend darauf, da er sich aller Wahrscheinlichkeit nach in seiner männlichen Eitelkeit verletzt fühlte. Er fing umgehend an, mit seinen üblichen Kraftausdrücken um sich zu werfen, und ich war in dem Moment heilfroh, dass Dr. Zingerle anwesend war. Dieser war zwar einen Moment lang perplex, da ich mich nicht an den abgesprochenen Ablauf gehalten hatte, fing sich aber schnell und brachte Christian nach einigem Hin und Her schnell wieder zur Vernunft. Dieser sah keinen Grund mehr, noch länger zu bleiben, und verließ gekränkt die Einrichtung.

Dr. Zingerle sah mich anschließend mit einem sehr strengen Blick über seine Lesebrille hinweg an und meinte: „Ich kann gut verstehen, dass Sie mit diesem Mann nicht länger verheiratet sein möchten, aber das hätten Sie vorher mit mir absprechen müssen." Doch wie kann man vorher mit jemandem etwas absprechen, das einem selbst nicht klar war? Nach diesem Gespräch nahm ich Kontakt mit einer Anwältin auf, und mein Therapieaufenthalt wurde auf zehn Wochen verlängert, damit Christian Zeit hatte, sich eine eigene Wohnung zu organisieren und auszuziehen, bevor ich nach Hause kam.

Ich kann mich nicht mehr daran erinnern, wie und wann genau ich davon erfahren habe, dass bei Therapieantritt ein Alkoholtest gemacht wird, und falls dieser positiv ausfällt, man mit der Therapie gar nicht anfangen darf. Bei mir wurde dieser Test vergessen. Ich bin heute noch unendlich dankbar für diesen menschlichen Fehler, denn mit dem Vollrausch, den ich am Tag vorher hatte, wäre mein Test garantiert positiv ausgefallen. Hätte man mich damals nach Hause geschickt, wäre ich aus Scham vermutlich kein zweites Mal nach Bad Bachgart gegangen.

Die vielleicht zehn wertvollsten, erkenntnisreichsten und hilfreichsten Wochen meines Lebens gingen wie im Flug vorbei. Am Ende fühlte ich mich wie befreit, war endlich wieder ganz klar im Kopf und nahm mich auch körperlich wieder sehr viel besser wahr. Trotzdem sah ich mit Bangen in die Zukunft. Wie würde es mir „draußen" in der Welt, allein auf mich gestellt, gehen? Würde ich es schaffen, abstinent zu bleiben? Wie würde ich finanziell dastehen, und würde ich alleine imstande sein, meine Wohnung, die gleichzeitig das Zuhause meiner Kinder war, zu erhalten? Aber alles Zaudern half nichts, ich musste mich dem Leben stellen.

Zurück im Leben

Auf dem Nachhauseweg von Bad Bachgart klingelte mein Telefon. Es war Christian, der meinte: „Ich habe dir den Schlüssel von meiner Wohnung auf den Küchentisch gelegt. Wenn du etwas trinken möchtest, bei mir in der Wohnung findest du etwas, du hast ja nichts zu Hause." Ich dachte, ich höre nicht richtig! Im Nachhinein betrachtet, konnte mir damals nichts Besseres passieren. Mein Kampfgeist ist dadurch zum Leben erwacht: Jetzt erst recht! Als ich zu Hause ankam, nahm ich den Schlüssel von Christian, fuhr zu seiner Wohnung, legte ihm seinen Schlüssel auf seinen Küchentisch und verschwand unverzüglich wieder. Es kamen nachher noch öfter Phrasen wie „Du schafft das eh nicht" oder „Wenn du das schaffst, fresse ich einen Besen!". Solche abwertenden Aussagen waren jedoch genau der Treibstoff, der mich antrieb, nüchtern zu bleiben. Ich wollte den Triumph, dass Christian unrecht hatte.

Der Alltag hatte mich wieder. Ich kehrte an meinen Arbeitsplatz zurück, wurde allerdings in eine andere Militärkaserne versetzt, wo ich alleine arbeitete. Das war mir recht, hatte „mein" Offizier mir während meiner Zeit in Bad Bachgart doch telefonisch mitgeteilt, er hätte sich für eine andere Frau entschieden. Zeitgleich sah ich mich aber nach einer anderen Stelle um, bei der ich mehr verdienen konnte. Schon während meines Therapieaufenthalts hatte ich mich bei einem öffentlichen Dienst als Pflegehelferin beworben.

Meine Wohnung liegt direkt neben dem Festplatz der Ortschaft, in der ich wohne. Während des Sommers fanden dort in regelmäßigen Abständen Feste der verschiedenen Vereine statt. Wenn ich im Garten oder auf meiner Terrasse war, hörte ich die Musik, als ob ich direkt vor Ort wäre und der Geruch von gebratenen Hähnchen wehte mir um die Nase. Diese Geräusche und die bekannten Gerüche triggerten mein Suchtzentrum im Gehirn enorm. Plötzlich meinte ich, den Geschmack eines kühlen, frisch gezapften Biers regelrecht in meinem Mund zu schmecken. Ich wusste noch genau, wie es sich anfühlte, wenn der erste Schluck dieses prickelnden Getränks durch die Kehle floss. Und da waren sie wieder, meine beiden Kontrahenten im Kopf: Engel und Teufel. Eine Zeit lang war mir nicht klar, wer diesen Kampf gewinnen würde. Dann fiel mir Christian ein und dass er der Meinung war, ich würde es nicht schaffen. Dies verschaffte dem Engel den notwendigen Vorteil, um den Aufstand des Teufels erfolgreich niederzuschlagen.

Wie schon erwähnt, habe ich mir bis heute ein Ritual von Bad Bachgart beibehalten. So machte ich allmorgendlich – noch bevor meine Kinder wach waren – einen langen Spaziergang an der frischen Luft. Dabei kam ich immer an einem Wegkreuz vorbei. Ich hielt an und bat den Herrgott jeden Morgen um Kraft, den kommenden Tag ohne Alkohol zu überstehen. Immer nur diesen einen Tag. Am Abend im Bett schickte ich wieder ein Stoßgebet zum Himmel und bedankte mich für jeden nüchternen Tag. Ein ganzes Jahr traute ich mich nur im Rhythmus des „einen Tages" zu denken.

Mein Engel und mein Teufel lieferten sich fast täglich ihre Schlachten. Einmal mehr, dann wieder etwas weniger. Das Schlimme daran war, dass dieses enorme Bedürfnis auf Alkohol oft urplötzlich auftrat, ohne Vorwarnung. Ich hatte anfangs viele schlechte Tage, an denen ich mich verzweifelt nach einem Schluck Alkohol sehnte. Tage, an denen sich das übermächtige Monster Alkohol so sehr in meine Gedanken drängte, dass ich mich des Öfteren beinahe ergeben hätte. Gott sei Dank war ich auf diese Situationen vorbereitet und konnte mein persönliches Notfallprogramm abrufen, das wie folgt lautete:

- Schritt eins: Mich daran erinnern, wie es nach einem Alkoholexzess war. Auch wenn ich eine Rauschtrinkerin war, ist eine breite Palette an unschönen Erinnerungen in diversen Hirnarealen abgespeichert, die nicht durch das Nervengift zerstört wurden. Ich wollte auch nie mehr im Spiegel meinem hasserfüllten Blick begegnen oder mich vor mir selbst ekeln müssen.
- Schritt zwei: Ich hatte immer Nüsse in meiner Hosen- oder Jackentasche, um meine Geschmacksknospen sofort auf eine Alternative umzupolen.
- Schritt drei: meine Telefon-Joker. Das waren zwei, drei gute Bekannte, die für mich, wenn möglich, jederzeit erreichbar waren.

Ich besuchte auch regelmäßig die Nachsorgegruppe von Bad Bachgart im Sanitätsbetrieb von Bruneck. Der Austausch mit Ex-Patienten tat gut und war vor allem am Anfang eine sehr wertvolle Hilfe.

Mit Christian gab es einen handfesten Rosenkrieg. Es war für mich jedes Mal eine große psychische Belastung, wenn ich von meiner Anwältin von neuen Forderungen seinerseits und abgelehnten Vorschlägen unserseits hörte. Irgendwann stimmte ich seinen Forderungen zu, die zwar zu meinem Nachteil waren, nur um endlich zu einem Abschluss und zur Ruhe zu kommen. Mit der Zeit stieg jedes Mal Panik in mir auf, wenn ich Christian auf der Straße mit dem

Auto kreuzte oder ich ihn nur von Weitem sah. Von dem Tag an, als ich es schaffte, ihm und vor allem mir selbst zu verzeihen, nahm der Heilungsprozess meiner Seele erstmals so richtig Fahrt auf.

Es folgten Jahre, in denen unsere Kinder unter unseren Zwistigkeiten leiden mussten. Mein Ex-Mann hielt sich selten an die vereinbarten Zeiten, in denen die Kinder bei ihm hätten sein dürfen. Philipp harrte oft stundenlang an seinem Zimmerfenster aus, starrte auf die Straße und wartete, dass sein Papa endlich kommen würde. Dieser lehnte währenddessen an irgendeinem Tresen und ließ sich volllaufen. Als Philipp anfing, aus Kummer, Wut und Verzweiflung mit der Stirn gegen die Wand zu schlagen, klingelten bei mir alle Alarmglocken. Ich beratschlagte mich mit meiner Anwältin, was man tun könnte, um Christian dazu zu bringen, seine Vaterrolle wahrzunehmen.

Christian wurde damals bei einer gerichtlichen Anhörung vom Richter gefragt, ob er sich überhaupt bewusst wäre, welches Glück er hätte, dass seine Ex-Frau möchte, dass er seine Kinder regelmäßig sieht. Normalerweise kämpften die Frauen dafür, dass die Väter ihre Kinder nicht mehr sehen. Durch eine richterliche Verfügung wurde mein Ex-Mann aufgefordert, seinen Vaterrechten und -pflichten regelmäßig nachzukommen, was ab dem Zeitpunkt etwas besser wurde.

Schritt für Schritt in die Freiheit

Am 13. März 2006 schlug ich mit meinem Arbeitsbeginn als Pflegehelferin im Hauspflegedienst ein neues Kapitel in meinem Lebensbuch auf. Nach etwa einem Jahr bot sich mir die Möglichkeit, eine berufsbegleitende Ausbildung als Sozialbetreuerin zu absolvieren. Seit der Trennung von meinem Mann gehört die Unabhängigkeit zu meinen obersten Prioritäten und diese Ausbildung war ein Schritt in die richtige Richtung.

Ich pendelte drei Jahre lang für eine Woche im Monat täglich nach Bozen und zurück. Ohne die Hilfe meiner Mutter wäre es mir nicht möglich gewesen, dieses Vorhaben in die Tat umzusetzen. Sie unterstützte mich tatkräftig mit meinen Kindern. Während dieser Ausbildung habe ich mich zum ersten Mal als Alkoholikerin geoutet. Bei der gemeinsamen Planung zum Maiausflug wurde mir flau im Magen, da meine Klassenkameraden sich in meinen Augen wie Teenager verhielten: Das Wichtigste schienen, die abendlichen Streifzüge durch Kneipen zu sein. Damit ich nicht in Bedrängnis kommen würde, mich umständlich rechtfertigen zu müssen, teilte ich meiner Klassenlehrerin mit, dass ich nicht mitkommen würde. Aber so einfach war das nicht! Dieser Ausflug wäre verpflichtend und so gestand ich der Klasse unter Tränen der Scham, warum ich mich außerstande sah, an der Fahrt teilzunehmen.

Im dritten Ausbildungsjahr zeigte mir mein Körper die rote Karte. Gelb hatte ich vorher nicht beachtet. Ich habe mich während meines Therapieaufenthaltes in Bad Bachgart immer über die Menschen gewundert, die über psychosomatische Schmerzen klagten. Jetzt musste ich selbst diese schmerzhafte Erfahrung machen. Mich plagten pochende Kopfschmerzen, stechende Schmerzen in den Oberschenkeln, ein ständiges Ziehen im Rücken und mir war dauernd übel. Ich hatte in kürzester Zeit eine Vielzahl von Arztvisiten gemacht wie noch nie zuvor in meinem Leben. Alle ohne Befund, obwohl ich der Meinung war, ich würde bald das Zeitliche segnen. Meine Therapeutin legte mir ans Herz, kürzerzutreten und einen Gang zurückzuschalten. Einen Vollzeitjob als alleinerziehende Mama und Auszubildende wäre wohl zu viel für mich. Ich rechnete hin und her, mit wie viel weniger Gehalt ich noch gerade so über die Runden kommen würde und gab sogar das Rauchen auf, um Geld zu sparen.

Nachdem ich wieder mehr Zeit für mich hatte, waren die Schmerzen wie weggeblasen. Meine Ausbildung als Sozialbetreuerin war die erste einer Reihe von Aus-, Fort- und Weiterbildungen, die ich seitdem absolviert habe. Wie eine Besessene wollte ich mir und der Welt beweisen, dass mein Ex-Mann unrecht hatte. Noch heute schleichen sich manchmal seine Worte, die er regelmäßig heruntergeleiert hatte, durch meine Gedanken: „Du bist nichts, du hast nichts, du kannst nichts, was willst du überhaupt auf dieser Welt!? Uns allen würde es ohne dich bessergehen!" Und genauso versuche ich bis heute, meinem verstorbenen Vater zu beweisen, dass eine Tochter nicht weniger wert ist als ein Sohn und Ausbildungskosten für eine Frau keine unnützen Ausgaben sind.

Mit meiner Zusatzqualifikation für die mittlere Führungsebene im sozialen Bereich wurde meine Bewerbung für die Wohnbereichsleitung in einem Pflegeheim in meinem Heimatort angenommen. Ich war die erste Führungskraft dieser Einrichtung, die dort nicht bereits vorher gearbeitet hatte. Mit dieser Voraussetzung hatte ich jedoch von Anfang an schlechte Karten. Obwohl ich mich in meine neue Aufgabe hineinkniete, wurde ich von meiner direkten Vorgesetzten vom ersten Tag an ignoriert. Zwei Drittel aus meinem Team sammelten auf einer „schwarzen Liste" Beweise für meine angebliche „Untauglichkeit". Nach einem halben Jahr warf ich das Handtuch. Meine Vorgesetzte hatte mich vor versammelter Führungsmannschaft dermaßen blamiert, dass ich heulend aus dem Gebäude geflüchtet bin. Ich war am Boden zerstört. Diese Frau benutzte dieselben Argumente wie mein Vater und mein Ex-Mann. Ich könnte nichts, ich bin nichts, und es wäre für alle besser, wenn ich meine Sachen packen und verschwinden würde.

Zeitgleich hatte meine damals 14-jährige Tochter entschieden, zu ihrem Vater zu ziehen. Ich hatte auf ganzer Linie versagt. Für mich erneut ein Anlass zur Flucht. Ich wollte heraus aus dieser Situation, heraus aus meinem Leben, wollte meine Gefühle nicht mehr aushalten müssen. Ich wollte nicht mehr leben. Ich rief die Primarin vom Dienst für Abhängigkeitserkrankungen an und schilderte ihr verzweifelt meinen Zustand. Sie wies mich an, umgehend ein paar Sachen zu packen, sie würde mich für ein paar Tage im Krankenhaus aufnehmen. Ich wurde wegen akuter Suizidgefahr stationär aufgenommen und medikamentös ruhiggestellt. Damals machte ich meine erste und bis heute letzte Erfahrung mit Psychopharmaka.

Mein ausgesprochen aktives Gehirn wurde lahmgelegt. Am ersten Tag war mir alles egal. Ich lag apathisch in meinem Bett und ließ alles einfach geschehen. Am nächsten Tag versuchte ich, mir zu überlegen, wie mein Berufsleben weitergehen sollte, aber mein Gehirn funktionierte nicht. Sosehr ich mich auch anstrengte, ich brachte keinen zusammenhängenden Gedanken in irgendeine Richtung zustande. So etwas war gleichzeitig neu und erschreckend für mich. Ich fragte nach dem Namen des Medikamentes, das man mir verabreicht hatte, und erkannte es von meiner Arbeit aus dem Pflegeheim. Ich wusste um seine sedierende und abhängig machende Wirkung und das gefiel mir gar nicht. Auf keinen Fall wollte ich in die nächste Abhängigkeit hineinschlittern und beschloss, es kein weiteres Mal einzunehmen.

Man meinte es auch sonst besonders gut mit mir und versuchte, mich intravenös mit einer dunklen, eisenhaltigen Flüssigkeit zu stärken. Die Folgen davon waren ein anaphylaktischer Schock (eine akut lebensbedrohliche Überempfindlichkeitsreaktion des Immunsystems auf eine bestimmte Substanz). Als man mir am nächsten Morgen dasselbe nochmals in meine Venen fließen ließ, wusste ich, was ich zu tun hatte. Ich habe mich auf eigene Verantwortung selbst entlassen. Meine Therapeutin befürchtete wohl einen Alkohol-Rückfall und drängte mich, „prophylaktisch" nochmals nach Bad Bachgart zu gehen.

Meine Diagnose 2013: allgemeiner Erschöpfungszustand, besser bekannt als Burnout. Meine direkte Vorgesetzte von damals und noch einige Menschen, die mich besonders gut zu kennen glaubten, waren jedoch überzeugt, dass ich einen Alkohol-Rückfall hatte und deshalb wieder in Bad Bachgart war. Während dieses Therapieaufenthalts gehörte ich der Psychosomatik-, nicht der Suchtgruppe an. Mit meinem damaligen Therapeuten und Co-Autor dieses Buches schaute ich mir dieses Mal besonders mein Selbstwert- und meine Beziehungsthemen an.

Anschließend an diese sechswöchige Therapie kehrte ich an meinen alten Arbeitsplatz im Hauspflegedienst zurück, wo man mich mit offenen Armen willkommen hieß.

Es mag jetzt vielleicht paradox klingen, aber ich habe mich trotz meines Alkoholmissbrauchs seit jeher für Gesundheit und die physiologischen Vorgänge im Körper interessiert, die ich während meiner Ausbildung als Pflegehelferin und später in der Ausbildung als Sozialbetreuerin näher kennengelernt und begriffen habe. Vorgänge und Ursachen, nach denen man laut Schulmedizin krank wird und wie die verschiedenen Leiden und Gebrechen zu behandeln und zu pflegen wären. Ich verstand damals, warum mein Vater beispielsweise mit seiner Lebensweise an einem Hirnschlag gestorben ist, warum es zu Wasseransammlungen in den Beinen kommt und wieso Menschen zuckerkrank werden, um nur einige Krankheitsbilder zu nennen.

Täglich solche Negativbeispiele vor Augen zu haben, ließ in mir immer mehr den Wunsch wachsen, selbst gesund alt zu werden. Ich suchte nach einer Möglichkeit, für mich zu lernen, wie das funktionieren kann. Wie immer im Leben, wenn man sich auf etwas Bestimmtes fokussiert, fällt einem irgendwann das Richtige zu. Zufällig hörte ich im Radio eine Werbesendung der Tirol-Kliniken, in der von verschiedenen Ausbildungsangeboten, unter anderem von „Gesundheitstrainer- und Fit-Instruktor", gesprochen wurde. Ich fuhr nach Innsbruck, informierte mich, kam zurück und holte mir das Okay bei meiner Arbeitsstelle. Folglich wurden meine Wochenenddienste so eingeteilt, dass ich jeweils an den Kurswochenenden freihatte. Mein Umfeld erklärte mich für verrückt. Auch meine Mutter fragte mich, ob ich nicht bald genug gelernt hätte.

Nach dieser Ausbildung begann wohl die spannendste Zeit in meinem neuen Leben ohne Alkohol. Ein Facebook-Freund von mir war der Meinung, ich müsse mein Wissen unbedingt über die sozialen Medien zum Besten geben. Ich habe mich anfangs vehement dagegen gewehrt, ich mochte Facebook nicht, ließ mich dann aber dennoch breitschlagen. Besagter Freund erstellte für mich die Facebook-Seite „Gesund alt werden" und ich wagte den Sprung ins kalte Wasser. Und es war eiskalt. Mein erster Post war der reinste Flop und ich wollte gleich wieder aufgeben. Meine Tochter sah die ganze Sache viel gelassener und meinte pragmatisch, Kurzvideos wären die Zukunft auf diesem

Gebiet. Von da an machte ich Videos zu den verschiedensten Gesundheitsthemen sowie rund um Ernährung und Bewegung.

Den Leuten gefiel, was ich tat. Nach drei Monaten machte ich meinen Followern ein besonderes Geschenk: Ich erzählte ihnen meine Lebensgeschichte. Damit wollte ich mich für das Vertrauen, das mir die zahlreichen Menschen, die meine Videos schauten, entgegengebracht haben, bedanken. Dieses Video schlug ein wie eine Bombe. Die Resonanz war überwältigend. Ich bekam unglaublich viel positives Feedback und Danksagungen für meinen Mut, so offen mit diesem Thema umzugehen. Von da an bis heute erreichten mich unzählige Anrufe, Mitteilungen und E-Mails mit der Bitte um Ratschläge und Tipps zur Krankheit der Alkoholabhängigkeit. Diese positive Erfahrung stärkte mich enorm, und deshalb beschloss ich, auch weiterhin öffentlich über dieses Thema zu sprechen. Heute kann ich mit Sicherheit sagen, dieser offene Umgang hat mich persönlich selbstsicherer und stabil gemacht.

Danach dauerte es nicht lange, bis die ersten Anfragen von Vereinen kamen, ob ich bereit wäre, einen Vortrag zum Thema Gesundheit zu halten. Ich bekam Anfragen von Schulen, ob ich vor Klassen zum Thema Alkohol referieren würde und ob ich Workshops mit Jugendlichen machen könnte. Radiosender luden mich zu verschiedenen Themen über Gesundheit und Sucht ein und bei einem regionalen Sender bekam ich sogar regelmäßig eine Sendung. Zeitungen brachten Interviews mit mir, ich hatte das Fernsehen zweimal bei mir zu Hause, und die Krönung des Ganzen für mich war das Angebot meines Verlags, ein Buch von mir zu verlegen.

Mit meiner Aktivität auf Facebook fiel mir sehr schnell auf, wie wenig ich über die sozialen Medien Bescheid wusste. Um mir das notwendige Know-how anzueignen, absolvierte ich, wieder in Innsbruck, einen Kurs für „Social Media Manager". Trotz dieser Fortbildung fehlte mir die praktische Erfahrung, deshalb suchte ich Hilfe und Unterstützung bei diversen Firmen. Dort wurde ich teilweise gehörig über den Tisch gezogen und habe kräftig Lehrgeld bezahlt. Das waren typische Erfahrungen, die mich für Stunden oder Tage ins Straucheln brachten.

Es sind immer dieselben Trigger, die mich herausfordern. Das Gefühl, versagt zu haben, das Gefühl nicht zu genügen, so wie ich bin, nicht richtig zu sein oder nicht gut genug zu sein. Dann sind sie wieder da, meine treuen Begleiter aus der Vergangenheit: Hamsterraddenken, Schwarzmalen und Todessehnsucht. Mittlerweile habe ich aber die Sicherheit, dass ich diese Gefühle aushalten und abwarten muss und dass es wieder vorbeigeht.

Trotz kleiner Startschwierigkeiten nahm mein Projekt „Gesund alt werden" nach etwa zweieinhalb Jahren langsam, aber stetig Fahrt auf. Ich hatte 2019 vom Hauspflegedienst in eine Werkstatt für Menschen mit Beeinträchtigung gewechselt, arbeitete nur mehr halbtags, und den Rest verdiente ich mit meiner freiberuflichen Tätigkeit als Referentin dazu. Ich war für das kommende Jahr mit Vorträgen, Referaten und Workshops gut gebucht und mein Buch sollte Anfang Februar auf den Markt kommen. In Buchhandlungen und Bibliotheken waren Buchvorstellungen mit Vorträgen und Autorenlesungen geplant und zu meiner großen Freude sollte das Buch in Frankfurt auf der bedeutendsten Buchmesse Europas vorgestellt werden. Meine Erstveröffentlichung kam am 5. Februar 2020 in die Buchhandlungen in Südtirol. Und dann kam Corona!

Alles, was ich mir bis dahin aufgebaut hatte, stürzte wie ein Kartenhaus ich sich zusammen. Alle Veranstaltungen wurden abgesagt, für Schulen gab es keinen Zutritt mehr, Vereine stellten ihre Tätigkeiten ein und Privatpersonen trauten sich nur mehr vereinzelt zu Beratungsgesprächen zu mir. Ich wäre nicht ich, wenn mein Kopf nicht sofort automatisch auf den „Lösungssuche-Modus" umgeschaltet hätte. Ich bekam die Möglichkeit, als Vollzeitkraft in der Werkstatt für Menschen mit Beeinträchtigung zu arbeiten, somit war mein finanzielles Einkommen gesichert, und ich erhielt die Zusage, die Ausbildung als EX-IN-Genesungsbegleiterin zu machen. Während dieser Ausbildung entstand, wie schon eingangs erwähnt, die Idee zu diesem Buch. Glücklicherweise darf ich nun wieder regelmäßig Vorträge online und in Präsenz halten.

Meine Krankheit habe ich seit nunmehr 18 Jahren zum Stillstand gebracht und ich fühle mich geheilt. Die alten Muster meiner Kindheit werde ich hoffentlich irgendwann liebevoll verabschieden können und ihnen bis dahin weiterhin mit Verständnis und Toleranz begegnen. Meine Geschichte, auf deren Fortsetzung ich selbst schon gespannt bin, möchte ich hier vorerst mit dem Zitat des persischen Dichters Rumi (1207–1273) abschließen:

Wenn du durch eine harte Zeit gehst und alles gegen dich zu sein scheint, wenn du das Gefühl hast, es nicht mehr eine Minute länger zu ertragen: GIB NIE AUF, weil dies die Zeit und der Ort ist, wo sich die Richtung ändert.

Reflexion

Meiner Alkoholabhängigkeit den Kampf anzusagen und dadurch Unabhängigkeit und Freiheit zu erlangen, war die beste Entscheidung meines Lebens. Die letzten 18 Jahre waren eine tief gehende Reise zu mir selbst. Ich bin mit riesengroßen Selbstzweifeln in dieses Abenteuer gestartet und habe nicht wirklich daran geglaubt, dass ich es schaffen werde, nie wieder einen Tropfen Alkohol anzurühren.

Ich hatte viele Hochs und Tiefs in dieser Zeit, doch ich setzte meinen Weg unbeirrt Schritt für Schritt und Tag für Tag fort. Es war mir anfangs eine enorme Hilfe, immer nur einen Tag weiterzudenken. Und mit jedem gewonnenen Tag wurde mir die Abstinenz erträglicher und sympathischer, bis sie irgendwann zu meiner besten Freundin wurde.

Mit fortschreitender Nüchternheit fing ich an, an mich zu glauben, mich wieder zu spüren, gut für mich zu sorgen und mich zu lieben. Es waren Jahre des Verzichts, nicht nur auf Alkohol, aber im Nachhinein hat sich der eingeschlagene Weg mit den vielen Abstrichen, die ich machen musste, gelohnt. Wann immer es möglich war, habe ich Zeit und Geld in meine persönliche Weiterentwicklung investiert und dabei an mich und meine Fähigkeiten, Fertigkeiten und Talente geglaubt. Ich ließ mich auch von Rückschlägen und Niederlagen nicht beirren und ging tapfer und kontinuierlich weiter.

Es gab und gibt jedoch auch heute immer wieder Tage, an denen ich mich und mein Leben infrage stelle. Wo ich alles, was ich bis heute erreicht habe, einfach nicht sehe oder allem keinen Wert zuschreibe. Wo sich der starke Wunsch in mir breitmacht, der Gesellschaft zu entfliehen, mich komplett zurückzuziehen und mich von der tiefen Traurigkeit ummanteln zu lassen, die an solchen Tagen über mich kommt. Mein großer Traum wäre es, eine Hütte weitab von der Zivilisation mein Eigen zu nennen, wohin ich mich zurückziehen könnte, bis sich mein Innerstes wieder beruhigt und gefestigt hat und wieder bereit ist, den Stürmen des Lebens zu trotzen.

Eines der wichtigsten, lehrreichsten und heilsamsten Themen von damals war das „Vergeben". Mir wurde durch Bücher und Gespräche mit Therapeuten bewusst, dass meine Eltern ihre eigene Geschichte hatten und dass auch sie einmal hilflose Kinder waren, die durch ihre Vergangenheit geprägt wurden. Durch meine eigene Geschichte, mein eigenes Muttersein, meine Hilflosigkeit und Überforderung wurde mir klar, dass meine Eltern es einfach nicht besser konnten. Als ich das begriffen hatte, war ich bereit zu vergeben. Ich musste es nicht gut finden, was sie getan hatten, ich nehme sie auch nicht in Schutz, aber ich habe ihnen vergeben. Genauso habe ich es geschafft, Christian zu vergeben. Vergeben hieß für mich zu akzeptieren, was war, und den sinnlosen Kampf gegen die Vergangenheit, die ich nicht ändern konnte, zu beenden. Und so wie ich meinen Eltern und Christian vergeben konnte, so habe ich mir selbst fast alles verziehen, was ich mir jahrelang angetan habe, auch die daraus resultierenden Folgen. Nicht wiedergutzumachen ist die Kurzschlusshandlung, die ich bis an mein Lebensende bedauern werde, durch die Annabell ihre irreparablen Schäden davongetragen hat.

Die eigenen Erfahrungen zu schildern, kann für andere Betroffene heilsam sein. Genau diesem Wissen ist die Motivation zu diesem Buch entsprungen. Ich habe nicht nur meine Erkrankung bis heute erfolgreich zum Stillstand gebracht, sondern meinem Leben eine komplett neue Richtung gegeben. Mein Beispiel zeigt, dass man nie zu alt für eine Neuorientierung ist, dass man nie zu alt ist, etwas Neues zu lernen, wenn der Wille zur Veränderung stark genug ist und konsequent angegangen wird. Ich werde auch weiterhin einen Fuß vor den anderen setzen, werde neugierig auf das Leben bleiben, werde Erfahrungen sammeln und weitergeben, aber vor allem bin ich dankbar, nüchtern zu sein. Ich werde weiterhin auf der Suche nach meinem idealen Lebensweg sein und später vielleicht einmal sagen, ich bin die ganze Zeit schon auf ihm gewandert.

Entschließt sich ein Angehöriger oder ein anderer dir nahestehender Mensch zu einer Therapie, motiviere ihn, diese auch anzutreten, sie durchzuziehen und bestmöglich für sich zu nutzen. Bei einer Therapie handelt es sich allerdings nicht um eine Gehirnwäsche. Sie kann nur dann etwas bewirken, wenn der Betroffene auch bereit ist mitzumachen.

Und selbst wenn der Suchtkranke sich aus eigenen Stücken zu einer Therapie entschließt, darfst du nicht dem Glauben unterliegen, dass von heute auf morgen alles wieder so wird wie früher. Es wird anfangs noch viele Probleme geben, die es allein oder gemeinsam aufzuarbeiten gilt. Hier kann eventuell der gemeinsame Besuch eines Psychotherapeuten hilfreich sein oder wenn notwendig auch die Hilfe eines Paartherapeuten in Anspruch genommen werden.

Es kann allerdings auch sein, dass dein Partner nach abgeschlossener Therapie erst einmal Zeit für sich braucht und von dir und der Familie Abstand nimmt. Versuche, diese Entscheidung zu akzeptieren, und habe Geduld. Schaue in dieser Zeit vor allem gut auf dich selbst und deine Bedürfnisse. Respektiere den Wunsch deines Partners und versuche, so wenig wie möglich Druck aufzubauen, damit er so schnell wie möglich zu dir zurückkommt. Dieses klammernde Verhalten könnte das Gegenteil bewirken, denn Druck erzeugt bekanntlich Gegendruck.

Sollte es schlussendlich passieren, dass dein Mann oder deine Frau sich außerstande sieht, eine partnerschaftliche Beziehung mit dir fortzuführen, kann ich nur zu einem respektvollen Umgang raten, vor allem wenn ihr beide gemeinsame Kinder habt. Im Vordergrund sollte das Wohl der Kinder stehen, für die ihr immer die gemeinsamen Eltern bleiben werdet, und nicht euer verletzter Stolz, der auf Rache sinnt. Ich habe in den letzten Jahren so viele Geschichten gehört, wo Kinder dem einen oder anderen Elternteil vorenthalten werden. Wo Kinder von einem Elternteil gegen den anderen aufgewiegelt werden, was dazu führen kann, dass Kinder den betreffenden Elternteil nicht mehr sehen möchten.

Familie ist für uns Menschen extrem wichtig, deshalb haben die Angehörigen auch den größten Einfluss auf Suchtkranke. Das trifft auf die Partnerschaft, aber auch auf die Eltern und die Kinder zu. Aus meinen Gesprächen mit Betroffenen und Angehörigen weiß ich, dass in der Therapiearbeit mit Suchtkranken der Bedarf und vor allem der Wunsch nach Partnerschafts- und Familienarbeit besteht und deshalb von den Fachdiensten verstärkt angeboten werden sollte.

Alkoholsucht lässt sich nicht heilen oder löschen. Jeder, der einmal alkoholabhängig war, muss sich für sein ganzes Leben immer wieder neu gegen den Alkohol entscheiden. Jedes Glas kann einen schweren Rückfall zur Folge haben. Es kommt häufig zu Rückfällen und sollte – pragmatisch ausgedrückt – als Teil des Lernprozesses im Umgang mit der Sucht gesehen werden. Dabei ist es wichtig, dass der Betroffene, genauso wie die Angehörigen, darauf vorbereitet sind. Die Auslöser, welche für den Rückfall verantwortlich waren, sollten erkannt und und künftig rechtzeitig abgewendet werden.

Bei einem Rückfall kommt es vor allem darauf an, dass er noch am selben oder spätestens am nächsten Tag wieder gestoppt wird, da sonst die Gefahr besteht, dass der Betroffene wieder in eine Trinkphase rutscht. Und damit würde sich die Abhängigkeitsspirale sofort wieder drehen, und der Konsum wäre innerhalb kürzester Zeit wieder auf dem alten Niveau. Für diesen Fall sollten Angehörige gemeinsam mit dem Betroffenen in einem trinkfreien, nüchternen Zeitfenster einen Plan erarbeiten, wie die Angehörigen reagieren sollen, wenn ein Rückfall erfolgt. Alle Beteiligten stimmen zu, sich an den erarbeiteten Notfallplan zu halten, sodass eine rasche Unterbrechung des Trinkens gemäß der Abmachung erfolgen kann. Unbedingt klargestellt müssen auch die Negativkonsequenzen für den Erkrankten werden, die ein erneuter Rückfall nach sich ziehen könnte. Hier kann es helfen, Suchttherapeuten oder Psychologen zurate zu ziehen und einen solchen Plan mit Expertenhilfe auszuarbeiten.

An erster Stelle, und das solltest du nie vergessen, muss immer der Eigenschutz und das eigene Wohl stehen. Verzeihen, wenn es auch noch so schwerfällt, wäre für Angehörige und deren Heilung von großem Vorteil. Das menschliche Gehirn ist von Natur aus so angelegt, dass es sich Geschehenes immer wieder in Erinnerung ruft. Als Folge des Nichtverzeihens verspüren wir negative Gefühle wie Hass, Rache, Wut, Verbitterung, Verletzung und Enttäuschung. Unser Umfeld bekommt dadurch möglicherweise unseren Unmut oder unsere Wut zu spüren. Es können dadurch aber auch körperliche Folgen auftreten, die sich durch Erschöpfung, Muskelverspannungen bis hin zu Herz-Kreislauf-, Magen-Darm- oder Schlafstörungen bemerkbar machen.

Verzeihen bedeutet keinesfalls, dass der andere sich richtig verhalten hat oder dass das Verhalten des anderen einfach vergessen wird. Verzeihen ist auch kein Zeichen von Schwäche, ganz im Gegenteil, Verzeihen bedeutet Stärke. Auch muss sich der andere deine Vergebung nicht verdienen, du machst es für dich und deine Heilung. Vergebung heißt auch nicht gleichzeitig Versöhnung. Du musst deinem Gegenüber gar nicht mitteilen, dass du ihm vergibst. Es ist vollkommen ausreichend, es innerlich zu tun, um für dich etwas zu bewirken. Vergebung funktioniert sogar dann, wenn der andere schon verstorben ist. Wenn ihr beide aufeinander zugehen könnt und euch aussöhnt, ist das natürlich wunderbar, das erfordert allerdings die Bereitschaft des anderen.

Tipps für Angehörige

- ↘ Motiviere und unterstütze die dir nahestehende Person, eine Therapie zu machen und sie auch durchzuziehen.
- ↘ Hab Geduld und nimm auch du professionelle Hilfe in Anspruch.
- ↘ Behalte den respektvollen Umgang im Auge.
- ↘ Tragt eure Probleme nicht auf Kosten eurer Kinder aus. Ihr seid und bleibt ihre Eltern, beide!
- ↘ Familie ist ein starkes Band, das über viele Hürden hinweghelfen kann. Nutzt diese Ressource.
- ↘ Unterstütze den Betroffenen, zu Hause ein sicheres Umfeld ohne Trinkgelegenheit zu schaffen.
- ↘ Vermeide Vorwürfe und Beschuldigungen bei Rückfällen, sondern hilf mit, die Trinkphase sofort zu unterbrechen.

- ↘ Erstelle gemeinsam mit dem Erkrankten einen Notfallplan, an den zu halten sich alle Beteiligten verpflichten.
- ↘ Vergiss nie, dein Wohl und dein Schutz stehen an erster Stelle.
- ↘ Nutze den Vorteil des Verzeihens oder Vergebens für dein Wohlergehen. Verzeihen oder Vergeben heißt nicht zwangsläufig Versöhnung. Du kannst auch einem Toten noch verzeihen.

Wie läuft eine Suchttherapie ab?

Alkohol richtet in unserem Körper großen Schaden an. Deshalb ist es wichtig, so bald als möglich mit dem Konsum aufzuhören. Es ist aber nicht zu empfehlen, dies ohne ärztliche Begleitung zu machen. Die Gefahren, denen man sich bei einem sogenannten „kalten Entzug" aussetzt, sind sehr groß und unter Umständen lebensbedrohlich. Eine Entgiftung von Alkohol sollte also immer ärztlich begleitet werden. Ausnahmslos dann, wenn beim Verzicht auf Alkohol körperliche Entzugserscheinungen auftreten. Der Entzug stellt eine massive Belastung für den Körper dar und kann zu verschiedenen medizinischen Komplikationen führen, die oft schon nach wenigen Stunden des Entzugs auftreten. Dazu gehören Blutdruckschwankungen, Herzrhythmusstörungen, Schwindel, Übelkeit, Zittern, Schweißausbrüche, aber auch psychische Symptome wie Angstzustände und innere Unruhe, Depressionen, Verwirrtheit oder sogar Halluzinationen. Die Gefahr, Krampfanfälle zu erleiden, also epileptische Anfälle, steigt. Ebenso die Gefahr, in das sogenannte *Delirium tremens* zu fallen. Es macht keinen Sinn, mit erhobenem Zeigefinger mit dem Aufzählen dieser Gefahren zu drohen. Sie müssen fachlich und sachlich dargestellt werden. Information ist ein sehr wichtiges Gut und darf nicht emotional aufgeladen werden.

Grundsätzlich läuft eine Suchttherapie in drei Schritten ab: Entzug, Entwöhnung und Nachsorge. Beratungsgespräche bei Fachpersonen werden helfen, die Entscheidung zwischen einem ambulanten Angebot oder einer stationären Therapie zu treffen. Die Abfolge von stationärer Entzugstherapie, einer stationären Entwöhnungstherapie und einer Nachsorgetherapie stellt dabei in den meisten Fällen die ideale Kombination dar.

Zuerst muss also ein Entzug vorgenommen werden. Diese körperliche Entgiftung findet immer unter ärztlicher Begleitung statt, meist stationär im Krankenhaus, und dauert im Schnitt sieben Tage. Die medizinische Behandlung und auch die Dauer des Entzugs werden individuell auf den Patienten abgestimmt, da die Gesamtverfassung von Patient zu Patient unterschiedlich ist. Es muss nicht nur das Trinkverhalten beurteilt, sondern Begleit- oder Vorerkrankungen mitberücksichtigt werden. Die körperlichen Entzugssymptome können mit Medikamenten behandelt oder abgefangen werden. Diese Medikamente haben jedoch selbst ein sogenanntes Suchtpotenzial, können also auch abhängig machen, wenn sie zu lange eingenommen werden. Auch deshalb gehört eine solche Medikation immer unter ärztlicher Kontrolle verschrieben. Mit dem Ziel, die unterstützende Pharmakotherapie dann ebenfalls abzusetzen, damit es nicht zu einer Suchtverschiebung kommt, der Betroffene sein Suchtverhalten vom Alkohol auf das Medikament verlegt.

Das von Ruth erwähnte Medikament „Antabuse" ist ein Präparat, welches unter bestimmten Bedingungen, unter ärztlicher Verschreibung und Aufsicht zur Unterstützung der Abstinenz bei Alkoholabhängigkeit angewendet werden kann. Das Medikament greift in den Alkoholabbau im Körper ein und bewirkt eine sehr starke und unangenehme Unverträglichkeitsreaktion, sobald Alkohol auch schon in sehr geringer Dosierung eingenommen wird. Es kommt zu Übelkeit, Kopfschmerzen, Herzrasen und Blutdruckabfall. Bereits das Wissen über die Reaktion des Medikaments unterstützt den Patienten beim Einhalten der Abstinenz.

Während der Entzugsphase bietet sich bestenfalls die Möglichkeit, mit dem Patienten bereits begleitende Gespräche zu führen, die eine Entwöhnungsbehandlung einleiten. Es handelt sich dabei um psychosozial unterstützende Gespräche. Hier spricht man von sogenanntem qualifizierten Entzug.

Nach dieser Entzugstherapie empfiehlt es sich unbedingt, eine weiterführende psychotherapeutische Begleitung in Anspruch zu nehmen. Ob diese ambulant oder stationär in Form einer sogenannten Entwöhnungsbehandlung zu machen ist, muss individuell entschieden werden. Im Durchschnitt dauern stationäre Therapien etwa acht Wochen. Auf jeden Fall aber ist eine ambulante Weiterbetreuung anzustreben. Die stationäre Therapie konzentriert sich zunächst auf eine ausführliche Diagnostik, da nicht selten andere psychische Erkrankungen vorliegen. Dies sind vor allem depressive Störungen, Angststörungen, aber auch andere Abhängigkeiten wie etwa Spielsucht.

Im Rahmen von Vieraugengesprächen mit den Therapeuten und Gruppengesprächen mit den anderen Patienten erfahren die Betroffenen viel über die Erkrankung und die dahinterliegenden Dynamiken. Dies bedeutet, dass die Betroffenen versuchen, ihr Suchtverhalten und dessen Gründe zu reflektieren und zu verstehen. Es ist wichtig, dass sie es schaffen, auch in der Gruppe darüber zu reden. Obwohl die Schuldgefühle und Scham oft groß sind. Allein das Verstehen, also ein eigenes individuelles Erklärungsmodell für die

Abhängigkeit zu haben, ändert noch nichts an der Zukunft. Hier müssen möglichst konkrete neue Verhaltensweisen gefunden und dann auch eingeübt werden. Da hinter den Gründen für den exzessiven Alkoholkonsum oft Beziehungsthemen stecken, sind Veränderungen natürlich ein „heikles" Unterfangen. Häufig haben die betroffenen Menschen in ihrem Leben Enttäuschungen auf Beziehungsebene erfahren und tun sich schwer, wieder Vertrauen in sich selbst, aber auch in die anderen aufzubauen.

Neben den psychotherapeutischen und ärztlichen Gesprächen sind es im stationären Setting dann vor allem die Therapiebausteine wie Ergotherapie, Achtsamkeitstraining, Schreibtherapie, die Arbeit mit Tieren, Yoga, Entspannungstraining, Sportgymnastik, Kneipptherapie, die die Patienten dabei unterstützen, Erleben und Leben neu zu entdecken.

Mut, sich selbst zu hinterfragen

Da Veränderungen in der Regel angstbesetzt sind und oft auch als schmerzlich empfunden werden, braucht es vonseiten der Patienten viel Mut und ein großes Durchhaltevermögen. Oft realisieren Menschen erst ohne Alkohol die entstandene schwierige Situation, oft stehen sie vor einem Scherbenhaufen mit Problemen innerhalb der Familie, am Arbeitsplatz und im privaten sozialen Leben. Dann ist das Verlangen nach betäubendem Alkohol und damit die Rückfallgefahr sehr groß und akut. Vermeidungsverhalten und Realitätsflucht bieten sich an und stellen in der aktuellen Situation oft den einfacheren Weg aus den Problemen dar. Selbst wenn die Patienten wissen, dass die Rückkehr zum Alkohol nur äußerst kurzfristig und vor allem nur scheinbar Erleichterung bringt. Altgewohntes Verhalten hat dennoch eine enorme Anziehungs- und Verführungskraft. Vor allem in jener Veränderungsphase, wenn der Alkohol zwar „eliminiert" ist, aber noch keine positive Alternative an seine Stelle getreten ist. Eine sehr häufige Aussage, die abhängige Menschen in der Therapie äußern, bezieht sich darauf, dass sie Angst haben, sich selbst ohne Alkohol nicht mehr zu kennen. Sie sorgen sich, ihre eigene Identität, ihre Persönlichkeit zu verlieren, da Alkohol eine allgegenwärtige Rolle in ihrem Leben gespielt hat. Die Anwesenheit von Alkohol war normal. Ohne Alkohol geht diese Normalität verloren. „An die Freiheit muss ich mich erst gewöhnen, das ist gar nicht so einfach", hat mir eine Patientin erzählt.

Auf der Bühne

Ruth hat in vielen Situationen ihres Lebens die Erfahrung gemacht, dass sie die beeindruckende Fähigkeit hat zu funktionieren, wenn es drauf ankommt und wenn sie in eine gut geübte Rolle schlüpfen kann. In diesen Momenten scheint alle Ängstlichkeit von ihr abzufallen und sie wird zu einer Bühnenikone. Sie beschreibt es, als ob eine andere Ruth in ihr erwacht, die fernab von Selbstzweifeln und Zerbrechlichkeit agiert. Die Unsicherheit und vor allem die Selbstabwertungen tauchen erst später wieder auf, wenn sie die Bühne verlassen, die Rolle abgelegt hat. Dann kommt oft die bittere Abrechnung mit sich selbst. In jenen Phasen aber, in denen sie augenscheinlich bestens funktioniert, besteht die Gefahr, dass sie sich überschätzt, das Gefühl und die Illusion hat, sich spitzenmäßig unter Kontrolle zu haben, und dann eben leichtsinnig wird, bereit ist mit dem Alkohol zu spielen, Risiken einzugehen. Vor allem aber haben Verletzlichkeit und Schwäche hier keine Daseinsberechtigung mehr. „Ist halb so wild; da stehe ich drüber; das halte ich schon aus; was einen nicht umbringt, macht einen stärker." Wenn man sich nun vorstellt, dass Ruth zwei Seelen in sich trägt, die eine, die Zuwendung, Geduld und Fürsorglichkeit braucht, und die andere, entgegenwirkende, die ständig ermahnt, keine Schwäche zu zeigen und die dicke Haut aufzuziehen, dann kann man sich auch vorstellen, wie massiv die innere Spannung wird. Zwei Bedürfnisse, die sich widersprechen, die in entgegengesetzte Richtungen ziehen. Leider hat Ruth ja schon sehr früh in ihrem Leben gelernt, dass Alkohol zunächst spannungslösend ist. Kein Wunder, dass sie immer wieder von diesem „Lösungsmittel" Gebrauch gemacht hat.

Einen neuen Weg finden und diesen dann auch zu gehen, ist also eine große Aufgabe. Parallel zu dieser an und für sich schon sehr kräftezehrenden Herausforderung gilt es, die kleinen und großen Gefahren des Rückfalls im Visier zu halten. Letztlich ist jeder Mensch für sich selbst verantwortlich, aber all die Veränderungen, die es anzustreben gilt, gelingen etwas leichter, wenn man Bezugspersonen aus Familie und Freundeskreis miteinbezieht. Dann hat es der Alkohol nämlich etwas schwerer. Einsamkeit hingegen ist ein sehr guter Nährboden für Rückfälle. Vor allem beim Austritt aus der Therapiegemeinschaft fühlen sich die Betroffenen oft allein und haben Zukunftsängste. Sowohl die Rückfallgefahr als auch das angemessene und rasche Reagieren, wenn es zu einem Rückfall kommt, wird in der Therapie thematisiert und durchgespielt. Die verschiedenen Reaktionsweisen werden geübt. Wirkliche Sicherheit gibt es jedoch nicht. Allerdings ist es bei Rückfällen wesentlich, rasch zu reagieren, um den Konsum stoppen zu können. Wichtig sind Kontakte zu den Therapeuten, zu Familie und Freunden. Im therapeutischen Rahmen spricht man bisweilen auch von „Vorfall“, wenn der Konsum zeitnah abgefangen werden kann und eine Rückkehr zur Abstinenz rasch gelingt.

Im ersten Jahr nach Beginn der Therapie passieren die meisten Rückfälle. Ist dieses Jahr aber erst mal überstanden, steigt die Chance auf ein Leben ohne Alkohol enorm.

Die Unterstützungsangebote sind sehr vielfältig. Für welches Angebot man sich entscheidet, ist sehr individuell gelagert. Manche Menschen bevorzugen die Arbeit in der Gruppe, andere profitieren mehr von Einzelgesprächen. Zahlreiche Menschen besuchen Selbsthilfegruppen, andere machen eine Psychotherapie. Thematisch geht es sehr oft um zwischenmenschliche Beziehungen, die geprägt sind von Ängsten und Befürchtungen, inneren Widerständen und Konflikten. Konfliktvermeidung und Schlucken sind dabei die schlechtesten Ratgeber und eigenen sich nicht als „Problemlöser“. Alte, hinderliche Muster erkennen und dann andere, alternative Bewältigungsstrategien finden, so lautet die Aufgabe.

Wichtig ist es, sich mit der eigenen Situation auseinanderzusetzen und wohlwollende zwischenmenschliche Kontakte zu pflegen, die einem zur Seite stehen, aber auch den Spiegel hinhalten können. Dann ist Alkoholabhängigkeit eine gut behandelbare Erkrankung und hat bessere Chancen auf Heilung als viele andere Erkrankungen. Obwohl Suchttherapie zu den erfolgreichsten medizinischen Fachgebieten gehört, hat sie in der Öffentlichkeit dennoch keinen besonders guten Ruf. Aber das Ganze lohnt sich. Man bedenke, dass etwa 50 Prozent der alkoholkranken Menschen von einer Therapie profitieren und die meisten davon abstinent leben. Dies scheint mir eine sehr gute Prognose zu sein. Damit hat Suchttherapie eine überdurchschnittlich positive Erfolgsquote.

Der Plan

Die Therapie in der Entwöhnungsphase hat einen strukturierten Plan, der bestimmten Schritten folgt und so aussehen könnte:

- Entwickeln des Bewusstseins für das Problem und ehrliches Anerkennen des Problems
- Erstellen einer Kosten-Nutzen-Rechnung – was spricht für und was gegen Alkoholkonsum?
- Beurteilung des Abhängigkeitsgrades
- Umgang mit Abwehrmechanismen, also inneren Widerständen gegenüber Veränderung, gegenüber unbekanntem Neuem, gegenüber unangenehmen Gefühlen usw.
- Entschluss, suchtfrei zu leben
- Loslassen und Abschied vom Suchtverhalten und von der Substanz
- Bewältigung des Alltagslebens ohne Alkohol
- Ersatz für die Substanz und das Suchtverhalten finden
- Selbstakzeptanz, Wertschätzung der eigenen Person

Therapieziele

Es ist nicht ganz einfach, den Anspruch an die Therapieziele realistisch zu halten. Und es ist nicht immer einfach, die angestrebten Ziele, vor allem wenn es Minimalziele sind, zu akzeptieren. Dies gilt für Angehörige ebenso wie für Therapeuten. Manchmal gelingt es tatsächlich, eine dauerhafte Abstinenz anzuvisieren, manchmal aber geht es zunächst auch nur um die Sicherung des Überlebens. Mitunter ist es das Ziel, einen Menschen bei der Veränderung in Richtung eines gesunden Lebensstils zu begleiten, manchmal geht es auch nur darum, seinem Körper ein paar Wochen Alkoholentzug zu ermöglichen. Gelegentlich geht es um die Reduktion des Konsums und die Stabilisierung der körperlichen Verfassung, manchmal auch nur um die ökonomische Absicherung der Wohnsituation. In manchen Fällen ist es das Ziel, im Laufe des Lebens einige Abstinenzphasen zu erreichen, manchmal ist es das Ziel, den Betroffenen aus der Isolation in einen sozialen Lebensraum zu führen.

Auf einen Blick

Stationäre Therapie

- ↘ Entzugsbehandlung, also Entgiftung auf einer medizinischen oder psychiatrischen Abteilung
- ↘ Entwöhnungsbehandlung in Form einer durchschnittlich achtwöchigen Therapie in einer spezialisierten Klinik

Ambulante Therapie und Nachsorgebehandlung

- ↘ Hausarzt und/oder Facharzt
- ↘ Dienst für Abhängigkeiten
- ↘ Selbsthilfegruppen

Anlaufstellen für Betroffene und Angehörige

- Dienste für Abhängigkeitserkrankungen (DfA)
- Bad Bachgart – Zentrum für stationäre Psychotherapie
- HANDS Bozen, Kompetenzzentrum für Abhängigkeitserkrankungen
- Caritas-Beratungsstelle Schlanders
- La Strada – der Weg
- Hausarzt und Facharzt
- Zentrum für psychische Gesundheit
- Familienberatungsstellen
- Selbsthilfegruppen, Dachverband für Soziales und Gesundheit: Anonyme Alkoholiker, Alkohol und Soziales, Alkoholkrankenverband Südtirol, Angehörige und Freunde von Alkoholikern
- Website des Südtiroler Sanitätsbetriebes
- Netzwerk Psychische Gesundheit: www.dubistnichtallein.it

Auf einen Blick

Wichtig ist es, den ersten Schritt zu machen und auf Hilfe bietende Fachpersonen oder Einrichtungen zuzugehen. Auch andere öffentliche und private Anlaufstellen, die sich nicht hauptsächlich mit der Therapie von Suchterkrankungen beschäftigen, werden dich dabei unterstützen und beraten, welches die nächsten Schritte sind, die es zu gehen gilt.

Die erste Kontaktaufnahme ist als zentraler und wichtiger Schritt aus der Abhängigkeit heraus zu sehen.

Vielleicht muss man diesen ersten Schritt auch ein paarmal machen, es wird vermutlich eine große Überwindung brauchen, und manchmal wird man sich auch sanft gedrängt fühlen.

Dann aber triffst du selbst die Entscheidung: Sei es dir selbst wert!

Auf der Internetseite des Südtiroler Sanitätsbetriebs www.dubistnichtallein.it findest du Hilfe!

DANKSAGUNG

An erster Stelle möchte ich mich bei allen Menschen bedanken, die mir zu erneutem Lebenswillen und Mut zum Weiterleben verholfen haben, denn dadurch wurde dieses Buch erst möglich. Meinen Kindern Elisa, Philipp und nicht zu vergessen meinem Engelchen Annabell, euch dreien, gebührt mein größter Dank. Ihr wart und seid mir die stärkste Stütze, die größten Lehrer, die besten Motivatoren und die treuesten Begleiter.

Danken möchte ich natürlich auch meiner Mutter. Ohne ihre Hilfe und Unterstützung mit meinen Kindern wäre es mir nicht möglich gewesen, meine vielen Aus-, Weiter- und Fortbildungen in den vergangenen Jahren, solange meine Kinder noch klein waren, zu absolvieren.

Mein Dank gilt auch allen Therapeuten und allen Menschen, die mir in den vergangenen Jahren ihr Ohr geliehen und mir zugehört haben; allen Menschen, die mich auf meinem Weg unterstützt, begleitet und mir weitergeholfen haben.

Bedanken möchte ich mich auch bei Christian, dem Vater meiner Kinder und meinem Ex-Mann. Durch sein Sein, wie er ist, hat er im Wesentlichen dazu beigetragen, dass ich mich zu der Frau entwickelt habe, die ich heute sein darf. Trotz unserer Schwierigkeiten in der Vergangenheit haben wir es geschafft, zwei wunderbare Kinder großzuziehen. Heute pflegen wir einen freundschaftlichen und respektvollen Umgang, wofür ich dankbar bin.

Sehr gefreut habe ich mich über die begeisterte Zusage für die Mitarbeit an diesem Buch von meinem ehemaligen Therapeuten und heutigen Direktor von Bad Bachgart, Dr. Martin Fronthaler. Seine wortgewandte und doch einfache Ausdrucksweise gewährt jedem interessierten Leser einen leicht nachvollziehbaren Einblick in die Arbeit der Psychotherapie.

Mit großer Freude erfüllte mich die Zusage für das Vorwort in diesem Buch von Dr. Helmut Zingerle, dem ehemaligen Direktor des Therapiezentrums Bad Bachgart, der damals das Paargespräch mit mir und meinem Ex-Mann geführt hat. Ich denke stets mit Dankbarkeit an meine beiden Aufenthalte in Bad Bachgart, den damaligen Direktor und den Ort, wo mein Genesungsweg begann, zurück.

Bedanken will ich mich aber auch bei allen Angehörigen und Betroffenen, die mir ihr Vertrauen geschenkt und ihre Geschichten und Erfahrungen anvertraut haben.

Im Besonderen gilt mein Dank aber meiner lieben Freundin Astrid Schönweger. Als betroffene Angehörige und Schriftstellerin war sie mir in doppelter Hinsicht eine wertvolle Hilfe. Ihr kritisches und aufmerksames Mitlesen und Hinterfragen von Textpassagen von der ersten Zeile an waren für mich eine exzellente, sachkundige Unterstützung.

Dankbar darf ich auch meinem eisernen Willen, meinem sturen Kopf, meinem Durchhaltevermögen und meiner Liebe zu mir selbst sein. Diese Eigenschaften haben es mir ermöglicht, seit 26. April 2005 bis zum heutigen Tag ein Leben in „Freiheit“ zu leben und zu genießen.

Ein herzliches Dankeschön möchte ich aber auch allen Leserinnen und Lesern aussprechen, die dieses Buch in den Händen halten und damit hoffentlich mehr Verständnis und Verstehen für diese Erkrankung erhalten haben. Es wäre wünschenswert, wie schon eingangs im Buch erwähnt, wenn dadurch in der Gesellschaft tatsächlich mehr Achtsamkeit und Verständnis für Suchterkrankung, aber auch generell für psychische Erkrankungen entstehen würde.

Danke!

Eure Ruth Niederkofler

Bibliografische Information
der Deutschen Nationalbibliothek
Die Deutsche Nationalbibliothek verzeichnet diese Publikation in der Deutschen Nationalbibliografie; detaillierte bibliografische Daten sind im Internet abrufbar: http://dnb.d-nb.de

1. Auflage 2023

Umschlagfotos: Robert Mair, Bruneck
Design & Layout: Athesia-Tappeiner Verlag
Druck: Cierre Grafica, Sommacampagna
Papier: Umschlag Symbol Card, Innenteil Munken print white

Gesamtkatalog unter
www.athesia-tappeiner.com

Fragen und Hinweise bitte an
buchverlag@athesia.it

ISBN 978-88-6839-690-9
ISBN 978-88-6839-706-7 (e-Book)

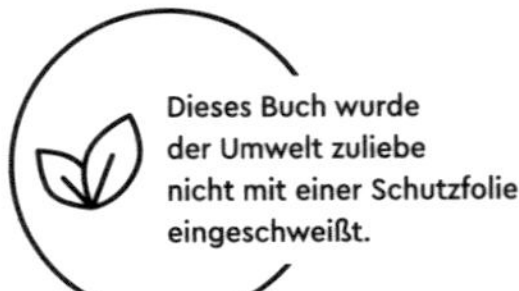